Gewidmet meiner Familie.
Ohne sie ist alles nichts …

Inhalt

Vorwort
Pflegen Sie Ihren Kopf?

»Ein ungeübtes Gehirn ist schädlicher für die Gesundheit als ein ungeübter Körper.«

George Bernhard Shaw (1856–1950)

Unserem Körper tun wir heute gerne etwas Gutes. Gesundheit ist »in« und nicht umsonst einer der Megatrends unseres Jahrhunderts: Wir besuchen regelmäßig Fitnessstudios, ernähren uns weitgehend ausgewogen und legen Wert auf einen guten Nachtschlaf. Ausnahmen bestätigen natürlich wie immer die Regel. Mitunter treibt das Wohlstandsbewusstsein für den Körper hierzulande auch etwas seltsame Blüten, angefangen von Chiasamenöl, das sich Menschen in ihre Joghurts rühren, bis hin zu Matratzen, für die sie nahezu so viel Geld ausgeben wie für einen Kleinwagen. Aber allen diesen Übertreibungen zum Trotz wohnt uns heute ein gewisses »Bewusstsein« für einen gesunden Körper inne. Gut so, denn er begleitet uns schließlich rund 80 Jahre auf dem Weg von der Wiege bis zur Bahre.

Aber wie verhält es sich mit unserem Kopf? Behandeln wir ihn auch so gesundheitsbewusst? Die meiste Pflege schenken wir nach wie vor unseren Haaren. Das ist erstaunlich, denn streng genommen handelt es sich um reine Abfallprodukte des Kopfes. Unser nur wenige Zentimeter darunter befindliches Gehirn erhält deutlich weniger wohlwollende Zuwendung. Dabei steht es im Mittelpunkt all dessen, was wir täglich leisten.

Die gute Nachricht lautet: Aus organisch-biologischer Sicht funktioniert unser Gehirn fast immer recht stabil und zuverlässig. Unter der Voraussetzung einer suffizienten Sauerstoffversorgung, ausreichender Nährstoffe und einer (weitgehenden) Keimfreiheit sind die meisten physiologischen Bedingungen für ein intaktes Funktionieren bereits erfüllt. Falls in Ihrer unmittelbaren Umgebung genug Sauerstoff vorhanden ist und Sie ansonsten ein genügsamer Mensch sind, könnten Sie das Buch an dieser Stelle eigentlich weglegen.

Falls Ihnen nach einem anstrengenden Tag im Büro mitunter jedoch der Kopf raucht (hier übrigens sprichwörtlich gemeint), falls Sie keinen klaren Gedanken mehr fassen können, weil Sie sich geistig verstopft fühlen vor lauter Aufgaben, Terminen und Nachrichten, falls Sie das Gefühl haben, Sie können sich nur noch schlecht konzentrieren und sich Dinge kaum länger als wenige Minuten merken, und falls Ihnen immer wieder Sorgen und negative Gedanken durch den Kopf kreisen, die Sie nicht zur Ruhe kommen lassen, empfehle ich Ihnen, noch ein paar Seiten weiterzulesen. Möglicherweise kann ich Ihnen nämlich helfen, Ihren Kopf wieder »frei« zu bekommen. Keine Sorge, rein anatomisch bleibt dabei alles an seinem Platz. Aber Sie werden sehen, dass es in digitalen Zeiten eine gute Kopf- und Gehirnpflege sein kann, wenn Sie sich geistige Auszeiten nehmen und bewahren. Ich habe diese Phasen »Kopffreiräume« genannt – Zeiten, in denen wir den Informationsmüll entsorgen, Zeiten, in denen wir nicht oberflächlich konsumieren, Zeiten, in denen wir in verklarende Tiefe versinken.

Es sind Zeiten, in denen wir uns selbst und unseren Mitmenschen das Schönste schenken können, das wir haben: unsere Aufmerksamkeit!

Einleitung
Aufmerksamkeit macht klug

»Wohin du deine Aufmerksamkeit richtest, bestimmt,
wer du wirst. Wenn du nicht selbst bestimmst,
mit welchen Gedanken und Bildern du deinen Kopf füllst,
werden es andere für dich bestimmen.«

Epiktet (50–138 n. Chr.)

Die nervöse Gesellschaft

Zu Beginn möchte ich Ihnen eine Frage stellen (was im Grunde genommen ganz typisch ist für einen Psychiater): Wie erleben Sie Ihren Alltag? Mit welchem Begriff würden Sie einen gewöhnlichen (Arbeits-)Tag beschreiben? Welche Überschrift wäre geeignet? Entscheiden Sie am besten aus dem Bauch heraus, also ohne lange darüber nachzudenken.

Meinen Klienten, die mich wegen beruflicher oder privater Beschwerden aufsuchen, stelle ich diese Frage äußerst gerne. Die Antworten geben mir zu Beginn der Beratung oder Behandlung eine Ahnung davon, was die Essenz ihrer Schwierigkeiten sein könnte. Seit Jahren sammle ich die Antworten. Sie füllen mittlerweile eine Liste mit mehreren Hunderten Items. Die vordersten Rangplätze teilen sich dabei: Stress, Zeitdruck, Hektik, Multitasking, Konzentrationsstörungen, Unterbrechungen, Ablenkung, Überlastung, Überladung, Gedächtnisschwäche, Nervosität, Reizflut, Ungeduld, Schnelligkeit, Erreichbarkeit, Erschöpfung, fehlende Ruhe, Sorgen und Ängste. Können Sie sich mit ein paar der genannten Begriffe identifizieren?

Die Auswertung des *Stressreports* der Bundesanstalt für Arbeitsschutz und Arbeitsmedizin, einer Studie, an der 17 562 abhängig Beschäftigte als Probanden teilnahmen, ergibt übrigens ein ganz ähnliches Bild. Nicht alle Befragten leiden zwar in gleicher Weise unter den genannten Faktoren. Aber sie beschrieben ihr Arbeits(er)leben mit denselben Begriffen. Die Ergebnisse beruhen nicht auf einer zufälligen Einzelerhebung, sondern entsprechen ziemlich genau einer älteren Untersuchung an einem ähnlichen Kollektiv sechs Jahre zuvor[1]. In einer im Februar 2021 veröffentlichten landesweiten Befragung der Techniker Krankenkasse mit dem Titel *Schalt mal ab, Deutschland* mit 1250 erwachsenen Testpersonen zeigte sich, dass 76 % nahezu ständig online waren, bei den jüngeren Personen sogar 92 %. Die tägliche Dauer der Internetnutzung lag bei mehreren Stunden. Messengerdienste, Nachrichten und E-Mails machten das Gros der Aktivitäten aus. Man mag zunächst vermuten, dass die beiden Corona-Lockdowns im Jahr 2020 einen Großteil der Steigerung der Online-Zeit verursachten. Aber deutlich geringer waren die Bildschirmzeiten im prä-pandemischen Jahr 2019 gar nicht. Außerdem zeigte die aktuelle Studie, dass es weniger die berufliche, sondern vielmehr die private Nutzung war, die zu dem hohen medialen Konsum beitrug. Die Ergebnisse belegten zudem einen statistischen Zusammenhang zwischen hohem Medienkonsum und einer schlechteren Gesundheit (ohne etwas über die Richtung des Zusammenhangs aussagen zu können). Als Folge gaben die Befragten Nervosität, Konzentrationsstörungen und Depressivität an. Je stärker sie ihre Aufmerksamkeit teilen mussten (beispielsweise durch Surfen im Internet während des Fernsehschauens), desto höher waren die Konzentrationsschwierigkeiten und der Grad der subjektiven Erschöpfung[2]. Unabhängig von dieser aktuellen Befragung erhöht sich die Anzahl der Krankheitstage wegen psychischem Stress seit Jahren. Dabei erscheint mir die Differenzierung wichtig, dass die Inzidenzen biologisch verursachter Stoffwechselstörungen des Gehirns, die zu Depressionen, Manien oder Psychosen führen können, nicht eindeutig angestiegen sind. Dafür haben aber die Beschwerden zugenommen, die aus einer ungünstigen und wenig selbstfürsorglichen Lebensführung entstehen können, zum Beispiel Konzentrationsschwächen, Schlafstörungen, Erschöpfungszustände und depressive Reaktionen.

Gründe für den subjektiven Stress von heute gibt es natürlich viele, angefangen von realen Belastungen im Alltag bis hin zu übertriebenen Ansprüchen an sich selbst. Ich habe mit meiner Arbeitsgruppe mehrere Studien zu diesem Thema veröffentlicht und verschiedene Artikel darüber verfasst. In diesem Buch möchte ich allerdings ganz bewusst auf die Darstellung einer Burn-out-Therapie oder Maßnahmen einer konventionellen Stressprävention einschließlich Sport, Schlaf, Ernährung und Muskelrelaxation verzichten. Mir geht es hier mehr darum, zu beleuchten, wie sich die moderne Lebens- und Arbeitsweise einschließlich der Informationsüberladung und des medialen Konsums auf unser Denken, unsere Leistung, unser Miteinander und unser Befinden auswirkt. Ich möchte vor allem jene Beschwerden in den Fokus stellen, die meine Klienten im digitalen Alltag erleben, und die Möglichkeiten eines klugen Selbstmanagements betonen, durch das wir unser Gehirn und uns selbst gesund und leistungsfähig erhalten können.

Der zweifelhafte Wunsch nach Gehirnoptimierung

Das Zu-viel und Alles-auf-einmal verursacht nämlich nicht nur Stress, sondern bewirkt mittel- bis langfristig auch teils gravierende Leistungsverluste. Insofern erfreuen sich Maßnahmen, um den Kopf wieder frei zu bekommen und »mental fit« zu werden, zunehmender Beliebtheit. Immer wieder fragen mich Klienten, ob ich ihnen Neuro-Enhancer (also hirnleistungssteigernde Substanzen) verschreiben könnte. Vor wenigen Jahren geschah dies noch hinter vorgehaltener Hand, mittlerweile immer offener. Sie wünschen sich mehr Energie, eine höhere Konzentration, ein besseres Gedächtnis und nach Möglichkeit anhaltend gute Laune.

Die Psychologin Larissa Maier von der University of California untersuchte unlängst das Einnahmeverhalten von Psychostimulanzien bei über 100 000 Personen aus 15 Ländern. Regelmäßiges Hirndoping zeigte sich in den Regionen zwar unterschiedlich häufig, war aber überall recht beliebt: Während sie in der Schweiz eine Frequenz von 2 % der Bevölkerung ermittelte, die regelmäßig leistungssteigernde Substanzen schlucken, waren es 4–6 % in Frankreich und England, 12 % in Belgien und Kanada und fast 30 % in den USA. Die stärkste Zunahme während der letzten Jahre war in Europa zu verzeichnen[3]. Am häufigsten kamen Substanzen wie *Modafinil* und *Methylphenidat* zum Einsatz, die seit vielen Jahren vor allem bei klinischen Formen der Aufmerksamkeitsstörungen (ADHS) Anwendung finden. Nicht mit in die Statistik gingen Soft-Dopings ein wie Koffein-Tabletten, Energydrinks, Nüsse und Fischöl. In Deutschland liegt der Anteil von Menschen, die Neuro-Enhancer einsetzen, um ihre Leistung zu erhöhen, aktuell übrigens bei 3 %. Unter Studenten liegt sie mit etwa 5 % sogar noch etwas höher[4].

Die Investition in chemisches Hirndoping bleibt nicht ohne Risiko – und zahlt sich langfristig nicht aus. Die unkritische Einnahme von *Methylphenidat* kann bei Gesunden nämlich die Hirnentwicklung empfindlich stören, da es die Neuroplastizität behindert, also die strukturelle Fähigkeit des Gehirns, sich durch Lernvorgänge intern zu verdrahten und Netzwerke zu formen[5]. Psychostimulanzien können bei klinischen Aufmerksamkeitsstörungen eine wertvolle medikamentöse Unterstützung sein; bei hirngesunden Menschen, deren Leistungsverlust meist die Folge eines schlechten Selbstmanagements ist, ist ihr

Einsatz jedoch nicht sinnvoll. Die Wahrscheinlichkeit von Nebenwirkungen übersteigt ihren Nutzen und hält Betroffene davon ab, Verantwortung für eine gesunde Lebensführung zu übernehmen. Das erstrebenswerte Ziel sollte es nicht sein, das Gehirn durch effizienzsteigernde Maßnahmen zu optimieren, sondern eine präzise Wahrnehmung zu schulen, das Denken zu vertiefen und an anderer Stelle zur geistigen Ruhe zu kommen, damit die gewonnenen Eindrücke ungestört verarbeitet werden können. Das, was unser Gehirn in digitalen Zeiten braucht, ist kein chemisches oder technologisches Upgrade, sondern unsere natürliche Unterstützung.

Probate Methoden gegen die Verstopfung

Der Dauerkonsum von digital vermittelten Informationen verstopft uns geistig zunehmend. Im angloamerikanischen Sprachgebrauch wird dieser Umstand gerne als »cognitive constipation« bezeichnet. Ich werde Ihnen auf den folgenden Seiten zeigen, wozu das führen kann und wie wir uns davor schützen können, ohne uns dabei der digitalen Welt zu verwehren. Viele der Menschen, die meine Beratung aufsuchen, haben bereits im Vorfeld versucht, ihrer Verstopfung entgegenzuwirken, und verschiedene »Abflussmöglichkeiten« ausprobiert. Den eigenen Kopf im Alltag von Zeit zu Zeit frei zu bekommen ist längst ein kollektives Bedürfnis geworden. Und wo Bedürfnisse entstehen, da wachsen auch schnell Märkte. Das Angebot an Anwendungen, die genau das versprechen, ist kaum noch überschaubar: BrainSpa, Neurowave-Training, Audio-Lights, Mind-Cinema, Gehirn-Yoga, Digital Detox, und alles natürlich immer so achtsam wie irgend möglich.

Viele der genannten Maßnahmen können Betroffenen natürlich durchaus wohltuende Auszeiten schenken. Aber Gehirnwellness allein reicht in den meisten Fällen nicht aus, wenn geistige Leistung und psychische Gesundheit im beruflichen und privaten Leben zunehmend nachlassen. Die meisten meiner Klienten brauchen mehr als eine kurzfristige Ablenkung vom Alltagsstress, nach der sie alles wieder so machen wie zuvor. Langfristig helfen kann ich ihnen am besten, wenn ich ihnen Zusammenhänge zwischen ihrer Lebens- und Arbeitsweise einerseits und eigene Steuerungsmöglichkeiten andererseits aufzeige und sie motiviere, ihr Verhalten schrittweise und behutsam zu verändern. Das geht nicht über Fast-Food-Angebote in Form einer »3-Minuten-Achtsamkeits-Übung« per Handy-App zwischen (Büro-)Tür und Angel. Dazu brauchen wir Kopffreiräume, Zeit, Geduld und den Mut, etwas Neues auszuprobieren. Erkenntnis und Handlungsbereitschaft ergeben sich in den stillen Momenten unseres Lebens, in denen wir auf uns selbst schauen statt auf einen Bildschirm.

Die meisten neuartigen Instant-Techniken für einen freien Kopf werden irgendwo gekauft, heruntergeladen und instrumentell eingesetzt. Betroffene lernen dabei jedoch nicht, mündig zu werden im Umgang mit dem digitalen Alltag. Sie handeln nicht mental autonom, sondern bleiben abhängig von Apps, Software und Apparaturen, die ihnen vorgefertigte Therapiekonserven mundgerecht präsentieren. In einer Zeit, in der medizinische oder psychologische Dienstleistungen ähnlich konsumiert werden wie Unterhaltung, bleibt da ein eigenverantwortliches Selbstmanagement auf der Strecke. Es geht das Bewusstsein verloren, dass wir Menschen viele unserer Beschwerden und Symptome dadurch am effektivsten reduzieren können, dass wir lernen, uns kognitiv und emotional selbst besser zu führen und zu kontrollieren. Anleitungen, Techniken und inspirierende Menschen, die einen auf diesem Weg begleiten, bieten hier ohne jeden Zweifel eine hilfreiche Unterstützungsmöglichkeit. Aber das erspart einem in den meisten Fällen nicht die Wendung nach innen und den Blick auf das Selbst.

Ich möchte Ihnen bereits an dieser Stelle ganz viel Mut machen: Sie tragen nämlich alle Voraussetzungen für eine gutes Selbstmanagement in sich. Menschen können ihr Denken und ihr Handeln erfolgreich überwachen, steuern und anpassen. Ich möchte Ihnen im Folgenden ein paar ganz besondere Errungenschaften vorstellen, mit denen sich unsere Spezies gegenüber einfachen Säugetieren auszeichnet und die uns genau das ermöglichen. Das bedeutet nicht, dass diese Selbstführung immer leichtfällt oder gelingt. Wie wir sehen werden, unterliegt die Prozesskontrolle im Alltag verschiedenen Störfaktoren, wahrscheinlich heute mehr denn je. Dennoch können wir lernen, uns angesichts der fortschreitenden Digitalisierung unserer Welt besser zu steuern und uns »natürlicher« und »gehirngerechter« zu verhalten in einer Welt, die immer digitaler wird. Maschinen und Prozessoren mögen schnell, analytisch und präzise sein. Aber Sie sind mehr: Sie sind klug.

Sie sind klug

Obwohl ich Sie leider nicht persönlich kenne, traue ich mir diese Einschätzung an dieser Stelle zu. Denn Sie sind ein moderner Homo sapiens mit einem großen und gefalteten Gehirn. Falls Sie sich rückversichern möchten, sollten Sie jedoch nicht Ihren Klassenlehrer von damals anrufen oder einen Intelligenztest aus der Schublade kramen, den Sie mal absolviert haben. Denn Klugheit ist nicht gleichbedeutend mit Intelligenz oder mit Verstand, auch wenn wir diese Begriffe im Alltag oft ungerechtfertigt miteinander vermischen. Klugheit beschreibt vielmehr die Fähigkeit, in einer bestimmten Situation angemessen zu handeln, um ein Ziel zu erreichen oder Schaden abzuwenden. Klugheit geht über akademische Intelligenz hinaus, sie beinhaltet viele verschiedene Aspekte, wie Verstehen und Verständnis.

Kluge Menschen sind meist erfolgreich, weil sie durch die Art und Weise, wie sie denken und handeln, ihre Ziele besser erreichen. Ein hoher IQ reicht hierfür meist nicht aus. Hochintelligente Menschen können durchaus sehr unklug handeln.

Bereits im Hochmittelalter beschrieb der italienische Dominikanermönch und Philosoph Thomas von Aquin wichtige Bestandteile der Klugheit: das Nachdenken über einen Sachverhalt und das Abwägen, das Urteilen über mögliche Optionen und Alternativen sowie die endgültige Entscheidung für oder gegen eine Handlung. Er bezeichnete die Klugheit sogar einmal als »Mutter aller Tugenden«[6]. Klug zu sein hängt davon ab, wie aufmerksam wir unsere Sinne einsetzen, wie bereitwillig wir unsere Gedanken und Gefühle in einen Dialog einbringen, und wie wir unser Verhalten steuern und kontrollieren. Klugheit ist das Ergebnis von dem, was wir eine erfolgreiche »kognitive und emotionale Steuerung« nennen.

Die Fähigkeit dieser Selbststeuerung, die unsere Spezies im besten Fall klug entscheiden und handeln lässt, haben wir Schritt für Schritt im Laufe von Millionen von Jahren erworben. Die Gehirnentwicklung des Menschen spielte hierbei eine große Rolle.

Von der Maus zum Menschen

Seit mehr als drei Millionen Jahren gilt der Mensch als Spezies mit dem bestentwickelten Gehirn, zumindest auf unserem Planeten (außerhalb des Sonnensystems kann ich es Ihnen nicht mit Sicherheit versprechen). Das war jedoch nicht immer so. Je weiter wir in der Evolution der Säugetiere zurückgehen, desto einfacher waren die Gehirne noch strukturiert. Vergleichen wir beispielsweise das Gehirn eines Menschen mit dem einer Maus, fällt uns auf den ersten Blick etwas ganz Wesentliches auf: Das

Gehirn des Menschen ist stark gefaltet, das Gehirn einer Maus ist hingegen glatt. Der Grund für die Faltung beim Menschen ist der Hirnmantel, der ein Großteil der Nervenzellen enthält, auch »graue Substanz« genannt. Während der Entwicklung unserer Spezies hat das Gehirnwachstum nämlich so stark zugenommen, dass das Hirngewebe überhaupt nur wegen seiner Faltung in den Schädel passte. Der hätte nämlich ansonsten übergroß werden müssen, was sich negativ auf die Fortbewegung und das Gleichgewicht beziehungsweise die Statik der Wirbelsäule ausgewirkt hätte. Etwas zu falten bedeutet, Platz zu sparen. Aus dem gleichen Grund legen Sie auch die Handtücher zusammen, bevor Sie sie im Schrank stapeln. Es passen einfach mehr hinein. Die Maus kann es sich hingegen leisten, auf diese Platzökonomie zu verzichten. Das Gehirn darf vergleichsweise klein bleiben, denn die geistigen Anforderungen des Lebens an eine Maus sind überschaubar. Das Mäusegehirn muss Sinneseindrücke verarbeiten können, motorische Abläufe steuern und schlussendlich wichtige Körpervorgänge wie Verdauung, Wachstum und ein einfaches Immunsystem überwachen. Im Wesentlichen war es das dann aber auch schon. Ich will den Mäusen unter meinen Lesern kein Unrecht tun. Aber dass eine Maus diesen Text liest, ist eher unwahrscheinlich, denn genau das kann sie eben nicht. Denken, Lesen, Sprechen, Rechnen, aber auch besonnenes Abwägen, weitreichendes Planen, die Kontrolle von Impulsen und eine komplexe Steuerung der Aufmerksamkeit bleiben ihnen ebenso verwehrt wie ein Bewusstsein für sich selbst.

Viele geistigen Abläufe einer Maus gehorchen einfachen Reiz-Reaktions-Mustern. Das bedeutet, dass Nervenbahnen die Sinnesorgane direkt oder allenfalls über kurze Umwege mit Muskeln oder Funktionsorganen verbinden und eine Reaktion auslösen. Einen höheren kognitiven Einfluss darauf hat die Maus nicht. Hunger bedeutet sofortige Suche nach Futter, ohne längeres Überlegen oder Zögern. Die Darbietung von Futter führt wiederum zu sofortigem Fressen, ohne Hinterfragen oder Abwägen. Deswegen laufen Mäuse auch in Mäusefallen. Sie können dem Geruch von Käse nicht widerstehen. Eine Fallenmechanik misstrauisch zu prüfen oder Essensimpulse im Rahmen einer selbst auferlegten Diät zu bremsen ist für eine Maus ebenfalls unmöglich (auch wenn Mäuse durchaus übergewichtig sein können). Zwischen Reiz und Reaktion liegt keine Zäsur. Das macht die Maus als Spezies nicht weniger überlebenserfolgreich, aber eben auch wenig flexibel.

Auch wir Menschen verfügen noch über Abläufe, die einfachen Reiz-Reaktions-Mustern folgen. Hierbei handelt es sich überwiegend um einfache Reflexe. Das automatische rasche Wegziehen des Fingers von einer heißen Herdplatte ist ein Beispiel für einen solchen Reflex, der auf Rückenmarksebene verschaltet ist. Einer kognitiven Steuerung bedarf es nicht, um einen Finger von einer Herdplatte wegzuziehen. Welche andere Perspektive soll es da schon geben? Die Wahrnehmung der hohen Temperatur (Reiz) und das schnelle Wegziehen des Fingers (Reflex) reichen, um in der Situation angemessen zu handeln. Höhere Zentren bekommen am Schluss zwar eine Kopie geschickt, was eigentlich gerade passiert ist, aber wirklich beteiligt werden sie an dem Prozess nicht. Das spart Zeit und dient dem Zweck der Sache, in diesem Fall Ihrem Schutz vor einer Verbrennung.

Abgesehen von diesen einfachen Schutzreflexen bildete sich bei uns Menschen mit fortschreitender Gehirnentwicklung ein immer komplexer werdender Denkapparat aus, der sich zwischen den Reiz und die darauffolgende Reaktion schaltete. Dadurch gelang es unserer Spezies, Umweltreize vielschichtig zu interpretieren, statt sie einfach nur zu registrieren. Wir begannen zu bewerten, was wir sahen und hörten. Wahrnehmung wurde zu einem komplexen und individuellen Erleben. Wir verbesserten außerdem unsere Fähigkeit des Denkens, des Abwägens, des Perspektivenwechsels und der kreativen Lösungsfindung. Wir lernten, unser Verhalten zu überwachen und zu steuern, statt nur instinktiv zu handeln. Mit jedem Wachstumsschritt des Gehirns nahm unsere Impulskontrolle zu. Mit ihrer Hilfe konnten wir uns zielgerichtet und auch sozial erwünscht verhalten, indem wir konkurrierende Störreize unterdrückten und Kurzschlussreaktionen vermieden.

Auch wenn amerikanische Ex-Präsidenten zunächst daran zweifeln lassen, beruht menschlicher Erfolg sowohl beruflich wie auch privat darauf, eben nicht blindlings, kopflos und impulsiv zu handeln, sondern innezuhalten, kurz nachzudenken, perspektivisch zu entscheiden und dann erst konsequent zu handeln. Die Entwicklung der kognitiven Steuerung ermöglichte es der menschlichen Spezies, friedlich und harmonisch in Sippen und Familien miteinander zu leben.

Erfolg durch kognitive Steuerung

»Zwischen Reiz und Reaktion liegt ein Raum.
In diesem Raum liegt unsere Macht zur Wahl unserer Reaktion. In unserer Reaktion liegen unsere Entwicklung und unsere Freiheit.«

Viktor Frankl (1905–1997)

Nehmen wir an, jemand pöbelt Sie an einer Bushaltestelle von der Seite an. Ihr (verständlicher) Impuls ist, ihm einen Kraftausdruck entgegenzuschleudern. Im Augenwinkel bemerken Sie jedoch zwei Kinder, also bleiben Sie besonnen und schlucken Ihren Ärger hinunter. Der Klügere gibt schließlich nach. In einem anderen Fall gleiten Ihre Augen auf einer Party am Abend über ein verführerisches Büfett. Aber Sie mäßigen sich, weil Sie sich an Ihr Ziel erinnern, bis Ende der Woche die selbst vereinbarten zwei Kilo abzunehmen. Und wiederum in einer ganz anderen Situation des Lebens verspüren Sie Lust, online zu shoppen, während Sie am Schreibtisch sitzen und für eine Abschlussprüfung lernen. Die Frühjahrskollektion ist nur wenige Mausklicks entfernt, aber Sie disziplinieren sich und bringen die erforderliche Konzentration auf, das Kapitel fertig zu lesen und die schriftlichen Fragen zu beantworten, bevor Sie sich neu einkleiden.

Diese drei ganz einfachen Beispiele zeigen, dass Ihr »Erfolg« von der Fähigkeit abhängt, Ihre Gedanken, Gefühle und Impulse aufmerksam zu überwachen und zu kontrollieren. Sie können einfache Reflexe in wohlüberlegte Handlungen umwandeln. Die Steuerung unseres Denkens und Verhaltens ermöglichte uns Menschen eine beispiellose Entwicklung in kognitiver und sozialer Hinsicht und war entscheidend für den evolutionären Erfolg unserer Spezies.

Wie schon erwähnt, entsteht eine kluge kognitive Steuerung aus einem komplexen Zusammenspiel verschiedener Gehirnleistungen. Wir werden die einzelnen Komponenten im Laufe des Buches an der jeweils passenden Stelle kennen- (und schätzen) lernen. Daher fasse ich mich an dieser Stelle kurz: Der hauptsächliche Sitz der kognitiven Steuerung ist der präfrontale Kortex, also der Vorderlappen unseres Gehirns. Es ist dank seiner hierarchisch hoch rangierenden Kontroll- und Steuerprozesse den meisten Hirnzentren gegenüber weisungsbefugt. Man spricht auch von einem »Top-down-System«. Es wird in verschiedene Teilbereiche unterteilt, sogenannte Subsysteme. Sie unterstützen sich gegenseitig und arbeiten in der Regel zusammen.

Ein zentrales Subsystem ist das Arbeitsgedächtnis. Wie es der Begriff andeutet, wird hier mit Informationen »gearbeitet«. Das Arbeitsgedächtnis speichert aktuelle Informationen eine Zeit lang und setzt sie mit anderen in Bezug. So entstehen Verknüpfungen, die zu Erinnerungen oder neuen Ideen führen können, aber auch dazu, dass man Perspektiven wechselt oder Prioritäten setzt. Das geht eben nur an Orten, wo alles auf einen gemeinsamen Tisch kommt. Wenn Sie beispielsweise am Morgen Ihren Tagesablauf durchgehen und überlegen, wie Sie die verschiedenen Aufgaben unter einen Hut bekommen und was Sie dabei auf keinen Fall vergessen dürfen und was Sie vielleicht zur Not erst morgen machen, dann ist Ihr Arbeitsgedächtnis sehr aktiv.

Eine weitere Hauptkomponente ist das Subsystem für die Prozesskontrolle und Ausführung: Hier können wir uns Ziele vornehmen, Handlungen planen, deren Ausführung überwachen und nötigenfalls regulierend in die Abläufe eingreifen. Auch die Kontrolle von Impulsen findet hier statt. Daher können wir eine Diät einhalten und langweilige Steuererklärungen ausfüllen, obwohl wir gerade auf etwas ganz anderes Lust hätten.

Das dritte Subsystem ist unsere Aufmerksamkeit. Dieser möchte ich an dieser Stelle die Möglichkeit geben, sich uns etwas näher vorzustellen. Sie ist nämlich der rote Faden, der uns durch dieses Buch führen wird – auf dem Weg zu mehr Klarheit, Konzentration und Kreativität.

Der Scheinwerfer der Aufmerksamkeit

Sind Sie gerade aufmerksam? Nun, solange Sie diesen Text lesen und meinen Ausführungen geistig folgen, sind Sie es. Sie wären es aber auch, wenn Sie beim Lesen an etwas anderes denken würden. Man könnte Sie dann zwar als unkonzentriert bezeichnen, nicht aber als unaufmerksam. Beides wird oft miteinander verwechselt. Im Wachzustand sind Sie praktisch immer auf irgendetwas aufmerksam. Das heißt aber noch nicht, dass Sie Ihre Aufmerksamkeit auch gut steuern.

Beginnen wir mit der Frage: Was ist eigentlich Aufmerksamkeit? Der amerikanische Philosoph und Psychologe William James (1842–1910), der als Begründer der wissenschaftlich ausgerichteten Psychologie im späten 19. Jahrhundert gilt, würde diese Frage vermutlich mit einer Handbewegung abwinken: »Jeder weiß doch, was Aufmerksamkeit ist«, lautete einmal sein berühmt gewordenes Statement[7]. Ist das wirklich so? Gerade über die Dinge, die man für selbstverständlich hält, macht man sich im Alltag nämlich oft die wenigsten Gedanken. Sie sind zudem häufig am schwersten zu beschreiben. Wir können uns an dieser Stelle auf folgende Definition verständigen (die übrigens an William James' Theorie angelehnt ist): Die Aufmerksamkeit auf etwas zu richten bedeutet, geistig Besitz von einer Sache zu ergreifen, beispielsweise von den eigenen Wahrnehmungen, Gedanken, Gefühlen oder Handlungen. Aufmerksamkeit ist also eine Form der geistigen Zuwendung.

Das Subsystem der Aufmerksamkeit besetzt für unsere kognitive Steuerung eine Schlüsselposition, denn durch Aufmerksamkeit können wir unsere Wahrnehmung lenken. Wir können aus der Flut von Informationen das Interessante herausgreifen, wir können besonders Wichtiges festhalten und sorgfältig analysieren, und wir können nicht zuletzt durch die Wendung nach innen auch unsere Gedanken und Gefühle ordnen.

Wir wollen einmal versuchen, uns die Aufmerksamkeit konkret und bildhaft vorzustellen. Kennen Sie den Disneyfilm *Alles steht Kopf*? In dem Film machen wir die Bekanntschaft mit einer Reihe verschiedener Emotionen, die in Form unterschiedlicher Figuren dargestellt werden (wenn auch nicht ganz gendergerecht)[8]: »Wut« wird beispielsweise als aufbrausender, leicht untersetzter Kerl mit rotem Kopf und flammenden Haaren dargestellt, »Kummer« erscheint uns als schüchternes blaues Mädchen mit gekrümmtem Gangbild usw. Die Aufmerksamkeit konnte in der Bewerbung für den Film leider keine Rolle ergattern. Wenn sie mitspielen würde, könnten wir sie uns vorstellen wie einen Scheinwerfer in unserem Gehirn-Theater: Der Scheinwerfer kann Personen oder Objekte anvisieren, in dem er aus dem wilden und dynamischen Treiben auf der Bühne das auswählt, was gerade interessant oder relevant zu sein scheint (Selektion). Außerdem hat er einen Spot, mit dem er Lichtstrahlen bündeln und auf etwas richten kann, was ganz besonders hell erstrahlen soll (Konzentration). Und er verfügt über eine Art 180-Grad-Gelenk, mit dem er auch einmal von der äußeren Bühne wegschwenken kann, beispielsweise wenn wir unsere Aufmerksamkeit auf innere Prozesse richten, indem wir über etwas nachdenken (Wendung nach innen).

Wir nutzen in der Psychologie häufig und gerne solche Bilder, um abstrakte Zusammenhänge zu verdeutlichen und unseren Klienten eine Vorstellung davon zu geben, was sich im Oberstübchen abspielt. Haben Sie in Anlehnung an den eben erwähnten Film bereits ein Bild vor Augen, wie Ihre Aufmerksamkeit aussehen könnte? Falls Sie sie mit einem Gesicht versehen möchten, zeichnen Sie vor Ihrem geistigen Auge bitte ein freundliches. Denn sie meint es gut mit uns. Sie dient unserem Wohl und unserem Schutz.

Eigenleistung statt Eigenschaft

Emotionen wie Wut oder Angst führen ein ausgeprägtes Eigenleben. So ist es auch in dem genannten Film. Sie unterliegen kaum unserer Kontrolle und machen meist, was sie wollen. Unsere Aufmerksamkeit ist zwar durch äußerliche Einflüsse leicht beeinflussbar, unterliegt aber als Teil des Top-down-Systems prinzipiell unserer Einflussnahme deutlich besser als viele klassische Emotionen.

Der Psychologe William James, von dem eben die Rede war, betonte als einer der ersten Wissenschaftler die Eigenverantwortung bei der Steuerung der Aufmerksamkeit. Er war davon überzeugt, dass einem selbst die anspruchsvollsten geistigen Tätigkeiten gelängen, wenn man richtig mit seiner Aufmerksamkeit umgehe. Er belegte seine Annahmen gerne mit Julius Cäsar, der seine Aufmerksamkeit angeblich so gut zu steuern verstand, dass er einen Brief diktieren konnte, während er einen anderen schrieb[9]. Feldherren traute man immer schon viel zu. Aber Augenzeuge war James nicht, wir dürfen hier also etwas skeptisch bleiben.

Dessen ungeachtet ist eine gute Aufmerksamkeitssteuerung tatsächlich die wichtigste Voraussetzung klugen Handelns. William James selbst blieb übrigens zeitlebens Opfer einer eher schlechten Aufmerksamkeitssteuerung. In einer Vorlesung in Cambridge im Jahr 1892 behauptete er zwar, man müsse sich nur »das Nervensystem zum Verbündeten machen«, um im Leben erfolgreich zu sein. Aber an einer Umsetzung haperte es. Trotz seiner brillanten Erkenntnisse und Theorien führte James ein recht ungeordnetes und wenig strukturiertes Leben. Er schob lästige Pflichten auf, verzettelte sich in Kleinigkeiten und ließ sich leicht ablenken. Sein Fall zeigt, dass die Steuerung der Aufmerksamkeit nicht immer einfach ist (selbst wenn man viel über sie weiß). Sie ist sehr störanfällig. Das war im 19. Jahrhundert schon so und gelingt in der heutigen digitalen Welt nicht eben leichter. Hinzu kommt, dass Ihre Aufmerksamkeit als kostbare Ressource »geldwert« ist. Wenn Sie nicht aufpassen, schnappt man sie Ihnen heute sehr schnell weg. Oder um noch einmal zu dem Bild der Scheinwerfer zurückzukommen: Die Diebe lenken das Licht auf sich um, sodass es nicht mehr auf die Dinge fällt, die möglicherweise viel mehr Beleuchtung verdient hätten.

Der Diebstahl einer begehrten Ressource

Ihre Aufmerksamkeit ist von unschätzbarem Wert. Sie ist so wertvoll, dass man sie Ihnen ständig klauen will. Wäre sie nutzlos, wollte sie keiner haben. Früher haben Ihnen nur Zauberer und Taschendiebe Aufmerksamkeit gestohlen. Bei ihnen gehörte Diebstahl quasi zum Berufsbild. Je abgelenkter man war, desto leichter wurde man hinters Licht geführt. Heute klaut uns jeder Aufmerksamkeit, und das mit sehr cleveren Strategien. In der (medialen) Welt ist der ganze Tag ein einziger Raubzug nach dem kostbaren Gut.

Aufmerksamkeit zählt man zu den kostbarsten Rohstoffen der modernen kapitalistischen Gesellschaft. Der Kampf um sie erreicht längst sämtliche Prozesse und Bereiche des gesellschaftlichen und politischen Lebens[10], und er wird hart geführt. Mit der Steuerung von Aufmerksamkeit ist nämlich kulturelle und wirtschaftliche Macht verbunden. Der deutsche Philosoph und Architekt Georg Franck schrieb Anfang der 1990er-Jahre einen aufsehenerregenden Artikel mit dem Titel *Ökonomie der Aufmerksamkeit.* Darin bezeichnete er die Aufmerksamkeit als Parallelwährung für ein Tauschgeschäft[11].

Vereinfacht gesagt, funktioniert das Geschäft so: Jemand bietet Ihnen eine Ware, eine Dienstleistung oder eine Information an. Sie bezahlen mit Ihrer Aufmerksamkeit in Form von Beachtung und Zuwendung (nicht umsonst heißt es im Englischen »to pay attention«). Am Ende des Deals steht Ihre Reaktion beziehungsweise Handlung, die man sich von Ihnen erhofft: der Kauf eines Produkts, der Abschluss eines Vertrages oder die Buchung einer Reise, möglicherweise auch eine politische Meinungsbildung, die Mitverbreitung einer Information, eine solidarische Anteilnahme oder eine andere Form der (emotionalen) Verbindung.

Aufmerksamkeit, die uns gestohlen wird oder die wir bereitwillig verschenken, steht uns an anderen Stellen nicht zur Verfügung. Sie ist als Ressource begrenzt. Schon Aristoteles beschrieb ihre beschränkte Kapazität (»limitatio attentionis«)[12]. Sie kann sich nicht beliebig vervielfältigen. Sie können sie zwar aufteilen, verteilen und rasch wechseln, aber in der Summe können Sie sich an einem Tag nur einer bestimmten Anzahl an Dingen zuwenden und sich intensiv auf sie einlassen. Die Begrenztheit macht die Aufmerksamkeit wertvoll. Es verhält sich ähnlich wie bei einem Rohstoff, den es nur in einer begrenzten Menge gibt. Sein Wert steigt durch den Verbrauch, weil die Ressource immer knapper wird. Die Vielfalt an Informationen und Angeboten hat in den letzten Jahren so stark zugenommen, dass auch unsere Aufmerksamkeit immer rascher aufgezehrt wird und sich ihr Wert dadurch relativ erhöht.

Die Auswertung von Längsschnittuntersuchungen der TU Berlin über mehrere Jahrzehnte (anhand von Twitter-Daten, Verkäufen von Kinokarten, Statistiken von Google Books, Zitationen in wissenschaftlichen Publikationen, Daten aus Google Trends, Reddit und Wikipedia) zeigt eine Beschleunigung der Informationsverbreitung und Konsumzeit. Die »Halbwertszeit« einer Information wird immer geringer, denn die nächste steht schon in den Startlöchern, und weitere drängen immer schneller nach. Unsere Zuwendungszeit verkürzt sich daher ebenfalls. Die Wissenschaftler konnten nachweisen, dass sich die öffentlichen Aufmerksamkeitsressourcen immer rascher erschöpfen[13]. Daher reißen sich Medien und Meinungsmacher umso stärker um die noch verbleibenden Wahrnehmungssekunden ihrer Rezipienten. Ihre Strategien müssen immer lauter, krasser und empörender werden, um überhaupt noch Aufmerksamkeit zu bekommen und ein paar kurze Momente fesseln zu können.

Wir wollen uns an dieser Stelle jedoch weniger mit den wirtschaftlichen und soziologischen Auswirkungen des Kampfes um die Aufmerksamkeit beschäftigen; hierüber ist bereits viel geschrieben worden. Ich möchte Ihnen vielmehr zeigen, durch welche Faktoren der digitalen Welt uns die kognitive Steuerung abhandenkommt, welche Folgen der Verlust der Aufmerksamkeit für Sie ganz persönlich haben kann und wie Sie Ihre Kontrolle wieder zurückerlangen können.

Der Preis ist der Steuerungsverlust

Einfache Gehirne funktionieren bekanntermaßen in aller Regel störungsfrei. Mäuse leiden weder unter Konzentrationsstörungen, Motivationsmangel oder Sinnkrisen. Sie kennen keine Zielkonflikte und lassen ihren Impulsen freien Lauf. Sie »machen sich keinen Kopf«. Das komplexe Gehirn des Menschen kann da deutlich mehr, ist aber auch störanfälliger. Etwas ganz Ähnliches beobachten wir in der Technik: Je komplizierter die Elektronik oder Mechanik, desto häufiger sind die Ausfälle. Die kompliziertesten Motoren verursachen oft die größten Probleme, und die aufgeblähteste Software hängt sich am häufigsten auf. Sich kognitiv und emotional klug zu steuern bleibt trotz der Millionen Jahre menschlicher Entwicklung bis heute eine anspruchsvolle Leistung unseres Gehirns, die gerne auch einmal aussetzt. Müdigkeit beispielsweise reduziert die Fähigkeit, sich zu konzentrieren und irrelevante Reize auszublenden[14]. Und ein Glas Rotwein (zu viel) kann zu impulsiven Entscheidungen führen, die wir am Folgetag bereuen oder zumindest nicht als besonders »klug« bezeichnen würden. Auf detaillierte Schicksalsberichte wollen wir an dieser Stelle verzichten.

Im Folgenden möchte ich mir mit Ihnen mehr die nicht-alkoholischen Gründe ansehen, die heutzutage unsere kognitive Steuerung gefährden und einen Teil unseres Leistungsverlustes beziehungsweise Stresses erklären, den wir im digitalen Alltag erleben. Die Störungen, die im Speziellen durch die Technologien und die Reiz- und Informationsflut wirksam werden, bezeichnet man auch als »Technoferenz«[15]. Folgende Aspekte sind mir dabei besonders wichtig und werden Grundlage meiner Ausführungen in diesem Buch sein:

1. Reiz- und Informationsflut: Angesichts der Fülle von Reizen und Daten fällt es zunehmend schwerer, Relevantes auszuwählen. Wir lesen schneller und nehmen unsere Umwelt weniger sorgfältig wahr. Außerdem denken wir oberflächlicher. Aufgrund der hohen Informationsdichte fällt eine tiefgeistige Verarbeitung der Inhalte schwerer. Die Flut an Zuwendungsmöglichkeiten reduziert darüber hinaus die Speicherfähigkeit. Unser Gedächtnis verschlechtert sich, nur weniges bleibt noch hängen.
2. Ablenkungsdichte und Multitasking: Die Ablenkungsmöglichkeiten erschweren das konzentrierte Arbeiten. Wir schalten ständig zwischen verschiedenen Dingen um oder versuchen, in Form von Multitasking Aufgaben und Unterhaltung zu parallelisieren. Das macht unser Leben in vielen Situationen nicht nur hektischer, sondern wir werden auch immer ungeduldiger. Die Störungen durch Unterbrechungen führen zu Ungenauigkeit und zu mehr Fehlern. Zu viele geistige Umschaltprozesse können zudem erschöpfen.
3. Medialer Dauerkonsum: Durch den digitalen Präsentismus und ständige digitale Kommunikation gehen heute geistige »Auszeiten« verloren, in denen wir von der Welt entkoppelt sind. Es fehlt an Kopffreiräumen, um über bestimmte Dinge in Ruhe nachzudenken, in uns zu spüren und uns im Klaren über etwas zu werden, oder einfach nur, um das Erlebte zu verdauen. In der Fülle an medialen Unterhaltungsmöglichkeiten fällt es schwer, »nichts« zu tun. Langweile ist für viele kaum noch aushaltbar. Der Kontakt zu sich selbst geht verloren.

Die Wellen kommen schneller

Werden wir lernen, uns in einer Welt der Informationsflut, der ständigen Ablenkungen und des steigenden Medienkonsums anzupassen? Sind meine Gedanken in diesem Buch in 25 Jahren vielleicht obsolet, weil wir uns geistig weiterentwickelt haben? Werden wir unsere Aufmerksamkeitssteuerung optimieren?

Eines steht fest: Je schneller sich unsere Welt dreht, desto weniger Zeit für eine solche Anpassung bleibt uns. Der vor wenigen Jahren verstorbene amerikanische Zukunftsforscher Alvin Toffler beschrieb in seinem Buch *Future Shock* die verschiedenen Entwicklungen, die die Menschheit in sogenannten Wellen überkamen[16]: die Agrarwelle vor etwa 8000 Jahren, die Industriewelle vor 250 Jahren, die Computerwelle vor 50 Jahren und schließlich die Informationswelle seit 20 Jahren. Toffler ging davon aus, dass eine technische Neuerung die Gesellschaft dann durchdrungen hat, sobald sie von 50 000 Menschen genutzt wird. Das war beim Radio nach knapp 40 Jahren der Fall. Das Fernsehen brauchte schon nur noch 20 Jahre. In Ergänzung zu Tofflers Theorie kann man mittlerweile noch schnellere Wellen nachreichen: Das Internet brauchte für die gleiche Durchdringung nur vier Jahre, Facebook gerade einmal zwei Jahre. Durch die Globalisierung und Vernetzung der Welt durchdringen uns Neuerungen also immer schneller. Folglich müssen wir uns in immer kürzeren Abständen mit den Wellen auseinandersetzen und lernen, sie zu lenken, um nicht von ihnen umgerissen oder hinweggeschwemmt zu werden.

Wie Sie an vielen Stellen dieses Buches merken werden, sind meine Hoffnungen in dieser Hinsicht groß. Aber auf die Biologie dürfen wir dabei nicht zählen. Unser Gehirn wird strukturell-organisch vermutlich nämlich nicht so schnell an die Herausforderungen der Neuzeit adaptieren. Genetische Anpassungen brauchen Zeit. Im Fall des Menschen vermutlich sogar länger, als wir es selbst zunächst glaubten. In der Fachzeitschrift

Nature Review Genetics erschien vor wenigen Jahren ein aufsehenerregender Artikel, der belegen konnte, dass sich die meisten natürlichen Mutationsänderungen im genetischen Erbgut des Menschen lediglich alle 7000 bis 12 000 Jahre ereignen[17]. Unsere eigene Evolution und sämtliche biologischen Anpassungen verliefen damit vermutlich wesentlich langsamer als ursprünglich angenommen. Dieses Schneckentempo hält bis heute an. Die Art und Weise, wie das Gehirn des Neuzeitmenschen funktioniert, entspricht vermutlich jener unserer steinzeitlichen Vorfahren des Neolithikums (ca. 11500–2200 v. Chr.). Ein einzelnes Gehirn mag schnell arbeiten, genetisch verändern tut es sich hingegen nur langsam.

Das macht aber nichts. Denn auch wenn unser Gehirn als komplexes System durchaus störanfällig und langfristig gesehen anpassungsbehäbig ist, bringt es alles mit, damit wir – auch in dieser Welt – Bestleistungen vollbringen können, ohne erschöpfen zu müssen. Es ist alles angelegt, was wir brauchen, um klar, konzentriert und kreativ zu sein. Aber es kommt auf uns selbst an, wie sehr wir uns steuern und unsere Aufmerksamkeit in diesem Sinne einsetzen.

Holen wir uns die Aufmerksamkeit zurück!

Die rasant fortschreitende Digitalisierung unserer Welt wird uns aller Voraussicht nach immer mehr Muskelarbeit abnehmen. Das meiste davon werden in Zukunft Maschinen für uns erledigen. Die Arbeit des Menschen wird Gehirnarbeit sein. Es ergibt daher Sinn, die groben Zusammenhänge zwischen der Lebens- und Arbeitsweise und der eigenen Gehirnleistung beziehungsweise Gehirngesundheit zu kennen.

Die Steuerung Ihrer Aufmerksamkeit ist dabei eine der wertvollsten geistigen Fähigkeiten, die Sie entwickeln, pflegen und trainieren können. Denn das Erreichen Ihrer Ziele, das Entwickeln einer inneren Entscheidungssicherheit und nicht zuletzt ein wohltuendes Gefühl der Ausgeglichenheit und Zufriedenheit können ganz erheblich davon abhängen, wie stark Sie sie zu bündeln verstehen, wie sorgsam Sie sie verteilen und auf was Sie sie in Ihrem Leben lenken.

Aufmerksamkeit gehört zu den wertvollsten Geschenken, die Sie sich selbst und Ihren Mitmenschen machen können. Es lohnt sich also, diese wunderbare Eigenschaft kennen und vielleicht sogar lieben zu lernen.

Mein Buch soll aufmerksam machen für die Aufmerksamkeit und ein Plädoyer für ihren Schutz und ihren Erhalt sein – in einer Welt, in der sie uns immer mehr abhandenkommt. Nicht nur weil jeder Einzelne von ihr profitiert, sondern weil es auch unserer Gesellschaft guttäte, den Fokus auf das zu lenken, was uns wirklich wichtig ist.

Ich möchte Sie deshalb in den nächsten drei Kapiteln mitnehmen auf eine spannende Reise durch unseren Kopf und zu uns selbst. Auf dem Ausflug werden wir faszinierende Orte kennenlernen, bewegende Momente erleben oder einfach nur über uns selbst lachen, weil wir uns selbst erkennen und wiederfinden werden. In einigen Fällen kann ich Sie schon jetzt beruhigen: Nicht jede Vergesslichkeit ist eine Demenz. Nicht jede Konzentrationsschwäche ist ein ADHS. Und nicht jeder Mangel an Ideen zeigt ein fehlendes kreatives Talent.

Sie werden sehen, dass sich viele Ihrer Alltagsbeschwerden reduzieren lassen, wenn Sie lernen, sich in der digitalen Welt eigenverantwortlich zu steuern. Und nicht nur das: Sie können Ihre Klarheit, Ihre Konzentration und Ihre Kreativität sogar ganz ohne chemisches Neuro-Enhancement verbessern. Ich gebe Ihnen Tipps an die Hand, wie Ihnen das im digitalen Alltag gelingen kann. Dabei erspare ich Ihnen allzu weitschweifige Ausführungen über alle drei Teilbereiche. Ich werde mich stattdessen ganz bewusst auf diejenigen Aspekte beschränken, die wir mit einer klugen Aufmerksamkeitssteuerung beeinflussen können.

Am Ende eines jeden Kapitels lege ich Ihnen mein Konzept der »Tiefen Stunde« an Ihr Herz (und an Ihr Hirn), die ich seit Jahren therapeutisch empfehle und selbst nutze. Ich verspreche Ihnen, regelmäßige Tiefe Stunden werden Ihnen eine brauchbare Hilfe im Alltag sein, sich zu sammeln, zu ordnen und sich besser zu fühlen – ganz ohne Brimborium oder Esoterik. Und übrigens auch ohne Medikamente. Wenn Ihnen ein Psychiater schon mal ein solches chemiefreies Therapieversprechen gibt, sollten Sie das Angebot annehmen.

Sind Sie noch aufmerksam? Dann blättern Sie um, denn unsere Reise beginnt.

Eine Sache der Aufmerksamkeit

Die Grille unter dem Efeu

Ein Indianer besuchte seinen weißen Bruder in der Großstadt. Als sie durch die lauten Einkaufsstraßen spazierten, blieb der Indianer plötzlich stehen und horchte auf: »Ich höre irgendwo eine Grille zirpen.« Der Weiße lachte: »Das ist unmöglich, ihr Geräusch würde in diesem Lärm untergehen.« Der Indianer ging zu einer Wand, die ganz mit Efeu überwachsen war, und fand zwischen den Blättern eine große Grille. »Ihr Landbewohner habt eben ein besseres Gehör«, sagte der Weiße. Der Indianer erwiderte: »Nein, es liegt an etwas anderem.« Er nahm eine kleine Münze aus seiner Tasche und warf sie auf den Boden. Ein leises Pling erklang. Selbst die Passanten, die mehrere Meter entfernt standen, drehten sich augenblicklich um und schauten in die Richtung der Münze. »Siehst du«, sagte der Indianer, »es liegt nicht am Gehör. Was wir wahrnehmen, liegt ausschließlich an der Richtung, in die wir unsere Aufmerksamkeit wenden.«

1 Klarheit
Wie Sie zu einer präziseren Wahrnehmung gelangen und Ihr Gedächtnis verbessern

»Ich fühle mich so fremdgesteuert, ich funktioniere nur noch. Permanent bin ich am Klären und Organisieren und schaue in mein Notebook. Mein Handy trage ich gefühlt ständig am Ohr. Falls ich mittags überhaupt noch zum Essen komme, schlinge ich es hastig runter. Ich weiß danach gar nicht, ob ich satt bin, oder was genau ich gegessen habe. Ich bin gedanklich gar nicht bei mir, sondern immer woanders. In Meetings ist das noch extremer. Ich sitze zwar da, bin aber geistig gar nicht anwesend. Die ganzen Informationen durchfließen meinen Kopf, aber nichts bleibt hängen. Schon kurze Zeit später habe ich alles vergessen. Ich frage mich dann: Haben wir das jetzt schon besprochen oder nicht? Was war noch mal das Ergebnis? Ich kann mir einfach nichts mehr merken …«

Klientin, Assistentin der Geschäftsführung, 46 Jahre

Was erwartet Sie auf den folgenden Seiten?

Im ersten Kapitel möchte ich Ihnen vor Augen führen, welche Folgen die Informationsüberladung für unsere Sinneswahrnehmung und unser Gedächtnis haben kann. Ich zeige Ihnen, welche schützenden Filtersysteme wir nutzen können, sofern wir sie nicht überstrapazieren. Die selektive Aufmerksamkeit verhält sich wie ein Sucher, der relevant erscheinende Informationen auswählt. Unsere Erinnerungsfähigkeit ist davon abhängig, wie gut uns das gelingt. Wir werden außerdem mit Charles Dickens Kaffee trinken gehen, und ich verrate Ihnen das Geheimnis von Sherlock Holmes.

In der Tiefen Stunde erfahren Sie, wie Sie Ihre Sinne schärfen und Ihre Beobachtungsgabe verbessern können. Eine bewusstere Wahrnehmung steigert nicht nur die Erinnerung an das Erlebte, sondern intensiviert auch den Genuss. Sie werden sehen: In einer reizdurchfluteten Welt wird die kluge Auswahl von Informationen zunehmend wichtiger, um das Wichtige nicht zu übersehen, das Relevante im Gedächtnis zu behalten und das Gute zu genießen.

Das Problem: die Informationsüberladung

> *»In einer Welt, die von irrelevanten Informationen überschwemmt wird, ist Klarheit Macht.«*
>
> Yuval Noah Harari

Der Trichter im Kopf

Ein Angestellter einer IT-Abteilung, der wegen stressbedingter Beschwerden an seinem Arbeitsplatz bei mir in Behandlung war, sagte einmal zu mir: »Manchmal habe ich das Gefühl, als würde man mir morgens einen riesigen Trichter ins Gehirn stecken und tonnenweise Geräusche, Bilder, Termine, Aufgaben und anderen Informationsmüll hineinkippen.«

Plastischer kann man es kaum ausdrücken. Die Menge an Informationen, die wir täglich konsumieren, ist wirklich enorm. Zwei Wissenschaftler vom Global Information Industry Center der University of California ermittelten in der Summe üblicher Quellen (TV, Internet, Smartphone, Printerzeugnisse) eine durchschnittliche Zeitdauer von etwas über elf Stunden »Input« pro Tag. Umgerechnet in digitale Datenströme entspricht das etwa 34 Gigabyte. Die Anzahl der gehörten und gelesenen Wörter belief sich der Untersuchung zufolge auf etwa 100 500 pro Tag. Bewegte Bilder (Videos) überwogen Texte um ein Vielfaches. Die Tendenz des Informationskonsums weist nach oben: Rückblickend auf die Jahre zuvor verzeichneten die Forscher eine Zunahme des Informationskonsums um 2,6 % pro Jahr[18].

An einem normalen Werktag besuchen wir mehr als 30 Webseiten[19], lesen und beantworten mindestens 50 Textnachrichten[20] und wühlen uns durch etwa 200 E-Mails[21]. Nur einen winzigen Teil der Informationen registrieren wir bewusst, den wesentlich größeren Teil dagegen unbewusst, ohne dass wir uns dagegen wehren können. Der Trichter gibt ein anschauliches Bild ab: Texte, die uns etwas mitteilen oder zu etwas auffordern, ein Kalender voller Termine, die uns mehrfach täglich an Dinge erinnern, und natürlich die Messengerdienste auf unserem Smartphone. Informationen erreichen uns über digitale Endgeräte geradezu infiltrativ in Form von Pop-ups, Alerts oder Livetickern. Bei vielen kostenlosen Apps können Sie die Benachrichtigungen nicht einmal abstellen, ohne dass Ihnen nicht alle paar Sekunden eine Werbung, eine Aufforderung oder Mitteilung ins Gesichtsfeld gespült wird. Die meisten Apps sind proaktiv, sie »pushen« Informationen, ohne dass wir sie anfordern, und ohne Rücksicht darauf, ob die Information überhaupt sinnvoll und im eigenen Kontext relevant ist (Wenn Sie es für nötig halten, können Sie sich während des Einkaufs im Supermarkt auf Ihrer Smartwatch Ihre Herzfrequenz anzeigen lassen. Ob Sie mit dieser Information in der Gemüseabteilung etwas anfangen können, ist eine andere Frage.). Die Anzahl an Nachrichten, die uns täglich erreicht, liegt einer Online-Befragung zufolge durchschnittlich bei 45,9 – Tendenz steigend[22]. Die meisten Zahlen sind Ergebnisse aus Umfragen, insofern wollen wir sie hier aus wissenschaftlicher Sicht vorsichtig interpretieren. Aber sie geben uns einen guten Anhaltspunkt für die Informationsflut, die uns täglich wie ein Tsunami überrollt.

Über Informationen zu verfügen, ist ohne jeden Zweifel ein riesiger Gewinn für unsere Gesellschaft. Sie können uns wertvolle Hilfestellungen bei anstehenden Problemen geben. Sie können uns aufklären über Dinge, für die wir uns interessieren. Schließlich können sie uns auf neue Ideen bringen, wenn wir nach einer neuen Inspiration suchen. Das alles bedeutet einen enormen Gewinn an Lebensqualität. Nun ist es beileibe aber nicht so, dass die meisten Informationen, die uns pausenlos erreichen, von höherem Wert wären. Das meiste ist irrelevant, erhält aber dennoch unsere Aufmerksamkeit. Selbst die kleinsten Banalitäten bekommen maximale Zuwendung. Im März 2021 verschickte der Ministerpräsident von Sachsen-Anhalt, Reiner Haseloff, aus Versehen einen Tweet mit dem schlichten Buchstaben »Ä«. Er verbreitete sich so schnell, dass er der *Frankfurter Allgemeinen Zeitung* zufolge in zweieinhalb Stunden mehr als 5000 Likes erhielt[23].

Zu viel hatten wir immer schon

Der Fairness halber wollen wir festhalten, dass Menschen vermutlich schon immer mehr Informationen erhielten, als sie konsumieren konnten, zumindest seit sie begannen, ihre Erfahrungen, Geschichten und Gedanken aufzuschreiben.

Die wahrscheinlich älteste römische Bibliothek auf deutschem Boden, die man 2018 in der Innenstadt Köln bei Straßenbauarbeiten entdeckte, stammt aus dem 2. Jahrhundert n. Chr. und umfasste vermutlich mehr als 2000 Schriftrollen[24]. Das ist für diese Epoche eine unfassbare Menge an Daten, die Menschen hier zusammengetragen hatten. Für die Archäologen war dieser Fund im wahrsten Wortsinn ein ganz besonderer »Bodenschatz«. Vielen zeitgenössischen Gelehrten erschien das bereits zu viel. Nur ein Jahrhundert zuvor hatte der römische Rhetoriker Seneca der Ältere davor gewarnt, dass der »Überfluss an Büchern und Schriften Ablenkung« bedeute[25]. Dabei konnten die meisten Menschen jener Zeit nicht einmal lesen. Auch im Mittelalter war es vor der Erfindung des Buchdrucks ein Privileg, ein Buch zu konsultieren – oder gar eins zu besitzen. Die Bücher wurden noch von Hand geschrieben und waren daher sehr teuer. Das führte zu einer gewissen Selektion: Man schrieb nur auf, was wichtig erschien.

Erst mit der Erfindung der Druckerpresse mit beweglichen Lettern um 1450 durch den Mainzer Johannes Gensfleisch (später Gutenberg) fanden Bücher in Deutschland und in anderen Ländern Europas weitere Verbreitung. Die Auflage von Büchern schoss in der Folgezeit in die Höhe, denn das Drucken ging schnell und war preiswert. Nun war es möglich, neben wichtigen auch eher belanglose Informationen massenhaft zu verbreiten. Die erste Tageszeitung wurde ab 1650 in Leipzig verlegt[26]. Bücher und Zeitungen waren fortan und über Jahrhunderte das Informationsmedium schlechthin. In der ersten Hälfte des 20. Jahrhunderts kam das Radio hinzu, nach dem Zweiten Weltkrieg dann das Fernsehen. Beides bedeutete eine deutliche Steigerung der Informationsmenge, die Menschen täglich erreichten.

Seit dem offiziellen Start des *World Wide Web* Anfang der 1990er-Jahre wuchs die Menge an Informationen dann exponentiell. Die Geschwindigkeit nahm noch einmal deutlich zu, nachdem durch das »Web 2.0« Anfang der 2000er-Jahre jeder Internetnutzer die Möglichkeit bekam, Informationen selbst zu generieren und zu verbreiten. Der Konsument wurde auch »Prosument« (produzierender Konsument). Die Wachstumsraten sind bis heute schwindelerregend und steigen weiter: Auf

Wikipedia wurden im Jahr 2020 an einem einzelnen Tag durchschnittlich über 12 000 Artikel veröffentlicht[27]. Im gleichen Zeitraum erscheinen allein in Deutschland mindestens 50 000 Blogs auf verschiedenen öffentlichen und privaten Internetseiten. Die sozialen Netzwerke sind hier nicht einmal mitgezählt. Dem Marktforschungsinstitut Brandwatch zufolge generiert allein Facebook jeden Tag 4 Petabyte neue News, Bilder und Videos[28]. Falls Sie sich das alles heute noch durchlesen möchten, planen Sie Ihren Feierabend gut, denn es handelt sich bei der Datenmenge umgerechnet um ca. 4 Millionen Telefonbücher der Stadt Berlin, die Sie pro Tag lesen müssten.

Information Overload

»Gute Informationen sind schwer zu bekommen.
Noch schwerer ist es, mit ihnen etwas anzufangen.«

Sir Arthur Conan Doyle (1859–1930)

Sprachforscher gehen davon aus, dass in einer Wochenzeitung von heute mehr Informationen über die Welt stehen, als ein Bauer im Mittelalter in seinem ganzen Leben hatte. Die Verfügbarkeit heutiger Informationen übersteigt bei Weitem die Möglichkeit, sie zu nutzen. Man spricht in diesem Zusammenhang von »Informationsüberladung« (Information Overload). Aktuelle Studien zeigen, dass Menschen in verschiedenen Altersgruppen von der Informationsüberladung betroffen sein können[29]. Betroffene beklagen, dass sich ihr Kopf voll anfühlt. Damit einher geht das Gefühl, keinen klaren Gedanken mehr fassen und sich nichts mehr merken zu können.

Der Zusammenhang zwischen der Menge an Informationen und der Kognition lässt sich grafisch in Form eines umgekehrten »U« darstellen: Danach steigt die Informationsverarbeitungsleistung eines Individuums mit zunehmender Informationsmenge zunächst bis zu einem Schwellenwert an. Ein Mindestmaß an Informationen kann also unser Denken und Handeln verbessern. Ab diesem Zeitpunkt jedoch führt eine weitere Steigerung der Informationsmenge zu einem raschen Abfall der geistigen Verarbeitungsfähigkeit und schließlich zu einer Überlastung[30]. Der ehemalige Google-Chef Eric Schmidt äußerte sich schon vor Jahren in einem Interview besorgt über die Informationsfülle, der wir heute durch technologiegestützte Quellen ausgesetzt seien. Seiner Beobachtung nach entfalteten zu viele Informationen einen hemmenden Einfluss auf den Denkprozess, weil sie tiefes Nachdenken und Verstehen behinderten und das Gedächtnis verschlechterten[31].

Insgesamt wächst der Wunsch der Bevölkerung nach einer »Filterung« des Informationsaufkommens. Eine wissenschaftliche Untersuchung offenbarte anhand von Interviews und Newsfeed-Analysen auf Facebook schon vor Jahren, dass sich die User von den vielen Informationen überladen und genervt fühlen, obwohl sie die Plattform an sich gerne nutzen und nicht darauf verzichten wollen. Sie äußerten mehrheitlich den Wunsch nach (automatisierten) Filtern, die ihnen helfen sollten, Irrelevantes auszusieben[32].

Aber es geht nicht nur um die Menge. Die Informationen um uns herum sind deswegen so »reizvoll«, weil sie sich häufig ganz persönlich an uns richten. Sie kommen in Gestalt von Aufforderungen, Anleitungen, Ratgebern, Aufgaben, Angeboten, Unterhaltung und vielen weiteren Möglichkeiten eines unerschöpflich erscheinenden Konsums. Da viele Informationen personalisiert sind, scheint uns auch alles wichtig zu sein. Alles erreicht uns und geht uns plötzlich auch irgendwie an. Wir können daher kaum noch etwas ausblenden oder bewusst negieren. Der Versuch, allem gerecht zu werden, kann unser Gehirn überfordern und führt, wie wir sehen werden, zu einer Beeinträchtigung verschiedener geistiger Leistungen, wie Gedächtnis, Entscheidungsfindung oder Kreativität. Manche Informationen können außerdem negative Gedanken erzeugen, die einem Kopfzerbrechen bereiten, oder belastende Gefühle, die einen in der Nacht nicht zur Ruhe kommen lassen. Die Informationen, die auf diese Weise in unserem Bewusstsein verbleiben, können dann weniger gut abfließen; sie führen zu der schon angesprochenen geistigen Verstopfung.

Die Belohnung zwischen Reiz und Reaktion

Die Ironie ist, dass wir trotz der Gefahren einer Überlastung für die ständige Suche nach neuen Informationen biochemisch belohnt werden: Seit einigen Jahren wissen wir nämlich, dass das Belohnungssystem in unserem Gehirn nicht nur auf Nahrungsreize oder sexuelle Verlockungen anspringt; auch Informationen aktivieren diese Strukturen[33]. Kein Wunder – alle drei Dinge waren und sind schließlich arterhaltend. Sex und Essen sind es unmittelbar, denn wer nicht isst und sich nicht reproduziert, stirbt aus. Es war daher gut, dass uns Menschen beide Dinge zumindest ein bisschen Spaß bereitet haben. Wer weiß, wie es sonst für unsere Spezies ausgegangen wäre? Informationen sind ebenfalls arterhaltend, zumindest indirekt. Denn wenn unsere Vorfahren wussten, wo Bären ihren Bau hatten oder wo geeignete Fischfangplätze waren, verfügten sie über einen Vorteil, der über Tod und Leben entscheiden konnte. Daher wenden wir uns bis heute sofort und impulshaft neuen Informationen zu[34]. Insbesondere Nachrichten haben einen hohen Reizcharakter. Sie stellen einen Gewinn, einen Vorteil oder eine Chance in Aussicht. Eine rasche Orientierungsreaktion ist die Folge.

In Teilen des Belohnungssystems (Substantia nigra, ventrales Tegment) wird durch die Informationszuwendung Dopamin ausgeschüttet[35]. Ab und an liest man, das Dopamin an sich mache uns glücklich. Eigentlich ist die Aufgabe des Dopamins aber eine andere: Es macht Lust auf Neues und weckt die Vorfreude. Dopamin versetzt uns eine Art Energiestoß und treibt uns an. Belohnend ist also die Erwartung, die wir mit der Information verbinden, selbst wenn wir zum Zeitpunkt der Zuwendung noch gar nicht sicher wissen können, ob uns die neue Information wirklich weiterhelfen wird oder ob sich das in Aussicht gestellte Ziel tatsächlich lohnt[36]. Entscheidend für den Belohnungseffekt ist das »vielleicht«.

Der berühmte Stressforscher Robert Sapolsky von der Stanford University nannte es einmal »The Magic of Maybe«[37]: Die Erwartung von etwas, das eintreten könnte, spornt uns auf eine besondere Weise an. Wer einmal mit seinen Kindern einkaufen war und ihnen vorher im Auto in Aussicht stellte, dass sie danach »vielleicht« ein Eis bekommen, hat schon erlebt, zu welcher motivationalen Höchstform Kinder an einer Supermarktkasse auflaufen können. Die Lust von Kindern auf ein »Vielleicht-Eis« ist größer, als wenn sie dieses von vornherein als »Auf-jeden-Fall-Eis« zusichert bekamen.

Je größer die an eine Information gekoppelte Erwartung ist, desto mehr Dopamin schütten wir aus. Eine Nachricht auf dem Startbildschirm unsers Handys im Augenwinkel kann daher besonders verlockend sein, gerade weil wir nur einen halben Satz lesen können und uns die ganze Zeit fragen, wie er weitergeht. Der Griff zum Handy wird dann fast zum Zwang, um die SMS genau zu lesen. Und ein Ping, das akustisch eine ankommende E-Mail signalisiert, ist umso attraktiver, solange man nicht genau weiß, wer dahintersteckt. Es könnte ein heimlicher Verehrer sein. Oder Ihr Chef. Oder interessiert sich Hollywood für Sie? Die »Magie des Vielleicht« ist besonders verlockend.

Es durchdringt uns also eine riesige Menge an Informationen, von denen jede einzelne um unsere Aufmerksamkeit buhlt. Andererseits wenden wir uns ihnen aus unterschiedlichen emotionalen Beweggründen impulsiv, quasi reflexhaft zu. Diese »Beziehung« entspricht in vielen Momenten des Lebens mehr einem einfachen Reiz-Reaktions-Muster als einer überlegten Handlungsentscheidung. Eine Folge der Überladung ist, dass wir geistig zwar überall ein bisschen sind, aber nirgends mehr richtig. Wir beobachten unsere Umgebung schlechter und speichern die Erlebnisse und Erfahrungen weniger nachhaltig. Im Folgenden wollen wir uns mit den Auswirkungen einer oberflächlichen Wahrnehmung für unser Gedächtnis beschäftigen.

Die Folgen: Gedächtnisschwäche und Oberflächlichkeit

»Ein Kopf ohne Gedächtnis ist wie eine Festung ohne Besatzung.«

Napoleon Bonaparte (1769–1821)

Wo liegt eigentlich gerade Ihr Handy? … Okay, das war leicht. Vermutlich neben Ihnen. Aber: Wo haben Sie die Einladung zur Hochzeit der Nachbarn übernächste Woche hingelegt? Und wann war noch mal die Deadline zur Abgabe des Anmeldeformulars für den Schwimmverein Ihres Kindes? Können Sie sich noch an das Ergebnis der Frühkonferenz vom Vortag erinnern? Was sind die drei wichtigsten Aufgaben morgen?

Neben »kleinen Schusseligkeiten« im Alltag berichten mir viele meiner Klienten, dass sie sich angesichts der Fülle von Informationen um sich herum nichts mehr merken können. Sie vergessen Namen und Zahlen, verwechseln Personen und können sich mitunter beim besten Willen nicht an die Inhalte des Meetings eine Stunde zuvor erinnern. Je voller und stressiger sie ihren Arbeitstag erleben, desto mehr saust ihnen alles nur noch oberflächlich durch den Kopf, ohne haften zu bleiben. Ab einem bestimmten Alter leiden manche Menschen auch psychisch sehr unter ihrem subjektiven Gedächtnisdefizit. Nicht selten schwingt unterschwellig die Angst mit, möglicherweise an einer Demenz erkrankt zu sein.

Vergesslichkeit kann ganz grundsätzlich durch verschiedene Faktoren im Alltag entstehen, darunter Müdigkeit, Erschöpfung und ein Mangel an Motivation. Ebenso ist ein hohes Maß an Stress typischerweise mit einer schlechteren Merkfähigkeit verbunden, denn bei anhaltenden Belastungen schüttet Ihre Nebennierenrinde Kortisol aus, wodurch die Bildung von Gedächtnisinhalten verschlechtert wird[38]. Vergleichsweise selten steht eine biologische Erkrankung im engeren Sinn hinter den Gedächtnisdefiziten. Dennoch ist aus medizinischer Sicht bei Betroffenen ein sorgfältiger diagnostischer Blick natürlich unverzichtbar. In aller Regel aber zeigt eine schlechte Merkfähigkeit eben keine schwerwiegende Erkrankung an, sondern ist die Folge einer Informationsüberladung beziehungsweise eines schlechten Selbstmanagements im Umgang damit.

Kreisende Informationen im Oberstübchen

Ich bitte Sie, mich kurz zum vorderen Teil des Gehirns zu begleiten. Wir besuchen den Arbeitsspeicher, den ich Ihnen schon in der Einleitung als eine Hauptkomponente unseres kognitiven Steuersystems im Vorderlappen vorgestellt habe. Das Arbeitsgedächtnis entspricht, wie bereits erwähnt, einem temporären Speicher, der es uns ermöglicht, Informationen für eine kurze Zeitspanne festzuhalten. Alles, was dort Einzug erhält, wird uns bewusst, und wir können damit »arbeiten«. Die Informationen können wir uns wie kreisende elektrische Schleifen vorstellen, die dort ihre Runden drehen. Übrigens kreisen sie selbst dann noch, wenn der eigentliche Reiz schon wieder abgeklungen ist. Man nennt diese Besonderheit auch »Nachhalleffekt«. Die Dauer liegt bei 15 bis 30, selten bis 60 Sekunden. Erst dann werden die Informationen entweder endgültig gelöscht oder bei Bedarf ins Langzeitgedächtnis überführt[39]. Es handelt sich bei diesem Mechanismus also um eine Art »Vorratsdatenspeicherung«. Man könnte sie ja einen Moment später noch einmal brauchen. Das ist eine sehr nützliche Funktion: Wenn Ihnen am Telefon jemand eine Adresse nennt und Sie in dem Moment keinen Stift zur Hand haben, können Sie sich die Information dank Ihres Arbeitsgedächtnisses eine kurze Zeit merken, bis Sie die Nummer nach dem Gespräch aufgeschrieben haben.

Durch den Nachhalleffekt sind somit mehrere Informationen zeitgleich im Arbeitsgedächtnis. Auf diese Weise entstehen zwischen den Informationen Überlappungen, die miteinander in Bezug gesetzt werden. So entstehen Querverbindungen oder Perspektiven. Und es fällt Ihnen unter Umständen etwas Wichtiges ein. Nehmen wir an, Sie stehen mit Ihrem Auto an einer roten Ampel und schauen aus dem Fenster. Sie beobachten an einer Tankstelle zu Ihrer Rechten eine Person an der Zapfsäule. In diesem Moment fällt Ihnen ein, dass Sie ja auch noch tanken wollten. Ein kurzer Blick zur Benzinanzeige gibt Ihnen recht. Sie hatten am Morgen zwar noch kurz daran gedacht, es aber in der Hektik des Tages vergessen. Der Anblick des Mannes erinnerte sie wieder daran.

Das Arbeitsgedächtnis leistet also viel für uns, ist aber nicht allmächtig. Es ist sogar eher relativ störanfällig. Je geringer die Selektion unseres Aufmerksamkeitssystems ist, desto weniger sorgfältig kann unser Arbeitsgedächtnis mit den Informationen operieren, sie in Bezug zueinander setzen oder sie ins Langzeitgedächtnis überführen. Wir verbummeln Haustürschlüssel und Schwimmvereinanmeldeformularabgabetermine also nicht deswegen, weil wir per se ein schlechtes Gedächtnis haben, sondern weil wir sie nicht bewusst ablegen. Und aus dem gleichen Grund merken wir uns auch die Namen von Menschen nicht sonderlich gut, die sich uns im Vorbeigehen kurz vorstellen, wenn wir sie nicht genau dabei anschauen und uns auf sie konzentrieren. Ähnlich verhält es sich mit einem Zeitungsartikel, den wir lesen, während das Radio im Hintergrund läuft, oder mit einer Talk-Show im Fernsehen, während wir gleichzeitig mit dem Tablet online shoppen. All diese Dinge werden weniger bewusst wahrgenommen, meistens weil wir parallel mit etwas anderem beschäftigt sind. In der Fülle an gleichzeitigen Informationen gelingt unserem Aufmerksamkeitssystem die Selektion des Relevanten nicht so gut. Und unser Arbeitsgedächtnis bekommt nur Fragmente der Informationen, die eigentlich wichtig wären. Die Folge ist, dass wir die Informationen nicht richtig verarbeiten und weniger sorgfältig speichern.

Anders als ein Computer muss unser Gehirn mit Informationen »haushalten«, um nicht von ihnen überflutet zu werden und Leistungsfähigkeit einzubüßen. Die Kapazität unseres Arbeitsgedächtnisses wird nämlich durch zwei Faktoren limitiert: die Menge an Informationen und die zeitliche Dauer ihrer Zuwendung. Das schauen wir uns einmal etwas genauer an.

Nur eine Handvoll Ziffern

Ende des 17. Jahrhunderts beobachtete der englische Arzt und Philosoph John Locke bei Testpersonen, denen er mehrere Objekte vorlegte, dass sich diese im Nachhinein an maximal sechs bis sieben Gegenstände erinnern konnten. Bei einer höheren Anzahl an Objekten sank die Erfolgsquote steil ab. Je mehr Gegenstände die Probanden betrachteten, desto verwirrter waren sie und erinnerten sich letztlich immer schlechter.

Der amerikanische Psychologe George Miller von der Princeton University in New Jersey bestätigte, dass die gleichzeitige Wahrnehmung eines ungeübten Menschen auf sieben gleichzeitig präsentierte Objekte beschränkt sei, und veröffentlichte 1956 einen aufsehenerregenden Artikel über die »magische Zahl Sieben«. Die *Miller'sche Regel,* auch *7±2-Regel* genannt, ging in die Annalen der Psychologiegeschichte ein. Die Arbeit gehört auch heute zu den meistzitierten wissenschaftlichen Arbeiten überhaupt[40]. Die Miller'sche Regel hilft zu verstehen, warum wir uns die vierstellige PIN-Nummer einer EC-Karte in aller Regel leicht, eine Telefonnummer mit acht oder neun Stellen dagegen schon deutlich weniger gut merken können. Heute wissen wir, dass die Kapazität unseres Arbeitsgedächtnisses nicht streng bei sieben Informationen liegt, sondern in Abhängigkeit von der Art und der Länge der Erinnerungsinhalte schwankt. Möglicherweise liegt die Grenze bei komplizierten Zeichenfolgen sogar bei nur 4±2[41].

Wenn ich als hoffnungslos ungeübter Supermarktkunde für meine Familie einkaufen gehe, bilde ich mir mitunter in meiner Arroganz ein, dies gelänge mir ohne die Hilfe eines Einkaufszettels. Wenn ich nur vier oder fünf Lebensmittel besorgen muss, kann das sogar klappen. Sobald ich jedoch deutlich mehr als sieben Lebensmittel einkaufen soll, steigt die Wahrscheinlichkeit, dass ich ein bis zwei von ihnen vergesse. Natürlich gibt es zahlreiche Tricks, wie man durch Gruppierungen von Ziffern oder Eselsbrücken die eigene Merkfähigkeit erhöhen kann, aber ohne entsprechende Übungen geraten wir schnell an eine natürliche Grenze. Häufiger einkaufen gehen wäre hier natürlich ein gutes Gedächtnistraining (ich werde darüber nachdenken).

! *Aufmerksamkeitstest*

Nur wenige Ziffern

Schreiben Sie sich fünf Ziffern auf einen Zettel und prägen Sie sich die Ziffern ein. Nutzen Sie keine Gedächtnishilfen in Form von Bildern oder Geschichten. Legen Sie dann den Zettel weg, und beschäftigen Sie sich mit etwas anderem – am besten mit diesem Buch. Wiederholen Sie die Ziffern nach einer Stunde. Ich bin sicher, an die meisten werden Sie sich erinnern.

Schreiben Sie jetzt neun Ziffern auf einen Zettel und verfahren Sie entsprechend. Legen Sie die gleich lange Pause ein und wiederholen hiernach die Ziffernfolge. Seien Sie nicht enttäuscht, falls Ihnen nicht alle neun einfallen. Ich bin sicher, Sie sind ganz gehirngesund. Ab der magischen Zahl Sieben geht es mit unserem Gedächtnis (ohne Zuhilfenahme von Tricks) ganz natürlich bergab.

Wir dürfen übrigens dankbar sein, dass es unsere Spezies im Laufe der Entwicklung geschafft hat, sich sieben Dinge gleichzeitig merken zu können. Unsere Vorfahren verfügten aller Wahrscheinlichkeit nach über eine noch geringere Kapazität. Eine jüngst publizierte Studie der St. Andrews University wies bei Primaten eine starke Begrenzung gleichzeitiger Informationen nach: Eine Gruppe von Schimpansen sollte in mehreren Behältern nach Futter suchen. Viele von ihnen waren jedoch leer. Um schnell das ersehnte Futter zu finden und Wiederholungen zu vermeiden, mussten sie sich an die bereits durchsuchten Container erinnern: In welchen war kein Futter? Welche Container muss ich noch durchsuchen? Das Ergebnis zeigte eindeutig: Erwachsene Schimpansen konnten sich maximal bis zu vier durchsuchte Container merken, was in etwa der Gedächtnisleistung von siebenjährigen Kindern entsprach[42]. Ab einer Zahl darüber hinaus ließ sie ihr Gedächtnis im Stich. Sie durchsuchten also leere Container zweimal oder gar mehrmals. Die

Befunde wirken auf mich persönlich übrigens sehr entlastend: Schimpansen brauchen augenscheinlich im Supermarkt noch eher einen Einkaufszettel als ich.

Nur eine kurze Dauer

Die andere Kapazitätsgrenze ergibt sich über die Zeit: Die Informationen, die in unserem Arbeitsgedächtnis kreisen, werden nämlich auf Dauer immer ungenauer[43]. Sie haben sicher schon einmal eine Kopie von der Kopie von der Kopie eines Zeitungsartikels oder eines Dokumentes in der Hand gehalten. Das Original war gut lesbar, aber mit jeder Kopie wurde die Qualität der Schrift schlechter. Ähnlich verhält es sich mit der Genauigkeit der festgehaltenen Informationen im zeitlichen Verlauf. Die Inhalte werden mit jedem Kreisen in unserem Arbeitsgedächtnis detailärmer, wenn sie nicht regelmäßig aktualisiert werden. Die sogenannte Spurenzerfallshypothese beschreibt diesen Zusammenhang[44]. Wenn Informationen nur kurz wahrgenommen werden und anschließend keine weitere Aufmerksamkeit mehr erhalten, werden die elektrischen Schleifen im Laufe der Zeit schnell schwächer und lösen sich bald auf.

! *Aufmerksamkeitstest*

Die zerfallende Landschaft

Wenn Sie das nächste Mal in einem Café sitzen, betrachten Sie einmal ganz aufmerksam Ihre Umgebung. Picken Sie sich maximal fünf Dinge heraus, die Sie etwas genauer betrachten, vielleicht den Halsschmuck Ihrer Tischnachbarin, den Aktenkoffer einer Geschäftsfrau, die an Ihnen vorbeiläuft, die Form einer bestimmten Wolke am Himmel etc. Schließen Sie dann Ihre Augen und rufen Sie sich Ihre Umgebung

in Erinnerung. Beschreiben Sie sie. Die meisten Details werden Ihnen noch präsent sein. Damit ist der erste Teil vollbracht. Genießen Sie weiter Ihren Kaffee und entlasten Sie Ihren Arbeitsspeicher.
Am Abend erinnern Sie sich noch einmal an die gleiche Szenerie. Schließen Sie wieder Ihre Augen: Woran erinnern Sie sich jetzt? Sie werden bemerken, die meisten Objekte können Sie jetzt nur noch wesentlich detailärmer beschreiben. Und so setzt sich der Informationszerfall über die Zeit fort. Mit zunehmender Zeit löscht Ihr Arbeitsgedächtnis die Gedächtnisspuren und überschreibt sie mit neuen Wahrnehmungsinhalten, ähnlich dem Arbeitsspeicher Ihres PCs, der auch ständig neu überschrieben wird.

Würden wir uns mehr Zeit bei der Verarbeitung von Informationen lassen und währenddessen immer wieder kurze Pausen machen, um über das Gelesene nachzudenken oder es zu wiederholen, würde der Inhalt auch eher im Gedächtnis bleiben. Die bewusste Zuwendung, das Eintauchen und das Nachdenken und Hinterfragen erhöhen die geistige Verarbeitungstiefe. Das Gehirn misst den relevanten Informationen dann mehr Bedeutung zu – mit der schönen Folge, dass sie länger überleben. Das ist in zahlreichen wissenschaftlichen Arbeiten immer wieder nachgewiesen worden: So sollten in einer britischen Studie Probanden Texte im Internet lesen, zu deren jeweiligem Inhalt sie anschließend befragt wurden. Es zeigte sich, dass das Textverständnis am besten war, wenn sich die Probanden zwischen zwei Texten etwas Zeit ließen, um über das Gelesene nachzudenken[45].

Nutzen Sie eine preiswerte und dennoch effektive Gedächtnishilfe, indem Sie die Informationsaufnahme mengenmäßig reduzieren und immer wieder kurze zeitliche Pausen einbauen: Schauen Sie eine Fernsehsendung aufmerksam an und verzichten Sie währenddessen auf eine zweite Bildschirmnutzung, also beispielsweise das Surfen mit dem Tablet. Diese Selektion über die Informationsmenge verbessert die Speicherung und spätere Gedächtnisausbeute. Allein dadurch bleibt bereits mehr von der Fernsehsendung hängen.

Sobald die Sendung aus ist, schalten Sie erst einmal aus statt um. Denken Sie über den Inhalt nach, wenn er Ihnen wichtig war. Stellen Sie sich folgende Fragen: Was habe ich gerade gesehen? Was habe ich als spannend empfunden? Welcher inspirierende Gedanke kam mir? Machen Sie sich die relevanten Punkte noch mal klar.

Ein anderes Beispiel: Lesen Sie einen wichtigen Fachartikel, und legen Sie danach die Zeitschrift beiseite. Schauen Sie kurz aus dem Fenster, bevor Sie weiterlesen, und denken Sie über den Inhalt nach. Was stand im Text? Was möchte ich mir merken? Diese Selektion über die Zuwendungszeit erhöht ebenfalls die Wahrscheinlichkeit einer besseren Speicherung. In den kurzen Verarbeitungspausen kann Ihr Gehirn »hinterherkommen« und die aufgenommenen Informationen gründlicher verarbeiten.

Die Kapazitätsgrenzen im Alltag

Die quantitativen und zeitlichen Kapazitätsgrenzen unseres Arbeitsgedächtnisses erklären, warum wir bei einem Übermaß an Informationen das Gefühl haben, wir könnten uns selbst banale Dinge im Alltag nicht mehr merken.

Vielleicht kennen Sie folgende Situation: Sie möchten eine Serie Ihres Streaming-Anbieters ansehen und checken Ihre »Watchlist«. Sie enthält mehr als 20 Serien, über die Sie sich nachfolgend informieren. Sie schauen sich die Trailer an, lesen sich die Kurzbeschreibungen durch oder sehen sich die Bewertungskommentare an. Nach wenigen Informationsbröckchen können Sie sich nicht mehr an die Informationen zu Beginn Ihrer Recherche erinnern. Viele Informationen zerfallen schon nach kurzer Zeit oder verschwimmen zu einem Durcheinander. Worum ging es jetzt noch mal bei dieser Serie?

Ein anderes Beispiel: Sie möchten im Internet eine Reise buchen und schauen sich bei einem Anbieter die Details zu den einzelnen Hotels an. Jedes Hotel bietet 30 und mehr Fotos, ellenlange Beschreibungen der jeweiligen Vorzüge und der angebotenen Dienstleistungen. Nach vier oder fünf Hotels ist die Grenze der Aufnahmekapazität des Arbeitsgedächtnisses erreicht. Der Versuch, alle Informationen zu erfassen, überfordert selbst den motiviertesten Rechercheur. Hand aufs Hirn: Da Sie die ganzen Informationen für eine bilanzierte Entscheidungsfindung nicht parat halten können, kürzen Sie das Ganze mit einer Faustregel ab: Sie nehmen das Hotel mit den schönsten Bildern.

Aus dem gleichen Grund können Sie auch im Arbeitsleben Dinge miteinander verwechseln oder Termine verschusseln, wenn Sie versuchen, zu vielen Aufgaben und Verpflichtungen auf einmal gerecht zu werden, und dabei sämtliche Kommunikationskanäle geöffnet lassen, um für alles und jeden erreichbar zu bleiben. Dann überfluten Sie Ihr Arbeitsgedächtnis mit zu vielen Informationen, die sich auf den begrenzten Plätzen dicht drängen und miteinander um ihr Überleben wetteifern. Auch hier sind die resultierende oberflächliche Wahrnehmungstiefe und die Gedächtnisschwäche nicht die Folgen einer Erkrankung, sondern einer schlechten Selbststeuerung.

Machen Sie sich immer Folgendes klar: Das Arbeitsgedächtnis ist das Nadelöhr unseres Gedächtnissystems. Hier muss alles durch, bevor es langfristig gespeichert werden kann. Dabei sind sowohl der Platz als auch die Zeit, die eine Information im Arbeitsgedächtnis zur Verfügung gestellt bekommt, knapp bemessen. Die Beschränkung der Informationsmenge als auch mehr Zeit der Zuwendung sind die beiden entscheidenden Stellschrauben, an denen Sie drehen können, um eine Information in Ihrem Arbeitsgedächtnis gut verarbeiten und anschließend ins Langzeitgedächtnis überführen zu können.

Störungen verwischen die Spuren

Je mehr wir uns gleichzeitig abverlangen, desto oberflächlicher arbeitet unser Arbeitsgedächtnis mit den bruchstückhaften Informationen, und die Spuren zerfallen rasch wieder. In mehreren Studien ist das belegt worden. Eine 2021 veröffentlichte Arbeit des Leibniz-Instituts für Arbeitsforschung der TU Dortmund zeigt, wie stark das Arbeitsgedächtnis durch gleichzeitige Störungen beeinträchtigt wird: Wenn die Probanden während einer Gedächtnisübung durch Störsignale unterbrochen wurden, litt darunter die spätere Erinnerung an die jeweilige Information[46].

Nehmen wir an, Sie sitzen auf der Couch und schauen fern. Nun kommt ein Spot, in dem ein Musiker für sein neues Album wirbt. Plötzlich kommen Sie auf die Idee, dass dies ein schönes Geburtstagsgeschenk für Ihre Nachbarin sein könnte. In den Sekunden, in denen Sie die Idee durchspielen, kreist die Information elektrisch in Ihrem Arbeitsgedächtnis. Je länger und öfter Sie in den folgenden Minuten und Stunden darüber nachdenken und auf diese Weise die Information aktualisieren, desto fantasievoller gestalten Sie die Idee aus. Vielleicht fällt Ihnen noch ein passender Spruch für eine Glückwunschkarte ein. Die »Arbeit« mit Ihrer Idee führt außerdem dazu, dass Sie sich am Folgetag besser an alles erinnern. Die hohe Aufmerksamkeit begünstigt also einerseits die Fülle Ihrer Gedanken und andererseits die späte Erinnerung daran. Wären Sie stattdessen während oder unmittelbar nach dem TV-Spot durch eine SMS abgelenkt worden, hätten Sie die Information entweder gar nicht erst wahrgenommen, oder sie wäre als niedriger Stromimpuls durch Ihr Arbeitsgedächtnis gekreist und bald darauf gelöscht worden. Die Information reift zu keinem Gedanken, zu keiner Idee und auch zu keiner späteren Erinnerung. Blöd für Ihre Nachbarin.

Das obige Beispiel beschreibt eine typische Technoferenz und ist nicht weit hergeholt. Interferenzen der Gedächtnisbildung durch konkurrierende Informationsströme sind Teil unseres medialen Alltags: Wir schauen heute oft fern, während wir auf dem Handy WhatsApp nutzen oder auf dem Tablet eBay-Gebote aktualisieren. Man spricht von »second screen behavior«, also von der Nutzung eines zweiten Bildschirms, während man auf den ersten schaut[47]. Je nach Untersuchung neigen aktuell zwischen 50 und 80 % der Bevölkerung, die zwei Bildschirme ihr Eigen nennen, dazu, diese auch parallel zu nutzen[48]. Auch hier reduziert die parallele Verteilung der Aufmerksamkeit auf mehrere Informationsquellen letztlich die geistige Verarbeitung auf allen Kanälen. Interessant daran ist, dass der eigene Verlust an selektiver Aufmerksamkeit meistens nicht einmal auffällt: Gerade einmal 12 % der Befragten bemerken, dass sie geistig gar nicht bei der Sache sind[49].

In einer Eye-Tracking-Untersuchung wurden einmal die Augenbewegungen von 100 freiwilligen Probanden aus vier Großstädten während des Fernsehschauens aufgezeichnet. Man wollte auf diese Weise feststellen, wie oft man denn wirklich vom Fernsehbildschirm wegschaute und stattdessen auf sein Handy oder sein Tablet. Die objektive Nachweismethode schlug alle Fragebogenergebnisse: Praktisch alle Probanden hatten ihr Handy ständig neben sich liegen und nutzten in 53 % der Zeit Multiscreening[50]. Zugegeben: Bei dem Qualitätsstandard mancher Fernsehsendungen ist das Wegschauen durchaus eine gute

Strategie. Interessant ist aber, dass es attraktiver zu sein scheint, einen zweiten Monitor zusätzlich anzuschalten, statt den ersten abzuschalten.

Wie »reizvoll« jeder für sich dieses Verhalten auch beurteilen mag: Eine hohe und gleichzeitige Informationsdichte reduziert die geistige Verarbeitungstiefe und überlastet das Arbeitsgedächtnis. Und je älter wir werden, desto mehr hindert uns die Flut gleichzeitiger Informationen daran, die wichtigen und schönen Erlebnisse zu speichern.

Die angebliche Vergesslichkeit im Alter

Gerade ältere Klienten berichten mir besonders oft von einer nachlassenden Gedächtnisleistung. Die Merk- und Erinnerungsfunktion lassen im Alter ganz natürlich etwas nach, da sowohl die Leistung des Arbeitsgedächtnisses also auch Strukturen des Langzeitgedächtnisses abbauen. Aber auch hier ist beileibe nicht jede Vergesslichkeit krankhaft. Wissenschaftliche Studien haben nachweisen können, dass viele Formen der Vergesslichkeit im Alter häufig gar nicht die Folge eines »geistigen Abbaus« sind. Oft ist die Merkfähigkeit älterer Menschen sogar noch gut erhalten. Es fällt ihnen jedoch schwerer, irrelevante Informationen auszublenden[51]. Unter diesen Umständen sind die Kapazitätsgrenzen des Arbeitsgedächtnisses schnell erreicht, und das führt zu einer Beeinträchtigung der Verarbeitung der Informationen.

Die Gedächtnisschwäche besteht besonders in Situationen, in denen neue Informationen »im Vorübergehen« gespeichert werden sollen. Das spüren Betroffene meist selbst sehr gut. Daher unterhalten sie sich auch ungern bei Lärm oder anderen Störfaktoren. Sie spielen auch nicht gerne Gesellschaftsspiele, während der Fernseher im Hintergrund läuft. Auch mögen sie keine ärztlichen Aufklärungsgespräche, wenn die Tür des Arztzimmers offen steht und permanent Leute im Flur hin und her laufen. Sie wissen aus Erfahrung, die Gesprächsinhalte bleiben dann nicht hängen. Sie fühlen sich dann überfordert und suchen die Schuld für ihr »schlechtes Gedächtnis« zu Unrecht bei sich.

Wenn Sie einem älteren Mitmenschen einen Gefallen tun wollen, schenken Sie ihm Zeit und eine ruhige Umgebung, wenn Sie etwas erklären, erzählen oder einfach nur wertschätzende Zuwendung schenken möchten. Reduzieren Sie das Störfeuer. Durch die sorgsame Auswahl dessen, was relevant ist, unterstützen Sie das Arbeitsgedächtnis älterer Mitmenschen. Wenn Sie ihnen zudem genügend Zeit bei der Verarbeitung der Informationen geben, gelingen ihnen trotz des fortgeschrittenen Alters ungleich bessere Gedächtnisleistungen.

Die Verfügbarkeit macht gedächtnisfaul

Auch wir selbst sind – trotz eines möglicherweise noch jüngeren Alters – keine wandelnden Festplatten. Denn abgesehen von einer häufigen Überladung unseres Arbeitsgedächtnisses im beruflichen und privaten Alltag gibt es noch einen zweiten Grund für das nachlassende Gedächtnis: Wir trainieren unsere Speicherfunktion kaum mehr.

Wissen Sie die Telefonnummer Ihres besten Freundes? Vermutlich nicht, denn sie steht ja im Kurzwahlspeicher Ihres Handys, und selbiges wird möglicherweise überdies täglich mit Ihren Kontakten im Laptop synchronisiert. Alle Informationen sind immer da und doppelt gesichert. Im Alltag müssen wir unser Gedächtnis kaum noch bemühen. Die Arbeit nehmen uns digitale Helferlein ab. Was bedeutet das hinsichtlich unserer Merkfähigkeit?

Die Auslagerung von immer mehr Wissen in Bücher und ins Internet macht nachgewiesenermaßen gedächtnisfaul. Dieses Prinzip ist als »Cognitive Offloading« bekannt – also die menschliche Neigung, sich Dinge nicht so gut zu merken, die irgendwo gespeichert sind und bei Bedarf nachgesehen werden können[52]. Informationen über die Welt sind heute oft nur wenige Mausklicks entfernt, denn sie sind zu jedem Zeitpunkt und an fast jedem Ort abrufbar (wenn wir einmal von der Mecklenburgischen Seenplatte oder dem Odenwald absehen). Das Internet können wir fast immer zur Recherche nutzen. Besondere Bemühungen erfordert die Beschaffung von Informationen daher nicht mehr – eine funktionierende Datenverbindung vorausgesetzt. Infolgedessen bemühen wir uns auch weniger, die Informationen sorgfältig zu speichern. In einem Experiment von Forschern der Columbia University in New York sollten sich Versuchspersonen verschiedene Wörter einprägen. Die Probanden bemühten sich eher, sich die Begriffe zu merken, wenn sie davon ausgehen mussten, dass die Informationen bald wieder gelöscht werden würden. Demgegenüber merkten sie sich die Begriffe deutlich schlechter, wenn sie wussten, dass ihre Notizen zu den Wörtern in einer Datei abgespeichert wurden und danach bei Bedarf abrufbar waren. Die Gewissheit, diese Informationen später nachlesen zu können, führte also zu einer geringeren geistigen Anstrengung bei der Speicherung[53].

Haben Sie auch schon einmal bei einem Konzert Menschen erlebt, die die komplette Veranstaltung mit ihrem Handy filmten und 90 Minuten auf ihr Display starrten, statt das Konzert mit allen Sinnen wahrzunehmen und zu genießen? Oder Touristen, die alles fotografierten, was ihnen vor ihre Kamera kam, statt die Architektur auf sich wirken zu lassen und sie bewusst wahrzunehmen? Die Psychologin Diana Tamir von der Princeton University stellte kürzlich im Verlauf eines Experiments bei einer Gruppe von Probanden fest, dass sie sich schlechter an Objekte und Sehenswürdigkeiten erinnerten, wenn sie kurze Snapshots machten und sie über die sozialen Netzwerke teilten. Sie hatten ihre Erinnerungen auf eine Micro-SD-Karte »ausgelagert«. Wenn sie stattdessen die Architektur aufmerksam betrachteten, speicherten sie das Gesehene deutlich besser, und zwar im eigenen Gedächtnis[54].

Je mehr Technologien uns die lästige und aufwendige Informationsbeschaffung abnehmen, desto weniger strengen wir unser eigenes Gehirn an. Vielleicht ist das der Grund, warum Gelehrte bei jeder neuen Kulturtechnik, die uns bei der Wissensspeicherung und -verbreitung unterstützte, regelmäßig vor »Hirnschwund« warnten. Ein übertriebener Alarmismus ist sicher nicht angebracht. Aber ganz grundlegend falsch ist die Annahme nicht, dass die ständige Verfügbarkeit von Informationen auch längerfristig die Gedächtnisfunktion schwächt: Im Rahmen einer chinesischen Forschungsarbeit sollten 42 Probanden mehrere Tage hintereinander oberflächlich und schnell Informationen recherchieren. In den magnetresonanztomografischen Aufnahmen zeigte sich bereits nach dieser kurzen Zeitspanne eine geringere funktionelle Zusammenarbeit von Langzeitgedächtnisstrukturen[55]. Unser Gehirn passt sich also an den Bequemlichkeitsmodus an. Es lernt ständig – und eignet sich sogar die Fähigkeit an, das Auswendiglernen zu verlernen.

Tatsächlich gehört die Merkfähigkeit leider zu denjenigen geistigen Leistungen, die schnell verkümmern, wenn wir sie nicht üben. Dafür können wir umgekehrt unsere Merkfähigkeit sehr gut entwickeln, wenn wir sie im Alltag ab und an etwas fordern. Nachschlagen zu können ersetzt dieses Training nicht. Erst wenn wir aktiv und angestrengt lernen, indem wir Informationen ganz bewusst speichern, sie immer mal wieder rekapitulieren und sie in Bezug setzen mit unserem bereits erworbenen

Weltenwissen, entstehen bleibende Erinnerungsspuren. Das erhält die geistige Leistungsfähigkeit und stellt nach allem, was wir wissen, einen wirksamen Schutz vor raschem geistigen Abbau dar[56]. Es lohnt sich daher, das Gedächtnis zu trainieren, auch wenn man den einfachen und bequemen Zugang zur Welt in seiner Hosentasche mit sich trägt.

Quicktipp

Trainieren Sie Ihr Gedächtnis bei Kleinigkeiten

Versuchen Sie, sich kleine Dinge im Alltag einzuprägen, selbst wenn Sie sie viel bequemer irgendwo notieren könnten. Merken Sie sich Telefonnummern und behalten Sie PIN-Nummern Ihrer EC-Karten im Kopf. Nutzen Sie hierfür gerne Eselsbrücken in Form von bekannten Jahreszahlen oder Bildern. Sie machen insbesondere das langfristige Speichern oft bedeutend einfacher.

Auch wenn Sie Angst haben, eine wichtige Information zu vergessen, sollten Sie Ihr Arbeitsgedächtnis trainieren. Merken Sie sich die Information zumindest ein paar Minuten. Wiederholen Sie sie, und notieren Sie sie erst dann. Danach können Sie Ihren Kopf wieder frei machen. Sie brauchen die Informationen also nicht bis in alle Ewigkeit im Kopf behalten – darum geht es nicht. Aber ein paar Kreisungen und Wiederholungen halten unser Arbeitsgedächtnis fit. Sie werden sehen, regelmäßiges Üben schenkt Ihnen ein besseres Gedächtnis – in jedem Alter.

Wir überfliegen, statt einzutauchen

> *»Es war kurz vor Mitternacht, und der Premierminister saß allein in seinem Büro und las ein langes Memo, das durch sein Gehirn glitt, ohne die geringste Spur von Bedeutung zu hinterlassen.«*
>
> aus: *Harry Potter und der Halbblutprinz,* J. K. Rowling, 2005

Wenn unser Gehirn Informationen der Welt über die Sinnesorgane aufnimmt, diese intern verarbeitet und sie bei Bedarf speichert, sprechen wir von »Enkodierung«. Neben einigen anderen Aspekten ist insbesondere die Tiefe zum Zeitpunkt der Reizwahrnehmung entscheidend. Je schneller und oberflächlicher das geschieht, desto weniger bleibt hängen: Beobachtungen an Studenten an der Universität in Zhejiang zeigten, dass eine hastige Suche nach Begriffen im Internet im Vergleich zu einer traditionellen Recherche in einer Enzyklopädie weniger genau erfolgte. Die Erinnerung an die recherchierten Begriffe gelang den Studenten im Anschluss signifikant schlechter[57]. Metaanalysen zeigen darüber hinaus, dass das Textverständnis beim Lesen von digital aufbereiteten Texten via Bildschirm geringer ausfällt als bei der Lektüre eines Buches. Den Grund dafür vermutet man im vergleichsweise schnelleren Lesen und dem höheren Grad von Ablenkungen, die sich beim Surfen oder bei der Nutzung eines Browsers ergeben. Beides fördert die geistige Ungenauigkeit bei der Enkodierung und eine lückenhafte Erinnerung an den Inhalt[58].

Einen Text zu verstehen, erfordert konzentriertes Lesen und die Bereitschaft, in Ruhe darüber nachzudenken. Erst dann besteht die Chance, dass wir uns den Inhalt auch merken. Natürlich haben manche Menschen die Fähigkeit, einen Text bei schnellem Lesen korrekt zu erfassen – auch am Bildschirm. Man kann die Lesegeschwindigkeit sogar durch entsprechendes Training von 250 Wörtern pro Minute auf mehr als das Doppelte erhöhen (wenn Sie wissen wollen, wie schnell ein Mensch aus Fleisch und Blut lesen kann, sollten Sie zu einem Notar gehen und ihn bitten, einen handelsüblichen Kaufvertrag laut vorzulesen). Aber irgendwann sinkt die Fähigkeit der Enkodierung[59]. Eine zu hohe Geschwindigkeit beim Lesen führt dann unweigerlich zu mangelndem Verständnis und schlechter Erinnerung. Denn je schneller wir mit unseren Augen über die Zeilen eines Textes fliegen, desto ungenauer werden wir bei der Verarbeitung des Inhaltes, und desto weniger gut kann unser Arbeitsgedächtnis mit den Informationen arbeiten.

Deswegen müssen Menschen einen Zeitungsartikel oder ein Memo mitunter zweimal lesen, wenn sie beim ersten Mal abgelenkt waren oder schlichtweg zu hastig lasen. Bei digital aufbereiteten Texten ergibt sich noch eine weitere Erschwernis: Bei Texten mit Hyperlinks tendierten Probanden im Rahmen einer Studie dazu, Sätze mit verlinkten Wörtern zweimal zu lesen[60]. Werbung auf Webseiten absorbierte in anderen Untersuchungen ebenfalls visuelle Aufmerksamkeit. Die Probanden in diesen Studien brauchten deutlich mehr Zeit, den Text durchzuarbeiten, wenn sie auf diese Weise abgelenkt wurden[61].

Schnelles, oberflächliches und fehlerhaftes Lesen mag beim Durchblättern eines Magazins kein großer Verlust sein. Bei Romanen, in deren Handlung man eintauchen möchte, ist es aber zumindest schade. Bei Prüfungsliteratur, die man gewissenhaft durcharbeiten sollte, ist es dumm. Und bei Verträgen oder Geschäftsbedingungen, die man unterzeichnet, kann es sogar gefährlich werden: In einem Experiment an 543 Probanden, die eine Mitgliedschaft in einem neuen sozialen Netzwerk angeboten bekamen, hätten ganze 98 % der Teilnehmer durch unachtsames Bestätigen der AGBs ihr eigenes Kind in Zahlung gegeben[62]. Falls Sie Ihr Kind weiterhin behalten möchten, sollten Sie also vielleicht sicherheitshalber noch mal die AGBs bei den Kaufabschlüssen der letzten Woche durchgehen.

Die impulsive Schnelligkeit, mit der wir heute Informationen bruchstückhaft aufnehmen und verarbeiten, ermöglicht kaum noch ein tieferes Verständnis oder eine spätere Erinnerung an den Inhalt. Oftmals ist das Konsumverhalten so oberflächlich, dass größere Zusammenhänge gar nicht mehr erfasst werden. Wo alles schnell gehen muss, kommt das Nachdenken und Reflektieren aus der Mode. Das Ungefähre wird schon reichen – mit der Folge, dass man Fehler übersieht oder auf Tricks hereinfällt, wie das folgende lustige Beispiel eindrucksvoll zeigt:

Sagt Ihnen der Text »Lore ipsum dolor sit amet …« etwas? Versuchen Sie die Worte am besten gar nicht erst zu verstehen, sie ergeben nämlich keinen Sinn (trotz einiger Elemente aus einer Rede des römischen Philosophen Cicero). Man nutzt diese und ähnliche Buchstabenfolgen seitenweise als Platzhaltertext in Layouts von Webseiten oder Printerzeugnissen, um einen Eindruck davon zu bekommen, wie der fertige Text später aussehen könnte. Die satirische Website *The Science Post* hat jüngst unter einer Überschrift einen Artikel mit einem solchen bedeutungslosen Fülltext veröffentlicht, den seither über 190 000 Menschen mit dem Daumen ihrer Zustimmung versahen oder Bekannten und Freunden schickten, ohne dass ihnen der sinnlose Text unter der Überschrift auffiel[63]. Eine Analyse der Columbia University anhand von 2,8 Millionen »geteilten« Twitter-Nachrichten bestätigt dieses oberflächliche Konsumverhalten: 60 % der untersuchten Nachrichten wurde von Lesern zwar bewertet und gegebenenfalls geteilt, aber nicht aufmerksam gelesen[64].

Wenn wir Informationen sorgsamer auswählen und uns auf weniger beschränken würden, würden wir Falschaussagen und Fehlinformationen häufiger bemerken und nicht auf sie hereinfallen. Die eine oder andere Unachtsamkeit oder Peinlichkeit bliebe uns somit erspart. Und Fehler mit möglicherweise schlimmen Konsequenzen könnten wir verhindern. Die selektive Aufmerksamkeitssteuerung mithilfe des Suchers bietet hierfür einen Ausweg. Selektion bedeutet, das Einzelne zu betonen und gleichzeitig auf anderes zu verzichten. Das zahlt sich jedoch aus, denn durch eine präzise Wahrnehmung der Welt, die uns umgibt, gelangen wir zu besseren Schlussfolgerungen und erhöhen damit die Wahrscheinlichkeit, uns an das Wahrgenommene später auch erinnern zu können.

Die Lösung: Auswahl und bewusste Wahrnehmung

»Die Aufmerksamkeit ist der Meißel des Gedächtnisses.«

Pierre-Marc-Gaston de Lévis (1764–1830)

Mit Charles Dickens im Straßencafé

Der englische Schriftsteller und Journalist Charles Dickens (1812–1870), berühmt für seine Romane *Oliver Twist* und *David Copperfield,* schrieb während seines Lebens viele Geschichten, in denen es um die Ungerechtigkeit gegenüber Kindern und andere soziale Missstände in der englischen Gesellschaft des 19. Jahrhunderts ging. Dabei zeichnete sich Dickens gar nicht mal so sehr durch seine Fähigkeit als Autor aus (seine schriftstellerische Begabung wurde von vielen seiner Kollegen sogar immer wieder kritisiert); sein Talent lag vielmehr in seiner fantastischen Beobachtungsgabe. Die Präzision, mit der er seine Figuren zum Leben erweckte, machten die Geschichten ungemein glaubwürdig und authentisch. Es wird berichtet, dass Dickens täglich bis zu einer Stunde am Fenster seines Lieblingscafés saß und Menschen beobachtete. Er tauchte ab in die Welt um ihn herum, nahm aufmerksam wahr, was er sah und hörte, und speicherte die gewonnenen Eindrücke sorgfältig ab. Er erinnerte sich noch Wochen später an Kleinigkeiten, die er beobachtet hatte. Das ermöglichte es ihm, das Londoner Milieu detailgetreu zu schildern, und er schuf auf diese Weise lebendige Figuren und Geschichten, mit denen sich seine Leser identifizieren konnten[65].

Die virtuelle Flu(ch)t

Straßencafés gibt es nach wie vor, aber Menschen, die ihre Umgebung aufmerksam wahrnehmen, finden wir darin nur noch selten. Ein Großteil an selektiver Aufmerksamkeit verlegt sich heute in virtuelle Welten, nicht mehr auf die reale Welt. Wer allein im Café sitzt, schaut gebeugten Kopfes auf seinen Bildschirm. Selbst für Dinge, die besonders auffällig sind, sind wir »blind«.

Dem Wissenschaftler Ira Hyman und seinem Team an der Western Washington University gelang in diesem Zusammenhang ein aufsehenerregendes Experiment. Hyman wollte testen, wie aufmerksam seine Studenten ihre Umgebung wahrnehmen, wenn sie mit verschiedenen Dingen beschäftigt sind. Hierzu ließ er auf dem belebten Campusgelände der Uni an einem Nachmittag bei schönem Wetter einen Clown auf einem Einrad über den Platz radeln – ein auffälliges und selbst an amerikanischen Universitäten nicht alltägliches Ereignis. Danach befragten die Forscher 150 Studenten, ob und was sie gesehen hätten. Unter den Befragten, die keine digitalen Medien genutzt hatten, hatte immerhin jeder zweite Student den Clown gesehen. Unter denjenigen Studenten, die zum Zeitpunkt Musik gehört hatten, als der Clown entlanggeradelt kam, waren es 35 %. Und unter denjenigen, die ihr Handy genutzt hatten, waren es nur 8 %, die ihn entdeckt hatten[66]. Je stärker die digitale Ablenkung war, desto weniger intensiv gelang die Wahrnehmung der Umwelt. Natürlich erfassen wir immer einen gewissen Teil unserer Umwelt, indem unsere Sinne die Umgebung oberflächlich abtasten, aber die flüchtigen Sinneseindrücke produzieren ohne genaues Hinschauen und Reflektieren keine handlungsleitenden Gedanken.

Kehren wir für ein konkretes Beispiel noch einmal in das Café zurück: Wenn wir ohne Herrn Dickens allein am Tisch sitzen und auf unseren Laptop starren, bekommen wir von der unmittelbaren Umgebung um uns herum kaum etwas mit – nicht einmal Clowns auf Einrädern. Sinnesphysiologisch und gedanklich sind wir nämlich gar nicht richtig anwesend.

Auf einem Auge blind

Die Nichtwahrnehmung von Objekten nennt man auch »Unaufmerksamkeitsblindheit« (inattentional blindness)[67]. Diese Form der Blindheit beschreibt also keine visuelle Sehstörung, sondern ein Defizit der Aufmerksamkeit. Bekannt wurde das Phänomen durch ein Experiment[68], welches Sie möglicherweise bereits kennen. Falls dem nicht so ist, empfehle ich Ihnen den *Selective Attention Test* von Daniel J. Simons auf YouTube[69]. Er dauert nur zwei Minuten. Befolgen Sie einfach genau die Anweisungen des Sprechers. Danach lesen Sie hier weiter …

Ich fasse die Studie und die spannenden Ergebnisse kurz zusammen: Mehrere Versuchspersonen werden gebeten, an einem Monitor Basketball spielende Schüler zu beobachten und dabei die Ballwechsel zu zählen. Eine Mannschaft besitzt weiße, die andere schwarze T-Shirts. Die Aufgabe lautet, die Ballwechsel der Mannschaft mit den weißen T-Shirts aufmerksam zu zählen. Danach werden die Probanden gefragt, ob ihnen daneben noch etwas aufgefallen sei. Etwa die Hälfte der Probanden in der Originalstudie verneinte dies und war umso erstaunter, als man ihnen gestand, dass eine Person in einem Gorillakostüm von rechts nach links durch die Szene gelaufen wäre, während sie die Ballwechsel gezählt hätten. Der anderen Hälfte war es dagegen aufgefallen. Genau das passiert in dem Video, das ich Ihnen oben empfahl, auch. Schauen Sie es sich ein zweites Mal an und achten Sie dieses Mal nicht auf die Ballwechsel, sondern suchen den Gorilla.

Wir sehen also an dem Gorilla-Experiment sowie an dem Eingangstest davor, dass unser Gehirn Situationen oder Objekte nur enkodiert, wenn der Scheinwerfer den Fokus darauf legt. Erst dann wird uns der Reiz bewusst, und wir können mit ihm im Arbeitsgedächtnis arbeiten, also beispielsweise über ihn nachdenken oder den Sinneseindruck speichern. Andere Studien fanden übrigens einen ähnlichen Effekt für das Hören. Für bestimmte akustische Reize haben wir eine »Unaufmerksamkeitstaubheit« (inattentional deafness), wenn wir nicht bewusst unsere Aufmerksamkeit auf sie richten, beispielsweise den Straßenlärm, das Vogelgezwitscher oder das Zirpen einer Grille, die sich unter dem Efeubewuchs einer Mauer versteckt. Erinnern sie sich an die Passage eingangs des Buches, oder habe ich Sie gerade der Unaufmerksamkeit überführt?

Ärgern Sie sich nicht, wenn Sie den Gorilla im Video oder die Grille im realen Leben nicht entdeckt haben. Ich kann Ihnen in diesem Fall Gehirngesundheit attestieren. Es ist völlig normal, eine große Anzahl der aufgenommenen Sinneseindrücke auszublenden. Die Kunst ist es schließlich, nicht alles wahrzunehmen, sondern das Relevante auszuwählen. Es geht weniger um das »Wieviel« als vielmehr um das »Was«.

Eine kluge Auswahlhilfe

Eine solche Auswahl von Informationen bezeichnet man als selektive Aufmerksamkeit. Sie erinnern sich bestimmt noch an den Scheinwerfer, der unsere Bühne des Lebens beleuchtet. Er hält ständig Ausschau nach Neuem und Spannendem. Beleuchtet wird, was interessant zu sein scheint, und im Dunkeln bleibt, was eher irrelevant anmutet.

Hierbei haben wir häufig die Wahl: Bei einem Waldspaziergang zu zweit können Sie Ihrer Begleitung aufmerksam zuhören. Dabei entgehen Ihnen aber möglicherweise Gorillas und andere interessante Fotomotive in der Landschaft. Oder Sie lauschen aufmerksam den Naturgeräuschen, während Sie den Großteil des Gesprächs nicht mitbekommen. Beides kann stimulierend sein. Welche Variante Sie wählen, sollten Sie sich nicht zuletzt aus beziehungstechnischer Sicht gut überlegen. Berufen Sie sich nötigenfalls auf mich.

Das Relevante auszuwählen und die eigene Aufmerksamkeit auf das Wichtige auszurichten, ist wesentlicher Bestandteil einer erfolgreichen kognitiven Steuerung. Das schützt uns einerseits vor Informationsüberladung und bringt uns andererseits unseren Zielen näher. Je reizdurchfluteter die Welt wird, desto wichtiger wird die Kunst der Selektion. Die bewusste Lenkung unserer Aufmerksamkeit ist kein passiver Prozess, sondern unterliegt der Selbstregulation. Dadurch können wir vielleicht nicht in allen Situationen des Lebens beeinflussen, welche Informationen wir registrieren, aber wir können zumindest größtenteils bestimmen, was wir mit unserem Scheinwerfer beleuchten und in Erinnerung behalten wollen.

Sherlock Holmes und die Schweißflecken am Hut

Wer die Fähigkeit einer selektiven Aufmerksamkeit besonders gut beherrschte, die sich in Form einer guten Beobachtungsgabe äußerte, war Sherlock Holmes. Der Schriftsteller Arthur Conan Doyle erschuf die Figur des berühmten Meisterdetektives Ende des 19. Jahrhunderts und beschrieb ihn in mehr als 50 Kurzgeschichten und mehreren Romanen als detailgenauen Beobachter. Der Scheinwerfer der selektiven Aufmerksamkeit fand immer neue lohnenswerte Ziele. Holmes' präzise Wahrnehmung in Verbindung mit seinen logischen Denkfähigkeiten machte ihn zu einem wahrhaft geistigen Genie.

Erinnern Sie sich beispielsweise noch an die berühmte Hutszene aus der Kurzgeschichte *Der blaue Karfunkel?* Der Mann, dessen Identität Holmes herauszufinden versucht, trägt einen Hut. Er wirkt neu und von guter Qualität. Also vermutet Holmes, dass es sich vermutlich um einen wohlhabenden Besitzer handelt. Schweißflecken am Innenrand zeigen, dass sein Träger schlecht in Form und möglicherweise übergewichtig ist. Oder die Szene in *Die Liga der rothaarigen Männer,* in der Holmes anhand des Hemdes des Getöteten den Beruf eines Schreibers erschließt? Sein rechter Ärmel glänzt noch und wirkt wie neu; dagegen ist der linke Ärmel auf Höhe des Ellbogens fleckig und abgerieben. Vermutlich war der rechte Ärmel immer hochgekrempelt und links der Ellbogen aufgestützt. Folglich muss der Mann am Schreibtisch gesessen und intensiv geschrieben haben.

Sherlock Holmes' Freund und Partner Dr. Watson wird in den Geschichten als ein ebenfalls hochintelligenter Mann beschrieben, der aber häufig wichtige Dinge übersieht und sich immer wieder erstaunt zeigt, wenn Holmes seine Schlussfolgerungen äußert. In einem berühmt gewordenen Zitat sagt Holmes zu seinem Freund: »Watson, Sie sehen, aber Sie beobachten nicht.«

Die Geschichten von Arthur Conan Doyle schaffen ein Bewusstsein dafür, dass wir durch die aufmerksame Beobachtung ein viel detaillierteres Bild zeichnen können von dem, was um uns herum passiert. Die Schlussfolgerungen, die wir aus unserer Wahrnehmung ableiten, gelingen deutlich besser. Und wir erinnern uns deutlicher an das Erlebte. Lassen Sie mich abermals an dieser Stelle betonen, dass nicht die Menge der Informationen entscheidend ist, sondern allein die Richtung, in die wir schauen.

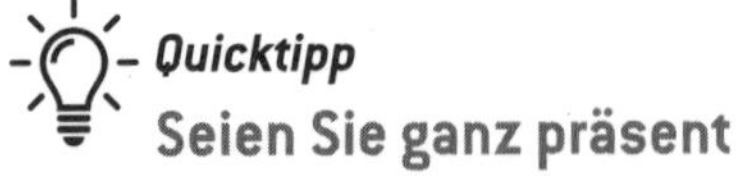

Quicktipp

Seien Sie ganz präsent

Seien Sie geistig ganz bei dem, was Sie gerade tun, beispielsweise wenn Sie Ihren Mitmenschen zuhören, etwas Interessantes lesen oder den Tagesablauf planen. Wenden Sie sich nicht zu vielen Dingen auf einmal zu, sondern ausschließlich dem, was gerade wichtig ist. Spüren Sie mit allen Sinnen hin. Sie werden zu viel genaueren Erkenntnissen und Schlussfolgerungen gelangen. Die Präzision Ihrer Wahrnehmung erhöht außerdem die Wahrscheinlichkeit, dass deutlich mehr hängen bleibt.

Der Storchengang des Gärtners

In der Medizin können eine präzise Wahrnehmung und genaue Beobachtung der Patienten und ihrer Lebensumstände für die Anamnese und die Diagnostik riesige Vorteile bedeuten. Ich erinnere mich an eine Situation, als ich noch junger Assistenzarzt in der Neurologie war, und die Visite mit meinem damaligen Oberarzt anstand. Wir wollten einen neu aufgenommenen Patienten zu seinen Beschwerden befragen und die Untersuchungen planen, denn wir wussten bis zu diesem Zeitpunkt nur, dass der Mann an Muskelschwäche eines Beines litt. Der Patient war jedoch nicht in seinem Zimmer, sodass wir weder die Anamnese noch eine körperliche Untersuchung vornehmen konnten. Mein Oberarzt schmunzelte auf eine Weise, wie er es immer tat, wenn er sich herausgefordert fühlte, und meinte: »Vielleicht finden wir es auch so heraus. Was fällt Ihnen auf, Mr. Busch?« (Mein Name erinnerte ihn an den ersten Offizier William Bush aus dem Film *Des Königs Admiral.* Liebend gerne rief er mich in militärisch schneidendem Ton zu sich: »Mr. Busch!« So hatte es der Kapitän Horatio Hornblower im Film immer getan. Impulshaft verspürte ich manchmal die Neigung zu salutieren.)

Nichts war mir aufgefallen, entsprechend verdutzt schaute ich ihn an. Er deutete auf eine grüne Arbeitshose auf dem Stuhl, so wie sie Gärtner oft tragen, und meinte, er habe bereits einen Verdacht. Dann hob er die Schuhe auf, die der Patient vor dem Bett abgestellt hatte, und betrachtete sich beide Sohlen. Dann sah er über den Rand seiner Brille, schmunzelte wieder vielsagend und sagte: »Wahrscheinlich hat er eine Schädigung des Wadenbeinnervs und einen Hahnentritt, Mr. Busch.« Zur Erklärung: Bei einer Schädigung dieses Nervs kommt es zu einem hängenden Vorderfuß mit einem Gangbild, bei dem Betroffene ihre Füße hoch anheben müssen, um nicht über ihre Zehen zu stolpern, ähnlich wie ein Storch oder Hahn. Der Oberarzt erklärte mir, dass für Menschen mit solchen Arbeitshosen das Knien oder kniendes Sitzen typisch sei. Durch die Druckeinwirkung auf das Wadenbeinköpfchen seitlich des Knies käme es oft zu einer Läsion des Wadenbeinnervs. Falle der Nerv aus, kippe der Vorderfuß herunter und schlurfe über den Boden. Deswegen hatte er sich die Schuhe des Patienten angesehen, und siehe da, sein Verdacht hatte sich bestätigt: Beide Sohlen waren vorn seitlich abgelaufen, so wie es durch ein fortwährendes Schlurfen über den Boden an dieser Stelle zustande kommt.

Am Abend des gleichen Tages bestätigte der Patient den Verdacht. Ich war beeindruckt und habe dieses Beispiel für eine gute Beobachtungsgabe nie vergessen. Sherlock Holmes hätte seine Freude daran gehabt.

Tiefe Einsichten in Rosinen

Die Erfolge von Sherlock Holmes und meinem damaligen Oberarzt sprechen für sich. Aber die Erkenntnisse der Experimentalpsychologie unterstützen ihre Arbeitsweise: Ein hohes Maß an selektiver Aufmerksamkeit und die intensive sinnliche Wahrnehmung erhöhen die Reizausbeute. Wir sehen und hören mehr, weil wir die Welt um uns herum bewusster wahrnehmen und in sie eintauchen. Das hat positive Auswirkungen auf die Genauigkeit unserer Beobachtungen.

Mittlerweile bin ich selbst Oberarzt, und nach einer gemeinsamen Visite frage ich meine Studenten immer mal wieder ganz gerne, welche Bücher die Patienten lesen würden, die wir gerade im Zimmer besuchten. In der Regel ernte ich verdutzte Blicke und ein Achselzucken. Meistens entgegnen mir die Studenten, sie hätten nicht auf den Nachttisch am Bett geachtet, da sie während des Patientengesprächs Eintragungen ins Laptop gemacht hätten. Dabei wäre die aufmerksame Beobachtung der unmittelbaren Lebensumstände immens wichtig, um sich ein exaktes Bild von den Menschen zu machen, denen man helfen möchte. So sagen nämlich die Bücher, die die Patienten lesen, etwas über die Gedanken aus, mit denen sie abends einschlafen. Das sind wertvolle Informationen, die die elektronische Krankenakte nicht liefert, sondern nur die aufmerksame Beobachtung. Sie helfen uns, die Erlebniswelt von Patienten zu verstehen oder Beweggründe für ihr Verhalten nachzuvollziehen.

Es ist vielfach gezeigt worden, dass ärztliche Anamnesen besser gelingen, wenn meine Kollegen und ich uns mit allen Sinnen auf die Patienten einlassen, statt auf den Computerbildschirm zu starren oder nur mit einem Ohr zuzuhören[70]. Für andere Berufe, bei denen ein intensiver Austausch mit den Mitmenschen wesentlicher Bestandteil der Tätigkeit ist, gilt dies genauso – sei es als Lehrer, der Schüler unterrichtet, oder als Verkäufer, der Kunden gewinnen möchte. Wer genau hinschaut, blickt eher durch.

Das Gute daran: Das Schärfen seiner Sinne kann man trainieren. Und je besser wir das können, desto mehr entdecken wir in der Welt, durch die wir laufen: In einer australischen Studie sollten 794 Teilnehmer ihre Wahrnehmung intensivieren, indem man ihnen eine Rosine zum Kauen gab. Dabei sollten sie sich auf den Geschmack, die Textur sowie die Geräusche beim Kauen der getrockneten Traube fokussieren. Diese »Achtsamkeitsübung« lehrt, die selektive Aufmerksamkeit auf ein Objekt auszurichten und mit den verschiedenen Sinnen intensiv wahrzunehmen. Das Ergebnis war erstaunlich: Nach dem Experiment erkannten die Probanden Signale an einem Computermonitor deutlich besser, die beiläufig eingeblendet wurden. Die Unaufmerksamkeitsblindheit der Probanden sank, und sie wurden wachsamer in der Wahrnehmung ihrer Umwelt[71].

Wählen Sie sorgfältig aus

Das alles ist natürlich nicht nur eine Sache der Technik, sondern hängt auch von unserer Einstellung ab. Je offener wir uns unserer Welt zuwenden, desto breiter wird das Wahrnehmungsspektrum unserer Umgebung, und desto detaillierter fällt das Bild aus, das wir uns von unseren Mitmenschen machen[72]. Wenn wir genau beobachten, über das Gesehene nachdenken und unsere Gefühle in der jeweiligen Situation wahrnehmen, speichern wir auch mehr ab[73]. Die Fokussierung führt dazu, dass wir den empfangenen Sinnesreizen im Arbeitsgedächtnis mehr Kapazitäten zuweisen, wodurch die Wahrscheinlichkeit der Überführung in den Langzeitspeicher steigt[74].

Falls Sie fortan nicht jeder Rosine in Ihrem Leben das höchste Maß an Aufmerksamkeit schenken möchten, wird das Ihre Befindlichkeit nicht zwangsläufig verschlechtern. Aber die Rosine steht jedoch für die vielen kleinen wunderbaren und wichtigen Dinge im Leben, die im Störfeuer der uns umgebenden Reizflut untergehen, wenn wir sie nicht beleuchten. Angesichts der Vielzahl von Dingen treffen wir eine Auswahl und machen das Wahrgenommene bedeutungsvoll. Ihre Aufmerksamkeit bleibt eine begrenzte Ressource, also sollten Sie eine gute Wahl treffen.

In der digitalen Welt müssen wir stärker als jemals zuvor aus zahlreichen Angeboten selektieren. Zunehmend mehr Zeit schenken wir dabei unseren Bildschirmen. Das ist keine Kritik an der Nutzung per se, denn das Schreiben einer SMS kann durchaus wichtig sein, das Checken eines Flugterminals vielleicht sogar unverzichtbar. Und natürlich können uns virtuelle Welten auch wunderbar unterhalten. Aber die durchschnittliche Blickdauer in das Handy beträgt schon jetzt täglich 3 Stunden und 40 Minuten, und er nimmt von Jahr zu Jahr zu[75]. Wo soll das noch hinführen?

Es sollte uns allen klar sein, dass jede Entscheidung für den digitalen Konsum eine Entscheidung gegen das Verbundensein mit der realen Welt ist. Und diese spielt sich nicht auf 6.5 Zoll eines Handydisplays ab, sondern jenseits des Bildschirms. Wer seine Umwelt und seine Mitmenschen genau beobachtet, schreibt die schöneren Geschichten vom Leben. Und wer sich ganz auf beides einlässt, verinnerlicht sie auch mehr – und erinnert sich besser an sie.

Meine Empfehlung: Ihre Tiefe Stunde der Selektion

»Die wahre Kunst der Erinnerung besteht in der Kunst der Aufmerksamkeit.«[76]

Samuel Johnson (1709–1784)

In diesem Kapitel war es mir wichtig, Ihnen nahezubringen, dass Wahrnehmung und Erinnerung stark von unserer selektiven Aufmerksamkeit abhängen. Das meiste filtert unser Gehirn in unserem Interesse heraus, aber durch den Scheinwerfer der Aufmerksamkeit können wir relevante Informationen herauspicken und beleuchten. Die Fähigkeit fällt uns in einer reizdurchfluteten Welt mitunter schwer, weil uns Informationssucht und Medienkonsum blind und taub machen für das, was sich in der realen Welt ereignet. Die Folgen sind weniger intensive Wahrnehmungserfahrungen, eine reduzierte geistige Verarbeitungstiefe und ein schlechteres Gedächtnis.

Wenn Sie trotz Stress im Alltag und zahlreicher Aufgaben und Verpflichtungen immer wieder Momente finden, in denen Sie sich ganz bewusst auf Dinge fokussieren, die Ihnen wichtig sind, können Sie Fehler und Fallen vermeiden, bestimmte Situationen stärker genießen und Gedächtnisinhalte schaffen, die Ihnen keiner mehr nehmen kann. Die Steuerung Ihrer selektiven Aufmerksamkeit ist wie ein Schlüssel, der Ihnen die Tür zur Wahrnehmung von der Welt öffnet. Es kommt nur darauf an, ob Sie ihn herumdrehen möchten. Die folgenden Gedanken können hierfür vielleicht ein paar Anhaltspunkte geben.

Tauchen Sie ein

Nehmen Sie sich jeden Tag 15 bis 30 Minuten, um innezuhalten und dort anzukommen, wo Sie gerade sind. Beobachten Sie einmal ganz bewusst Ihre Umgebung und Ihre Mitmenschen. Schärfen Sie Ihre Sinne und tauchen Sie tief in die Situation ein. Nehmen Sie genau wahr, was Sie sehen und hören. Achten Sie besonders auf Kleinigkeiten. Die meisten Menschen sehen nur die auffälligen und großen Dinge und sind blind und taub für die Details. Was sehen Sie? Was hören Sie? Sie können das in einem Café genauso tun wie im Büro oder im Stadtpark während der Mittagspause. Versuchen Sie, die Dinge nicht nur flüchtig zu erfassen, sondern aufmerksam zu betrachten und bewusst hinzuhören. Je schärfer Ihre Wahrnehmungen sind, desto höher ist die spätere Erinnerung an das Erlebte.

Wenn Sie Ihre Umwelt selektiver wahrnehmen, nehmen Sie nicht etwa weniger wahr, wie man zunächst glauben möchte, sondern viel mehr. Eine kluge Auswahl bedeutet nämlich, den relevanten Dingen mehr Zuwendung zu schenken. Ihre Eindrücke vertiefen sich, und Erinnerungsspuren verwehen nicht so schnell im Wind der Zeit. Die Schärfung der eigenen Wahrnehmung ist ein effektives Hirndoping – und ein ganz natürliches.

Unsere Erfahrungen in der Welt, in der wir uns bewegen, sind viel intensiver, wenn wir ganz in sie eintauchen. Streng genommen handelt es sich hierbei um eine Mischung aus Selektion und Konzentration. Der Scheinwerfer wählt aus mehreren Objekten aus und richtet den Lichtkegel exakt darauf aus. Mit der Kraft der Konzentration werden wir uns im folgenden Kapitel näher beschäftigen. An dieser Stelle ist mir wichtig, dass Sie an Ihrer Auswahl arbeiten, denn das schafft überhaupt erst die Voraussetzung dafür, dass wir die Welt bewusst wahrnehmen und uns anschließend auf einzelne Dinge konzentrieren können.

Ich kann Ihnen natürlich nicht garantieren, dass Ihre ersten selektiven Beobachtungen für einen Roman reichen werden, wie es bei dem beobachtungsgeübten Charles Dickens der Fall war. Aber ich verspreche Ihnen, dass Sie Dinge wahrnehmen werden, die Ihnen sonst nicht aufgefallen wären. Mit etwas Glück entdecken Sie ein besonders schönes Fotomotiv. In einem anderen Fall wird Ihr Aufmerksamkeitsscheinwerfer etwas Lustiges erfassen, dessen zufälliger Zeuge Sie werden. Vielleicht erwischen Sie auch Menschen, die sich gerade zu Unrecht unbeobachtet fühlen, in peinlichen Situationen (womit wir wieder beim Fotomotiv wären). Und sehr wahrscheinlich bringt Sie Ihr intensives Eintauchen in die unmittelbare Umgebung auf eine inspirierende Idee.

Obwohl meine Empfehlung »Tiefe Stunde« heißt, sind 15 oder 30 Minuten für diese Erfahrung übrigens zunächst völlig ausreichend. Die Wahrnehmung zu vertiefen, sollte nämlich nicht zu schwerfallen oder in Anstrengung ausarten, sonst steigt die innere Gegenwehr und verhindert die Wiederholung am Folgetag. Bei der Übung geht es mehr darum, die Vorzüge einer bewussten Wahrnehmung wiederzuentdecken, die uns im hektischen und nervösen Alltag so oft abhandenkommt. Die Zeitdauer ist hier also nicht ganz so wichtig, im Verlauf steigern können Sie sie immer noch.

Technisch ist die Übung relativ einfach zu bewerkstelligen. Die Schwierigkeit liegt vielmehr darin, sich nicht stören und unterbrechen zu lassen. Unterdrücken Sie den Impuls, auf das Handy zu starren, sondern bleiben Sie vielmehr mit Ihrer Umgebung verbunden. Ein ganz wunderbarer Ort, um die selektive Wahrnehmung zu schulen, ist übrigens genau aus diesem Grund ein Museum; das meist doch eher monotone Interieur lenkt den Fokus auf die Kunstwerke. Daher fällt es dort oftmals etwas leichter, sich nicht ständig stören zu lassen (die Voraussetzung ist natürlich, dass Sie einigermaßen gerne in ein Museum gehen). Betrachten Sie die Gemälde oder die Skulpturen aufmerksam. Achten Sie auch hier auf Details, und erinnern Sie sich kurze Zeit später noch einmal daran. Die meisten meiner Klienten, denen ich ein Museum empfehle, erleben es als wohltuend. Dabei ist nicht das im Fokus stehende Objekt der entspannende Faktor, sondern die Intensität und die Ausschließlichkeit der Wahrnehmung, die das Gehirn stimuliert, ohne das Arbeitsgedächtnis zu überlasten.

Trainieren Sie Ihre Wahrnehmung

Eine schöne und spielerische Übung, um die eigene Wahrnehmung zu üben, ist das berühmte *Kim's Spiel*. Es geht zurück auf die Hauptfigur Kimball O'Hara in Rudyard Kiplings Roman *Kim* aus dem Jahr 1901[77]. Kim ist ein irischer Waisenjunge, der zum Spion für den britischen Geheimdienst ausgebildet wird. Und da eine gute Beobachtungsgabe für Spione unverzichtbar ist, zeigt ihm sein Mentor 15 Juwelen auf einem Tablett, die er eine Minute lang aufmerksam betrachten soll. Dann deckt er das Tablett zu und weist Kim an, er möge aus dem Gedächtnis die Formen und Farben der jeweiligen Edelsteine nennen. Zunächst versagt Kim bei dieser Aufgabe und beschwert sich darüber, dass die Zeit viel zu kurz gewesen sei, um sich die ganzen Details einzuprägen. Aber je öfter er das Spiel wiederholt, desto besser gelingt seine selektive Aufmerksamkeitssteuerung. Im Laufe der Zeit kann er sich immer besser an die Juwelen, später auch an andere Gegenstände erinnern, die man ihm präsentiert. Irgendwann übertrifft er mit seinen Fähigkeiten sogar seinen Mentor.

Das Spiel wird heute noch von militärischen Scharfschützen gespielt, um ihre Fähigkeit zu steigern, Objekte im Raum schnell zu erfassen und sich möglichst viele Details einzuprägen. Ich nutze es in Aufmerksamkeitsseminaren ebenfalls gerne, um bewusst zu machen, wie gut wir Sinneswahrnehmung und Gedächtnis trainieren können, wenn wir beides gezielt einsetzen.

Auch Sie können Ihre selektive Aufmerksamkeit auf diese Weise schulen. Falls Sie zu Hause gerade keine 15 Juwelen herumliegen haben, nehmen Sie irgendwelche Gegenstände. Legen Sie sie nebeneinander auf einen Tisch und betrachten Sie sie für 60 Sekunden und decken Sie sie anschließend zu. An welche Dinge erinnern Sie sich? Die kleine Gedächtnisübung gelingt auch im Rahmen einer Tiefen Stunde unterwegs. In einer Fußgängerzone sollten Sie es zwar vielleicht vermeiden, 15 Juwelen auf den Boden zu werfen, denn sie würden wohl kaum lange genug liegen bleiben, um sich die Details einzuprägen, aber betrachten Sie doch beispielsweise im Restaurant die Gegenstände auf dem Nachbartisch. Denken Sie an die Visite mit meinen Studenten, von der ich Ihnen vorhin erzählte: Welches Buch liest der Gast am Nachbartisch gerade? Welchen Beruf könnte er/sie ausüben?

Lassen Sie es noch mal kreisen

Eine einfache Technik, um in der Flut an Informationen das Relevante zu bewahren, ist die Wiederholung (in der Lernpsychologie auch »Aktualisierung« genannt). Im Grunde genommen kennen wir den Effekt vom Lernen der Vokabeln in der Schulzeit. Vielleicht hält uns die unangenehme Erinnerung daran auch davon ab, diese Gedächtnisstütze im Alltag einzusetzen. Jedenfalls nutzen wir sie viel zu wenig, obwohl Aktualisierungen eine wirksame Methode sind, unser Arbeitsgedächtnis zu unterstützen.

Wenn Sie im beruflichen oder privaten Kontext etwas Relevantes gelesen oder abgesprochen haben, was Sie sich merken möchten oder müssen, gehen Sie es wenige Minuten später im Kopf noch einmal durch. Auch dafür benötigen Sie keine ganze Stunde. Aber Sie können die Tiefe Stunde für eine solche Aktualisierung wunderbar nutzen. Dadurch lassen Sie die Informationen in Ihrem Arbeitsgedächtnis noch ein paar Runden kreisen. Das funktioniert übrigens besonders gut, wenn es lautstark geschieht: Häufige akustische Wiederholungen helfen nämlich bei der Gedächtnisbildung. Wissenschaftliche Studien zeigten eine bessere Merkfähigkeit für vorher auswendig gelernte Worte, wenn Probanden sie anschließend akustisch wiederholten, also vor sich hin sprachen. Der Effekt wurde sowohl bei jungen als auch bei älteren Menschen beobachtet[78]. Ich selbst wiederhole beispielsweise die entscheidenden Punkte eines inspirierenden Fachartikels oder eines Hörbuchs sehr gerne beim Spaziergang durch den Wald. Mir ist völlig bewusst, dass dies zu Irritationen meiner Mitmenschen führen kann, die mir begegnen. Aber es hilft mir, die Gedanken zu ordnen und mir die Informationen zu merken.

Wenn Sie dem noch eine Sahnehaube aufsetzen möchten, schreiben Sie Ihre Eindrücke am Ende des Tages auf. Stichwörter reichen in aller Regel völlig: Was haben Sie heute erlebt? Was war besonders relevant? Was nehmen Sie von diesem Tag mit, was möchten Sie sich merken? Dadurch wiederholen und aktualisieren Sie Ihre Beobachtungen ebenfalls und erhöhen die Wahrscheinlichkeit einer längerfristigen Speicherung.

Wählen Sie klug aus

In einer auch in Zukunft wachsenden Informationsgesellschaft wird es eine Herausforderung bleiben, relevante Informationen auszuwählen und sie für uns nutzbar zu machen. Dabei werden wir fortwährend mit »Wegwerfinformationen« konfrontiert, die kaum oder völlig irrelevant sind[79]. Manchmal spüren wir sogar, dass wir sie eigentlich vermutlich gar nicht benötigen. Dennoch konsumieren wir sie reflexartig. Mit einer Gruppe von Studenten besprach ich einmal, was in ihren Augen die wahrscheinlich blödsinnigste Nachricht sei, die man aus seinem Handy empfangen könnte. Auf Platz 1 landete unangefochten eine Wetter-App, die ihrem Nutzer das Wetter vom Vortag (!) meldete.

Überlegen Sie sich daher genau, welche Information Sie überhaupt brauchen. Wählen Sie klug aus und reduzieren Sie den Rest. Statt in einer kurzen Mittagspause zu versuchen, das Angebot einer ganzen Zeitung zu konsumieren, könnten Sie sich künftig auf die ersten drei Seiten fokussieren. Dann bliebe mehr Zeit, die Artikel sorgfältiger zu lesen, und Sie würden sich den Inhalt besser merken können. Beim abendlichen Fernsehkonsum könnten Sie auf den Zweitmonitor bewusst verzichten, um die laufende Sendung konzentrierter zu verfolgen; sie würde dann besser in Ihrem Gedächtnis haften bleiben. Vor der Installation einer App könnten Sie sich überlegen, ob Sie sie wirklich brauchen. Die Reduktion Ihres Handys auf die wichtigsten Programme und Messengerdienste würde Ihnen dadurch möglicherweise Kopffreiräume schenken, die Sie in die Wahrnehmung Ihrer Umgebung investieren könnten. In einem Meeting könnten Sie aufmerksamer als bislang dem Referenten zuhören, statt gleichzeitig auf einem Tablet unter der Tischplatte zu surfen oder mit dem Handy zu spielen. Auch das würde Ihr Arbeitsgedächtnis mit einer höheren Informationsverarbeitung belohnen. Vielleicht würde sich der Kollege sogar darüber freuen, wenn Sie ihn anschließend auf einen bestimmten Punkt ansprechen, der Ihnen während seiner Präsentation interessant erschien. Ich könnte die Liste an Beispielen fortsetzen. Digitaler Verzicht an der einen oder anderen Stelle schenkt ganz viele Freiheiten und Möglichkeiten an einer anderen.

Falls Ihnen meine Vorschläge als zu starker Eingriff in Ihre Persönlichkeit erscheinen, probieren Sie sie zumindest einmal in Form einer Tiefen Stunde aus. Genau dafür ist sie gedacht. Sie ist ein freiwilliges Erfahrungs- und Trainingsfeld, auf dem man Dinge probieren und kennenlernen kann. Die Informationsreduktion und Fokussierung auf eine einzelne Sache für einen so kurzen Zeitraum wird Sie nicht überfordern. Ich verspreche Ihnen, spätestens wenn Sie an sich selbst merken, dass Sie durch eine kluge Selektion und eine tiefere geistige Verarbeitung mehr wahrnehmen, weniger nervös sind und darüber hinaus Ihr Gedächtnis verbessern, wird Sie das animieren, daran festzuhalten. Positive Erfahrungen mit einer Sache sind immer die besten Motivatoren.

Machen Sie sich aber dabei Folgendes klar: Auswahl bedeutet immer, auf etwas anderes verzichten zu müssen. Denn jedes Mal, wenn wir uns bewusst für etwas entscheiden, entscheiden wir uns gleichzeitig gegen vieles andere. Genau das könnte zu Beginn schwerfallen. Denn wir wollen heute alles – und immer gleich sofort. Verzicht ist nicht die Stärke unserer Gesellschaft. Wenn Sie diesem Impuls nach »mehr« nicht widerstehen, werden Sie sich bald wieder wie gewohnt mehreren Dingen gleichzeitig zuwenden – und so bleibt alles beim Alten. Halten Sie den Impulsen daher unbedingt stand. Verzicht kann Ihnen oft mehr schenken, als er Ihnen nehmen kann.

Besser mittendrin, statt nur dabei

Die selektive Aufmerksamkeit fördert neben Ihrem Gedächtnis auch Ihre Genussfähigkeit. Je bewusster Sie Dinge wahrnehmen, desto intensiver erleben Sie sie. Das gilt praktisch für alle sensorischen Empfindungen gleichermaßen. Auch hier wirken Selektion und Konzentration gemeinsam.

Genuss wirkt heute irgendwie »verschnitten«, wie ein guter Wein, dem man einen billigen Fusel beimischt, um ihn zu strecken. Beim Konsum von Informationen oder medialer Unterhaltung verhält es sich ähnlich. Irgendetwas wird gerne beigegeben, weil der auf nur eine Sache gerichtete Fokus zu langweilig erscheint. Das *second screen behavior,* von dem vorhin die Rede war, ist ein Beispiel für einen solchen Verschnitt. Wir konsumieren zwar mehr, aber weniger intensiv.

Eine Umfrage unter etwa 200 Probanden zeigte unlängst, wie ungerne wir unsere Aufmerksamkeit nur noch einer einzelnen Sache widmen. Das Smartphone stand den Antworten der Befragten zufolge fast immer im Mittelpunkt, egal, wie spannend, faszinierend oder unterhaltsam die reale Welt empfunden wurde. Hörsäle und Schulklassen kamen besonders schlecht weg: Nur 34 % der Befragten waren bereit, ihr Smartphone auszuschalten, um sich ganz in den Unterricht vertiefen zu können. Bei einem guten Film im Kino waren es aber nur geringfügig mehr; gerade einmal 44 % waren bereit, auf den gelegentlichen Blick aufs Handy zu verzichten. Und bei einer Massage verzichteten erstaunlicherweise nur 49 % auf ihr Handy. Jeder Zweite war also bereit, die wohltuende Erfahrung einer Massage mit einem digitalen Konkurrenzangebot zu teilen[80].

Wie wir zu Beginn des Kapitels gesehen haben, können rasche Orientierungsreaktionen im Belohnungssystem unseres Gehirns zwar einen kurzen Dopaminkick auslösen, allerdings ohne anhaltende genussfördernde Wirkung. Das Verschneiden verwässert eher die Wahrnehmung und macht das Erleben oberflächlicher: Wenn Sie eine spannende Geschichte zwischen Tür und Angel lesen und dabei dauernd gestört werden, wird sie Sie wahrscheinlich weniger fesseln. Ein leckeres Stück Kuchen, das Sie im besten Café der Stadt unachtsam hinunterschlingen, weil Sie dabei telefonieren, werden Sie kaum wertschätzen können. Und einen Film, bei dem Sie sich alle paar Minuten unterbrechen lassen, werden Sie in den meisten Fällen auch weniger genießen.

Verzeihen Sie, wenn ich schon wieder auf Wein zu sprechen komme (Alkohol ist keinesfalls immer die Lösung!). Aber ich bin sicher, Sie teilen diese Erfahrung, daher wähle ich hier dieses Beispiel: Ein guter Wein schmeckt während einer Verkostung doch viel besser als im hektisch-lauten Trubel eines Betriebsfests, selbst wenn es sich um den gleichen Wein handelt. Das Ambiente in einem Weinkeller schafft den passenden Kontext, und durch das aufmerksame »Schmecken« schenken Sie dem Wein mehr selektive Aufmerksamkeit. Das erhöht den Genuss.

Wenn Sie also im Alltag Lust auf eine intensive Erfahrung haben, die Sie inspirieren, ablenken und im Herzen erfreuen soll, dann empfehle ich Ihnen eine genussvolle Tiefe Stunde. Wählen Sie bewusst aus, was Sie genießen möchten, und rücken Sie es vom Rande der Bühne in die Mitte des Scheinwerferlichtes und vermeiden Sie ablenkende Störungen.

Manchmal hilft es, die Anzahl der Sinneskanäle zu reduzieren, um Tiefe herzustellen: Genießen Sie beispielsweise ein Hörbuch, statt ein Video zu schauen. Ein Hörbuch entfaltet gerade deswegen oft eine ganz besondere Wirkung, weil die Aufmerksamkeit auf einen Wahrnehmungskanal begrenzt ist und die Fantasie mehr Spielraum hat. Das erleichtert Ihnen das Eintauchen in die Geschichte.

Wenn Sie sich etwas Gutes tun wollen und eine neue Speise kennenlernen möchten, probieren Sie einmal ein Dunkelrestaurant aus. Dort nehmen Sie Speisen und Getränke zu sich, während es im Raum stockduster ist. Sie können sich also ganz auf den Geschmack und den Geruch fokussieren. Solche Restaurants sind zurzeit sehr beliebt – sicher auch deswegen, weil uns intensiver Genuss im Ess-Alltag mit all seinen »Zwischendurch-Erlebnissen« abhandenkommt. Ob Ihnen die Blindverkostung schmecken wird, kann ich Ihnen deswegen natürlich nicht versprechen. Aber das Geschmackserleben, ob gut oder schlecht, wird in jedem Fall intensiver sein, wenn Sie das Sehen ausschalten. Und wenn Sie sich von einem Film verzaubern lassen möchten, gehen Sie doch mal wieder ins Kino, statt ihn zu Haus zu »streamen«. Natürlich ist die heimische Couch konkurrenzlos bequem, aber dort sind Sie auch eindeutig abgelenkter. Zu Hause unterbrechen Sie den Film nämlich mehrmals durch den Gang zum Kühlschrank oder den Blick aufs Handy. Die Immersion, also das Eintauchen in die Geschichte, ist im Kino dagegen ungleich höher.

Bewusstes Genießen stimmt zufrieden und stabilisiert das emotionale Gleichgewicht. Der griechische Philosoph Demokrit (460–370 v. Chr.) sprach von »Euthymie«[81] (griech. für ausgeglichene Stimmung) und legte damit den Grundstein für das, was wir heute unter »Genusstraining« verstehen. Wir bieten es erfolgreich in der Therapie von Gemütserkrankungen an. Bis heute ist die *Kleine Schule des Genießens* des deutschen Psychologen Rainer Lutz aus den frühen 1980er-Jahren ein Standardwerk der Verhaltenstherapie[82].

Sie brauchen aber keine Manuale lesen oder komplizierte Techniken erlernen; entscheidend ist die Steuerung der selektiven Aufmerksamkeit: Tun Sie die Dinge ganz bewusst, schenken Sie ihnen Ausschließlichkeit. Machen Sie Momente in Ihrem Leben besonders kostbar, indem Sie sie »unverschnitten« erleben.

Schenken Sie Ihren Mitmenschen Beleuchtung

Das vielleicht Wichtigste kommt zum Schluss: Ihre selektive Aufmerksamkeit schenkt im zwischenmenschlichen Kontakt eine besonders schöne Form der Wertschätzung. Und Sie schulen dabei auch Ihr Einfühlungsvermögen, denn wenn Sie sich gezielt auf Gefühle und Gedanken eines anderen einlassen, zeigen Sie Verständnis, Einsicht und Rücksicht. Diese Fähigkeiten scheinen allerdings vielen Menschen, die mit gesenktem Kopf und sturem Blick auf ihr Smartphone schauen, zunehmend abhandenzukommen. Die Verlagerung der Aufmerksamkeit auf virtuelle Welten kann nämlich auch die (reale) zwischenmenschliche Interaktion verschlechtern. Bei digitalen Ablenkungen verschlechtert sich der emotionale Gehalt eines Gesprächs zwischen Menschen nachweislich: Der Psychologe Andrew Przybylski von der University of Essex und sein Team beobachteten Zwiegespräche von 74 Probanden. Die Forscher konnten nachweisen, dass beide Gesprächspartner über eine Beeinträchtigung ihrer Gefühle von Nähe, Vertrauen und Verständnis klagten, wenn ihre Handys zwischen ihnen auf einem Tisch lagen und permanent Aufmerksamkeit abzogen[83]. Genau das wäre aber in Verkaufsgesprächen wichtig. Umgekehrt zeigen nämlich wissenschaftliche Beobachtungen, dass die Fähigkeit eines Verkäufers, seinen Kunden anzuschauen, ihm zuzuhören und adäquat zu antworten, das Vertrauen des Kunden in ihn signifikant erhöhen kann[84].

Wie die meisten von uns vermutlich bestätigen werden, decken sich die Ergebnisse dieser Studien mit unseren Alltagserfahrungen. Es ist wenig erbaulich, ständig um die Aufmerksamkeit unseres Gesprächspartners kämpfen zu müssen, weil ihm andere Dinge augenscheinlich wichtiger sind als wir. Bei einer Befragung von 143 Paaren zeigte sich eine wachsende Unzufriedenheit, wenn der Partner in kommunikativen Situationen häufig sein Smartphone gebrauchte[15]. Wir stehen bei unseren Mitmenschen einfach nicht gerne außerhalb des Scheinwerferlichtes. Das Gefühl, Wertschätzung zu erfahren, hängt nämlich nicht unwesentlich davon ab, wie viel Zuwendung wir in einem Gespräch erhalten. Wenn uns unsere Mitmenschen nicht zuhören oder ständig wegschauen, während wir ihnen unser Herz ausschütten, erleben wir die Kommunikation nicht als beglückend. Hierfür bedarf es eigentlich kaum einer wissenschaftlichen Beweisführung, aber ich möchte trotzdem darauf verweisen, dass die Auswertung von 100 Zwiegesprächen durch eine Arbeitsgruppe um die Psychologin Shalini Misra von der Virginia Tech in Blacksburg dies eindeutig nachgewiesen hat[85].

Die Unsitte, sich in der Öffentlichkeit auch in Zweisamkeit überwiegend mit seinem Smartphone zu beschäftigen, ist mittlerweile ein überall zu beobachtendes Phänomen, das als »Phubbing« in die Sprachkultur eingegangen ist (von »phone« = Telefon und »snubbing« = vor den Kopf stoßen). In einem Gespräch nur die geteilte Aufmerksamkeit zu bekommen wird gemeinhin als wenig wertschätzend empfunden. Auch meine Klienten wünschen sich von mir, dass ich ihnen aufmerksam zuhöre und sie dabei ansehe. Der gleichzeitige Blick zum Computer oder zwischenzeitliches Telefonieren stört und verwirrt sie. Erstaunlich ist allerdings die Tatsache, dass wir uns deswegen noch lange nicht besser verhalten: Im Rahmen einer Studie empfanden es 87 % der befragten Menschen als störend, wenn andere bei Gesprächen oder einem Meeting ihr Handy konsultierten; demgegenüber registrierten nur 59 % der Befragten den Störfaktor, wenn es sich um ihr eigenes Handy handelte[86]. Es ist Zeit zum Umdenken: Zuwendung ist ein Geschenk, das wir gerne annehmen, das andere aber ebenso erwarten.

Schenken Sie daher doch vielleicht einem lieben Menschen einen Teil Ihrer Tiefen Stunde. Blicken Sie ihn an, hören Sie ihm aufmerksam zu und vertiefen Sie sich ins Gespräch. Der Lohn wird ein beiderseitiges Wohlgefühl sein. Um die Wahrnehmungstiefe zu erhöhen, müssen Sie übrigens nicht gleich die Augen schließen, wenn Ihnen jemand sein Herz ausschüttet. Ihr Gesprächspartner könnte Ihre gut gemeinte Vertiefungsstrategie als Desinteresse oder Müdigkeit fehldeuten. Stattdessen wäre es dagegen schon mal ein guter Anfang, während des Gesprächs nicht auf das Handy oder auf die Uhr zu schauen, sondern Ihrem Mitmenschen das Schönste zu schenken, das Sie besitzen: Ihre volle Aufmerksamkeit.

»Der Zuhörer ist ein schweigender Schmeichler.«

Immanuel Kant (1724–1804)

Zum Schluss: eine ehrliche Frage an uns selbst

In dem vorangegangenen Kapitel haben wir festgestellt, dass eine Überdosis an Informationen zu einer Überladung mit weitreichenden Folgen führen kann. Insofern stellt sich die Frage: Wie notwendig sind Informationen überhaupt?

Um ein Gefühl für ihre Dringlichkeit zu entwickeln, kann es helfen, sie in einem Gedankenexperiment einmal mit Geld aufzuwiegen. In einer Untersuchung des Massachusetts Institute of Technology aus dem Jahr 2018 wurden 200 Probanden gefragt, für wie viel Geld sie bereit wären, einen Monat lang auf Facebook zu verzichten. Im Durchschnitt lag der Betrag, den sich die Probanden hierfür hätten auszahlen lassen, bei 48 Dollar[87].

Für wie viel Geld wären Sie selbst bereit, auf eine Schlagzeile, auf ein Posting oder auf eine Nachricht zu verzichten, die vermutlich gar nichts mit Ihren aktuellen Problemen oder dem eigenen Leben zu tun haben? Zehn Cent? Ein Euro? Was würden Sie mindestens haben wollen, damit Sie den Newsfeed jetzt nicht checken? Was würden Sie verlangen, wenn Sie beim Zeitunglesen nicht gleichzeitig Radio hören dürfen? Wie viel Geld würden Sie erwarten, wenn Sie während einer Fernsehsendung nicht umschalten dürfen?

Eine kurze Reflexion ist das wert. Der gewählte Betrag zeigt den subjektiven Wert an, den die Information oder die Ablenkung für Sie hat.

Falls Sie bereits für ein paar Cent käuflich sind, dann sagt das etwas sehr Wichtiges aus. Nämlich, dass Sie sich vielleicht aus Gewohnheit ablenken lassen, aber Ihnen die Information im Grund genommen gar nicht so viel wert ist. Dann verzichten Sie darauf. Sortieren Sie streng aus. Richten Sie Ihren Blick auf das, was wichtig ist, und seien Sie dafür klarer, präziser und tiefer. Der Schlüssel liegt in Ihnen selbst. Denken Sie daran, dass Ihnen ein leistungsfähiger Aufmerksamkeitsscheinwerfer bei diesem Auswahlprozess zur Seite steht.

Insgesamt profitieren wir alle nachweislich umso mehr von Informationen, je klarer, sicherer und relevanter sie sind[88]. Daher sollten die folgenden drei Fragen Ihre Auswahl bestimmen: 1) Frage nach der Wahrhaftigkeit: Welche Information ist überhaupt wahr und verlässlich? 2) Frage nach dem persönlichen Impact: Bringt mich die Information weiter, oder könnte sie mich mehr belasten, als sie mir nützt? 3) Frage nach der Notwendigkeit: Ist die Information überhaupt relevant? Was verpasse ich beziehungsweise was kostet es mich, wenn ich jetzt sofort darauf reagiere?

Sokrates und die drei Siebe

Selektion unterliegt der Selbstverantwortung. Meinen Studenten erzähle ich gerne die folgende Anekdote aus der Apologie des Sokrates von Platon[89], von der ich glaube, dass sie dieses Kapitel ganz wunderbar abrundet:

Sokrates ging einmal durch die Straßen Athens, als ein Freund auf ihn zugelaufen kam und ihm zurief: »Sokrates, ich muss dir etwas über jemanden erzählen, der …« Sokrates hob die Hände und unterbrach ihn: »Warte einmal, bevor du weitererzählst. Hast du deine Geschichte schon durch die drei Siebe gesiebt?« Der Freund schaute verdutzt und fragte Sokrates, was genau er meinen würde. Sokrates lächelte und schlug ihm vor: »Lass es uns ausprobieren. Nehmen wir das erste Sieb. Es ist das Sieb der Wahrheit. Bist du dir sicher, dass deine Geschichte stimmt?« Der Freund zögerte und antwortete: »Nein, mit Bestimmtheit kann ich es nicht sagen. Ich hörte nur, wie jemand anderes davon erzählte.« Sokrates entgegnete: »Aber dann hast du deine Erzählung doch sicher durch das zweite Sieb gesiebt? Es ist das

Sieb des Guten. Ist deine Geschichte schön?« Der Freund zögerte wieder, bevor er meinte: »Nein, eher nicht. Es ist ein schreckliches Ereignis, von dem ich dir erzählen will.« Sokrates antwortete: »Aber es bleibt uns zumindest noch das dritte Sieb. Ist es denn nötig, dass du mir das jetzt erzählst? Geht es uns beide überhaupt etwas an?« Der Mann atmete tief und gestand: »Nein, wirklich nötig ist es nicht. Wir kennen die Person nicht einmal.« Sokrates legte seinem Freund die Hand auf die Schulter und sagte: »Wenn die Geschichte, die du mir erzählen willst, weder wahr, noch gut, noch notwendig ist, dann erzähle mir nicht davon. Belasten wir uns nicht damit.«

2 Konzentration
Wie Sie Ihre Leistung steigern und Fehler vermeiden

»Ich fühle mich manchmal wie eine Fernbedienung. Es sind einfach immer so viele Dinge parallel zu tun, sodass ich andauernd umschalten muss. Auf dem Weg ins Bad schreibe ich schon die erste SMS. *Den Kaffee trinke ich immer vor meinem Laptop. Oft passieren Fehler. Dann ärgere ich mich über mich selbst. Wenn ein Kollege reinplatzt und mich etwas fragt, reagiere ich total genervt. Mir fehlt einfach die Geduld. Und Momente am Tag, an denen ich mal zur Ruhe kommen könnte oder Zeit hätte, mich zu sammeln …«*

Klient, Leiter Personalmanagement, 39 Jahre

Was erwartet Sie auf den folgenden Seiten?

Ich diesem Kapitel möchte ich Ihnen zeigen, wie Sie Ihre Leistungsfähigkeit erhöhen und gleichzeitig Stress reduzieren können. Das klingt zwar unvereinbar, doch ich werde Ihnen beweisen, dass Sie genau das erreichen können, wenn Sie die Kraft der Konzentration nutzen. Leider kommt sie uns im Alltag heute schnell abhanden. Ich möchte Ihnen vor Augen führen, welcher Kampf um die Aufmerksamkeit heutzutage in unseren Köpfen tobt. Wir werden uns miteinander anschauen, was die ständigen Störungen und Unterbrechungen mit uns machen. Unsere Ungeduld spielt dabei eine große Rolle. Sie werden überrascht sein, welchen hohen Preis wir dafür zahlen, die Aufmerksamkeit zu verteilen, statt sie zu bündeln. Neigen Sie zu Multitasking? Sie werden erleben, was das parallele Arbeiten mit uns macht. Das Gerücht, dass Frauen Gleichzeitigkeit angeblich besser gelingt als Männern, werden wir auf einen kritischen Prüfstein stellen (die Frauen unter Ihnen bitte ich dennoch, an dieser Stelle weiterzulesen). Außerdem gehen wir mit Loriot gemeinsam essen, und wir besuchen die Oscar-Verleihung in Los Angeles.

In der Tiefen Stunde erfahren Sie, auf welche Weise Sie künftig im Alltag Ihre Aufmerksamkeit konzentrieren können, damit sich Ihre Leistung verbessert und Ihre Zufriedenheit erhöht. Ich möchte Ihnen zeigen, wie Sie Ihre Konzentration wiederfinden und das Störfeuer um sich herum reduzieren können. Falls Sie mir nicht glauben, fragen Sie Mark Twain und Lew Tolstoi. Wir werden beide um Rat bitten.

Das Problem: die Ablenkungen

Ein bisschen ADHS

Seit vielen Jahren darf ich Menschen, die unter Stress und Leistungsverlust im beruflichen und privaten Alltag leiden, beratend und behandelnd zur Seite stehen. Auf der Grundlage unzähliger Bedingungsanalysen und meiner eigenen Erfahrungen kann ich eindeutig sagen: Unser Tag wird voller – und das schon seit Langem. Da sind einerseits die klassischen Arbeitsprozesse, die dichter, schneller und komplizierter erlebt werden. Andererseits wartet in der Freizeit eine Vielzahl von Aufgaben, die erlebt werden wollen oder gefühlt erledigt werden müssen. Die To-do-Listen sind heute in allen Lebensbereichen lang geworden. Der Versuch, allem gerecht zu werden, erhöht unsere allgemeine Lebensgeschwindigkeit und verursacht einen Teil des subjektiven Stresses.

Relativ neu ist, dass unsere Lebens- und Arbeitsweise auch zunehmend stärker fragmentiert wird. Alles, was wir tun, zerbricht in immer kleiner werdende Teile. Wir schalten am laufenden Band zwischen verschiedenen Prozessen hin und her. Gespräche, Vorlesungen und Meetings sind mitunter eine einzige Abfolge von Störungen. Einen Großteil des Tages verbringen wir damit, Ablenkungen zu widerstehen und uns ein paar Restmomente der Ruhe zu erkämpfen, in denen wir mal ungestört eine Sache erledigen oder einfach nur genießen können. Zu viele und gleichzeitig einprasselnde Dinge verhindern, dass wir uns längere Zeit mit nur einer Sache beschäftigen. Nirgends kommen wir mehr richtig an, ohne gleich wieder loszumüssen. Die Halbwertszeit, mit der wir unsere Aufmerksamkeit auf etwas richten und ganz einem Sachverhalt widmen, wird immer kürzer. Viele meiner Klienten erlebe ich als ungeduldig, und ich selbst bin es oftmals auch. Hektik und Nervosität sind eine Art Grundanspannung, die sich auch am Wochenende nicht abbauen lässt. Der Arbeits- und Lebensmodus ist anstrengend und mittelfristig erschöpfend.

Der Großteil unserer Unterbrechungen am Arbeitsplatz wird durch äußere Faktoren bestimmt. Den unangefochtenen Spitzenplatz in der Hitliste bürobedingter Gründe für ständige Ablenkungen und Unterbrechungen belegen das Smartphone und der PC. Erst dahinter rangieren Kollegen, die ins Zimmer stürmen, gefolgt von (mehr oder weniger) sinnvollen Meetings. Die digitalen Geräte erinnern uns daran, was es alles gäbe, dem man sich genau in diesem Moment widmen sollte. Sie zerren an unserer Aufmerksamkeit – visuell, akustisch oder in Form von Vibrationen. Selbst der Konzentrierteste wird von den digitalen Mikrobewegungen um ihn herum erschüttert und immer wieder aus der Arbeit herausgerissen.

Etwas ADHS haben wir heute alle. Nicht im Sinne einer neurobiologischen Erkrankung, aber als soziologisches Phänomen: In einer Untersuchung der University of Melbourne wurden mehr als 1200 Probanden eine Stunde lang beim Arbeiten am Computer beobachtet. Die durchschnittliche Zeit bis zur ersten Unterbrechung lag gerade einmal bei drei Minuten. Fast immer fanden Dinge nebeneinander statt. Wirklich fokussiert waren Studienteilnehmer in nur 10 % der untersuchten Zeiträume[90]. Die Schriftstellerin und ehemalige Apple-Mitarbeiterin Linda Stone schrieb in ihrem Blog einmal von »kontinuierlichen Teilaufmerksamkeiten«, die wir heute den Dingen des Lebens schenken[91]. Dadurch sind wir zwar überall ein bisschen, aber die meiste Zeit nirgends richtig.

Als Professor für Medizin halte ich seit vielen Jahren Vorlesungen in den Fächern Neurologie und Psychiatrie. Die Vorlesungen bereiten mir große Freude, und ich erlebe meine Studenten als interessiert und wissbegierig. Allerdings ist das Unterrichten anspruchsvoll geworden. Studenten erwarten heute viel, was ich prinzipiell begrüße, denn es spornt mich an, meine Vorlesung ansprechend und zeitgemäß zu gestalten. Entsprechend lockere ich langweilige Inhalte gerne mit Videos, Umfragen oder live auftretenden Klienten auf (falls diese sich bereit erklären, in den Hörsaal zu kommen – anonym versteht sich). Doch allen diesen Strategien zum Trotz: Wenn ich für eine kurze Phase den Spannungsbogen verliere, verliere ich auch meine Studenten, zumindest geistig. Ich sehe, wie ihre Aufmerksamkeit wegspringt. Bei einer (leider für angehende Ärzte notwendigen) Lesung über Kalziumkanäle und Serotoninrezeptoren unterliege ich im Kampf gegen die sozialen Medien auf den Smartphones. Nur mit Emotionen und Spektakel kann ich das Interesse der Studenten wieder eingefangen. War es in meiner Studienzeit gänzlich anders? Vermutlich schaute ich damals gelangweilt aus dem Fenster. Aber es gibt einen wesentlichen Unterschied: Die Ablenkungsdichte ist heute höher. In einer Welt voller Bildschirme sind verlockende Konkurrenzangebote zur Vorlesung auch im Hörsaal längst allgegenwärtig und leicht zugänglich. Dadurch sind wir vergleichsweise störanfälliger und können die Konzentration noch schwerer bewahren.

Um zu verstehen, was da in unserem Kopf vorgeht, möchte

ich Sie mit zwei Informationstransportsystemen des Gehirns vertraut machen, von denen eines bereits kurz erwähnt wurde. Eigentlich sollen sie sich als gleichberechtigte Partner für unser Wohl einsetzen, führen aber im (digitalen) Alltag oft einen erbitterten Wettstreit um Macht und Hoheitsrechte.

Bottom-up versus top-down

Beginnen wir ganz unten: Unser Organismus steht bekanntlich in ständiger Verbindung mit der unmittelbaren Umgebung sowie mit sich selbst. Er sendet uns unentwegt Informationen aus der äußeren und der inneren Erlebniswelt. Dabei handelt es sich um die klassischen sinnesphysiologischen Reize wie Sehen, Hören, Schmecken, Tasten und Fühlen, aber auch um Temperatur- und Schmerzempfindungen sowie die Wahrnehmung der Gelenkstellungen. Spezialisierte Sinneskörper, teils auch freie Nervenendigungen leiten die verschiedenen Signale über sogenannte afferente (also hinführende) Nervenfasern zum Gehirn. Weil diese Verbindungen anatomisch größtenteils von unten nach oben verlaufen, bezeichnet man die beteiligten Faserverbindungen, Ganglien und Relaisstationen auch gerne als »Bottom-up-System«. Sie können sich die afferenten Verbindungen wie ein Netz von Straßen vorstellen, auf denen die Signale zum Gehirn gelangen. Der Sinn hinter all dem ist, uns Informationen zu melden, die lohnenswert, gefahrverkündend oder anderweitig wichtig sein könnten. Auch Hunger, Durst oder Müdigkeit werden auf diese Weise wahrnehmbar. Die Bottom-up-Prozesse laufen überwiegend automatisch ab.

Nun betrachten wird das Ganze von oben: In der Einleitung habe ich Ihnen schon erläutert, dass unsere Spezies einen Großteil ihres Erfolges den kognitiven Steuerfähigkeiten zu verdanken hat, die wir im Verlauf der Evolution erworben haben. Die Bezeichnung für das System im Vorderlappen unseres Gehirns, das Steuer- und Kontrollbefehle von oben nach unten sendet, ist das schon erwähnte »Top-down-System«. Informationen aus der Umwelt aufzunehmen und verfügbar zu machen ist nämlich nur die halbe Miete. Um sie sinnvoll zu verwerten und kluge Entscheidungen zu treffen, brauchen wir dieses Superkontrollsystem, das aus dem Datenstrom relevante Informationen auswählt und analysiert (Subsystem Aufmerksamkeit), über sie nachdenkt und sinnvolle Schlussfolgerungen zieht (Subsystem Arbeitsgedächtnis) und anschließend angemessenes Verhalten bewirkt (Subsystem Handlungsausführung). Das Top-down-System ergänzt außerdem Vorwissen, Erfahrungen und Erwartungen und setzt die sensorischen Daten, die das Bottom-up-System heranträgt, in einen persönlichen Kontext. Die Top-down-Steuerung ist ein aktiver Prozess, der leistungshungrig ist und viel Energie verbraucht.

Erschwerte Zusammenarbeit unter Freunden

Die beiden genannten Systeme sind eigentlich keine Gegner oder Feinde, auch wenn sie unterschiedliche Aufgaben haben und Ziele verfolgen. Vielmehr wollen sie beide unser Bestes und spielen im optimalen Fall zusammen.

Ein Beispiel aus dem Supermarkt: Sie gehen mit Ihrem Einkaufswagen an der Gemüseabteilung vorbei und sehen zufällig im Augenwinkel einen Salatkopf. Die visuelle Informationsleitung geschieht in diesem Moment bottom-up. Plötzlich fällt Ihnen ein, dass Sie ja noch einen Salat für die Gäste am Abend machen wollten, und überlegen, ob Sie einen oder zwei Salatköpfe brauchen. Die Überlegung, wie jetzt weiter zu verfahren ist, geschieht top-down. Die einfache datengesteuerte Informationsverarbeitung von unten (der Salatkopf) wird durch ein mentales Konzept von oben (das Abendessen) ergänzt.

Im digitalen Alltag ist es nun jedoch so, dass sich beide Systeme häufig »in die Quere« kommen. Das Bottom-up-System spült einen permanenten Strom von Daten und Informationen in unser Bewusstsein. Visuelle Nachrichten, akustische Signale und Vibrationen durchströmen die Sinneskanäle und betteln um Scheinwerferlicht. Das Top-down-System versucht, das Wesentliche herauszuheben und das Ziel im Blick zu behalten, kommt aber gegen die Flut von alternativen Informationen oftmals nicht an. Die Folgen sind ein ständiger Wechsel der Aufmerksamkeit, Konzentrationsstörungen, Fahrigkeit und Nervosität. Je schlechter die Top-down-Kontrolle gelingt, desto mehr degenerieren Denken und Handeln zu Reiz-Reaktions-Mustern, und wir tappen (ähnlich wie die Mäuse beim Käse) in die Ablenkungsfallen.

Zugegeben, der Wettstreit verläuft nicht ganz fair: Das Bottom-up-System ist evolutionsbiologisch deutlich älter und funktioniert stabiler. Tatsächlich gibt es kaum Erkrankungen oder Störungen, die das Bottom-up-System betreffen. Demgegenüber kann bei einer Reihe psychiatrischer Erkrankungen das Top-down-System so stark beeinträchtigt sein, dass Impulskontrolle und Zielverhalten erschwert sind oder gar nicht mehr gelingen. Beispiele hierfür sind Borderline-Störungen, schwerwiegende Depressionen, Zwangserkrankungen oder frontotemporale Demenzen. Auch bei ADHS scheint das Top-down-System pathologisch unteraktiviert zu sein[92]. Die Top-down-Steuerung der Aufmerksamkeit ist auch bei hirngesunden Menschen sehr empfindlich gegenüber äußeren Störsignalen. In einem Experiment brachte eine einfache Magnetstimulation (bei der den Probanden eine Schwingspule für mehrere Minuten über das Vorderhirn gehalten wurde) das Top-down-System der Testpersonen bereits nach kurzer Zeit so durcheinander, dass sie sich anschließend bei Leistungsaufgaben nicht mehr konzentrieren konnten und durch geringfügige Störungen aus der Ruhe bringen ließen[93].

Falls Sie sich bei anstehenden Prüfungsvorbereitungen leicht ablenken lassen oder es Ihnen während einer Diät an Durchhaltevermögen mangelt, können Sie den Schwarzen Peter jetzt allerdings nicht hoffnungsvoll einem defekten Vorderlappen in die Schuhe schieben. Die meisten Einschränkungen einer klugen kognitiven Steuerung liegen nicht in unserer Anatomie begründet, sondern in unserem Verhalten. Nichtsdestotrotz hilft die leichte Anfälligkeit des Top-down-Systems zu verstehen, warum wir im informationsüberladenen und reizdurchfluteten Alltag so häufig Impulsen nicht widerstehen können und kurzzeitig unsere Ziele aus den Augen verlieren. Die Übermacht ablenkender Reize ist heute (zu) hoch. Eine magnetische Schwingspule müssen Sie im Alltag kaum fürchten, dafür aber eine Umwelt, in der die Aufmerksamkeit für das Wesentliche verloren geht und eine kluge kognitive Steuerung schwerfällt.

Wir wollen uns daher einmal anschauen, welche Folgen der Kampf der beiden Systeme hat und warum das ständige Störfeuer Stress verursacht und unsere Leistung verschlechtert.

Die Folgen: Ungenauigkeit und Fehler

Der falsche Oscar

Am Sonntagabend des 26. Februar 2017 betrat der Schauspieler Warren Beatty als Laudator die Bühne des Dolby Theatre in Los Angeles. An diesem denkwürdigen Abend der Oscar-Verleihung verkündete er – zum ersten Mal in der Geschichte – den falschen Streifen in der Kategorie »bester Film« (»La La Land« statt »Moonlight«). Schuld traf Mr. Beatty keine. Er hatte wenige Sekunden zuvor den falschen Briefumschlag von einem Mitarbeiter von PricewaterhouseCoopers in die Hand gedrückt bekommen. Dieser hatte nämlich bis unmittelbar vorher hinter der Bühne Tweets mit Fotos von sich und einer Schauspielerin abgesetzt und war dadurch abgelenkt, wie er selbst später zugab. Dabei hatte er schlichtweg die Umschläge verwechselt. Die Medien titelten einen Tag später »Envelopegate«. Der arme Mann darf das Dolby Theatre in L. A. nun nicht mehr betreten. Vermutlich hätte er jetzt wieder mehr Zeit für Twitter. Allerdings löschte er ein paar Tage später sämtliche seiner sozialen Accounts (ob das in weiser Voraussicht einer künftig besseren Konzentration geschah, ist mir nicht bekannt)[94].

Im Wechsel sind wir schlechter

Ich nehme an, Sie müssen eher selten in Festreden Filme würdigen. Aber permanente Störungen und Ablenkungen verursachen ganz sicher auch in Ihrem Berufs- und Privatleben eine spürbare Verschlechterung der kognitiven Leistungsfähigkeit. Denn der Wechsel zwischen verschiedenen Aufgaben, das sogenannte Task-Switching, bedeutet einen Wechsel der Aufmerksamkeit. Die zeitliche Dauer für beide Aufgaben und die Fehlerquote ihrer Ausführung nehmen bei jedem dieser Wechsel zu[95]. Das meiste davon mag einem am eigenen Schreibtisch gar nicht auffallen. Aber in kritischen Situationen können ständige Ablenkungen die Ursache für schwerwiegende Unfälle sein, wie es beispielsweise Untersuchungen auf Intensivstationen[96], beim Führen von Fahrzeugen[97] oder beim Fliegen gezeigt haben[98].

Durch meine Beratungs- und Vortragstätigkeit für verschiedene Unternehmen sehe ich die Problematik auch in anderen Branchen: Für ein großes Chemieunternehmen hielt ich beispielsweise unlängst zwei »Fehlerseminare«. Der Titel entsprach dem Wunsch meines Kunden. Er erzählte mir, man hätte in den letzten beiden Jahren bei den Angestellten in der Planung und

Fertigung, aber auch in den administrativen Bereichen des Unternehmens mehr Fehler festgestellt. Der Grund hierfür sei die spürbar höhere »Zerstreutheit« und »Nervosität« der Mitarbeiter und der Führungskräfte. Viele Arbeitsabläufe seien ungenau geplant und schlecht kommuniziert. Die Ergebnisse seien oftmals ungenau bearbeitet und fehlerhaft. Eine Umfrage unter den Angestellten bestätigte den Eindruck. Die sensible Beobachtung meines Kunden entspricht der allgemeinen Situation der heutigen Arbeitswelt. Ein Mangel an Präzision ist nämlich meist nicht die Folge fehlender Kompetenz, sondern einer schlechten Aufmerksamkeitssteuerung. Die mangelhafte Konzentration erklärt den Großteil der Unachtsamkeiten, die uns im Alltag passieren.

Um selbst Zeuge der Folgen der geistigen Fragmentierung und des ständigen Task-Switchings im Alltag zu werden, muss ich persönlich übrigens gar nicht weit reisen. Ich sehe sie in meiner Klinik: Aufgrund des Mangels an Pflegekräften im Krankenhaus müssen die Pflegenden der Nachtschicht häufig eine ganze Station alleine betreuen. Typischerweise richten sie während des Dienstes bereits die Morgenmedikation für die Klienten. Das klingt leichter, als es ist, denn die Tätigkeit bedarf höchster Konzentration. Oftmals lauten die Medikamentennamen recht ähnlich, und die Dosierungen ändern sich von Tag zu Tag. Eine kleine Unachtsamkeit kann für die Patienten unter Umständen gefährliche Folgen haben. Wenn nun die Pflegekraft während ihrer anspruchsvollen Tätigkeit durch ständiges Klingeln der Patienten unterbrochen wird, häufen sich die Fehler, da sie bei Rückkehr zur Medikamentenvorbereitung eine gewisse Zeit braucht, um wieder voll bei der Sache zu sein. In einer Beobachtung an 133 teilnehmenden Pflegekräften während ihrer täglichen Arbeit belief sich die Zahl der Unterbrechungen routinemäßiger Abläufe auf 150 pro Schicht[99].

Ständig im Rückstand

Aufmerksamkeitswechsel sind grundsätzlich fehlerbehaftet, denn die Neuorientierung auf ein anderes Ziel kostet geistige Ressourcen – ebenso wie die anschließende erneute Hinwendung zur ursprünglichen Aufgabe.

Schauen wir noch einmal in unserem Theater vorbei. Dann dürfen wir uns vorstellen, dass durch das aktive Bottom-up-System immer wieder neue Schauspieler auf die Bühne der Wahrnehmung drängen. Unser Aufmerksamkeitsscheinwerfer muss den Lichtkegel immer wieder neu ausrichten. Das benötigt Zeit. Daher »hinkt« die Aufmerksamkeit immer etwas hinterher. Im Wechsel zwischen dem Lichtwechsel entsteht eine kurze Phase geistiger »Dunkelheit«. Diese zeitliche Latenz nennt man »Aufmerksamkeitsrückstand«[100].

Dabei stellen nicht das Mittagessen oder die Pausenzigarette vor der Tür die Gefahr dar. Sie dienen, wie wir sehen werden, eher der Restauration der Aufmerksamkeit. Pausen sind Freunde des Gehirns. Vielmehr sind es die Mikrounterbrechungen, die am laufenden Band unseren Alltag durchziehen. Machen Sie sich klar, dass Sie eine (unnötige) Unterbrechung nicht nur die Zeit kostet, die sie andauert. Sie verlieren auch noch im Anschluss eine gewisse Zeit, bis Sie geistig wieder voll auf Kurs sind. Unterbrechungen sind zeitlich »nachhaltig«.

Das bedeutet nicht, dass Sie nach einer Unterbrechung der ursprünglichen Aufgabe geistig nicht mehr gewachsen sind. Der Aufmerksamkeitsrückstand kann durchaus unterschiedlich lang ausfallen, je nachdem, wie wach oder motiviert man gerade ist oder wie viel Erfahrung und Übung man in der Sache mitbringt. Aber es kommt grundsätzlich immer zu einem Verlust an Zeit und an Präzision. Und über die gleiche Spitzenleistung verfügen wir erst wieder nach ein paar Minuten. Für den Alltag können Sie davon ausgehen, dass der Scheinwerfer der Aufmerksamkeit etwa die doppelte Zeit braucht, um nach einem

Task-Switching die ursprüngliche Aufgabe wieder ins gleiche Licht zu setzen[101].

Übrigens fällt das Switching leichter, solange Sie innerhalb der gleichen Aufgabe wechseln, etwa wenn Sie beim Schreiben eines Textes eine Information recherchieren, um damit weiterschreiben zu können. Und sie anschließend in den Text einbauen – selbst wenn Sie Ihre Aufgabe erst auf den Text, danach auf den Computermonitor und zurück auf den Text richten. Nicht der Wechsel der Blickrichtung, sondern der Wechsel der Gedanken erzeugt den Zeitverlust beim Aufmerksamkeitswechsel. Die Aufmerksamkeit hinkt also besonders dann, wenn Sie von Aufgabe A zu einer anderen Aufgabe B umschalten – zwischen Dingen, die inhaltlich nichts miteinander zu tun haben.

Aufmerksamkeitstest

Testen Sie Ihr Aufmerksamkeitshinken

Wenn Sie denken, Ihnen könnte das nicht passieren und Ihr Scheinwerfer würde sich völlig ohne jeden Zeitverlust ausrichten, empfehle ich Ihnen folgendes Experiment:

Nehmen Sie ein Blatt Papier und einen Stift und schreiben Sie, so schnell Sie können, die Zahlen 1 bis 26 untereinander. Schreiben Sie direkt danach alle Buchstaben von A bis Z ebenfalls untereinander, am besten in einer Spalte auf dem gleichen Zettel daneben. Stoppen Sie dabei die Zeit, die Sie für die Zahlen- und Buchstabenreihe insgesamt benötigen. Falls Sie über mindestens mittelmäßige Grundkenntnisse des Alphabets und der arabischen Ziffern verfügen, sollten Sie dies innerhalb von 35 bis 40 Sekunden schaffen. Achtung: Schreiben Sie nun im zweiten Teil des Tests die Zahlen 1 bis 26 und die Buchstaben A bis Z jeweils abwechselnd (!) in eine Spalte untereinander, also: 1-A-2-B-3-C und so weiter. Stoppen Sie wieder die Zeit. Erfahrungsgemäß sollten Sie das in 50 bis 60 Sekunden bewältigen. Vergleichen Sie im Anschluss Ihre beiden Leistungen, indem Sie sich die

Zeit und die Fehler anschauen. Im Schnitt benötigen meine Seminarteilnehmer im zweiten Teil ca. 20–30 % mehr Zeit. Hinzu kommt eine höhere Fehlerrate.
Wie erklärt sich das? Bei beiden Teilaufgaben bestand im Endeffekt die gleiche Schreibarbeit, nämlich das Notieren von 52 Zeichen – die Hälfte an Buchstaben, die andere Hälfte Zahlen. Aber das ständige Hin-und-her-Springen im zweiten Teil verursachte bei jedem Wechsel einen Aufmerksamkeitsrückstand, der sich negativ auf Zeitaufwand und Fehlerrate auswirkt. Eine Untersuchung zum Ausmaß des Aufmerksamkeitsrückstands fand übrigens eine etwa 25%ige Steigerung des Zeitaufwands und eine Verdopplung der Fehlerrate[102].

? *Einspruch*
Nicht immer langsamer

Manche Menschen werden durch Unterbrechungen schneller. Sie kompensieren ständige Ablenkungen durch ein hastigeres Arbeiten, das dafür jedoch oberflächlicher ausfällt und mehr Stress verursacht[103]. Eine kürzlich publizierte Arbeit hat interessanterweise zeigen können, dass wiederholte Unterbrechungen bei Probanden zu einer höheren Ausschüttung des Botenstoffes Kortisol führten, was ein biochemischer Hinweis für einen hohen Stresslevel darstellt. Das war selbst dann der Fall, wenn sich die Probanden ihrer Belastung gar nicht als solcher bewusst waren und auch nicht darunter litten[104].

Die Leistung sinkt schlussendlich immer: In der Phase des Aufmerksamkeitswechsels sind wir vermindert aufnahmefähig und weniger sorgfältig. Die Wahrscheinlichkeit auftretender Unachtsamkeitsfehler steigt. In mehreren Studien hat man nachweisen können, dass die globale Fehlerrate während verschiedener Leistungstests immer dann anstieg, wenn es zu einem Switching zwischen Aufgaben kam[105].

Bereits relativ kurze Unterbrechungen zeigen eine große Wirkung: In einem Experiment bat man Probanden, ein Video anzuschauen und sich den Inhalt für eine spätere Abfrage zu merken. Die Hälfte der Gruppe wurde währenddessen unentwegt durch kurze Smartphone-Aktivitäten gestört, während sich die andere Hälfte auf das Video konzentrieren konnte. Danach wurden beiden Gruppen Multiple-Choice-Fragen zum Inhalt gestellt. Die abgelenkten Teilnehmer machten deutlich mehr Fehler; die Quote richtiger Antworten lag um ein Drittel niedriger, selbst wenn die Unterbrechung nur wenige Sekunden gedauert hatte[106]. In einem Experiment der Michigan University ärgerte man 300 Probanden während einer Konzentrationsaufgabe mit ständigen kurzen Störungen. Die Fehlerrate stieg bereits bei einer 2,8 Sekunden dauernden Störung auf das Doppelte. Bei 4,4 Sekunden nahmen die Fehler bei der Aufgabe um das Dreifache zu[107]. Die Ergebnisse stehen im Einklang mit dem »Envelopegate« im Dolby Theater in Los Angeles. Ein kleines Selfie zwischendurch kann völlig ausreichend sein, um bei Oscarverleihungen danebenzugreifen.

Es gibt einen kleinen, aber effektiven Trick, um den Aufmerksamkeitsrückstand zu mindern: Falls Sie ein häufiges Umschalten zwischen verschiedenen Aufgaben im Alltag nicht vermeiden können, lassen Sie sich zumindest etwas Zeit zwischen den Tätigkeiten. Wechseln Sie also nicht direkt von einer Sache zur nächsten, sondern lehnen Sie sich im Stuhl zurück, atmen Sie dreimal durch und schauen Sie ein paar Sekunden lang aus dem Fenster. Das reduzierte in Studien die Folgen des Aufmerksamkeitsrückstands bereits merklich. Bereits eine winzige Pause gibt unserem Scheinwerfer genügend Zeit, seinen Spot auf das neue Ziel auszurichten[108].

Die geistige Fragmentierung durch die hohe Ablenkungsdichte beschränkt sich übrigens nicht auf unsere Schreibtischaktivitäten. Auch im Straßenverkehr bleiben wir nicht davon verschont. Die Anzahl der Unfälle, die sich wegen Mikrounterbrechungen ereignen, steigt seit Jahren. Eine kürzlich veröffentlichte Untersuchung der Universität Braunschweig belegte, dass 13 % der insgesamt 11 837 beobachteten Personen während des Autofahrens abgelenkt waren[109]. Noch schlimmer sind die Verhältnisse bei den Fußgängern. Zwar stagniert die Anzahl der Verkehrstoten seit Jahren; der Anteil tödlicher Unfälle von Passanten nimmt jedoch weiter zu. Gemäß der Allianz-Sicherheitsstudie aus dem Jahr 2019 telefonieren zwei Drittel der Fußgänger regelmäßig beim Laufen, und ein Drittel liest Texte oder schaut Videos. Und was in Litauen oder auf Hawaii verboten ist, betrifft bei uns fast die Hälfte der beobachteten Fußgänger: der Gebrauch des Smartphones beim Überqueren der Straße[110]. Bei unseren direkten Nachbarn ist es übrigens nicht anders: Das österreichische Kuratorium für Verkehrssicherheit ließ 2019 in einem Interview für den ORF verlautbaren, dass jeder fünfte Fußgängerunfall auf Ablenkung zurückzuführen sei[111].

Zusammengefasst zieht sich die »Unterbrechungslogik« wie ein Riss durch unseren beruflichen und privaten Alltag. Man könnte an dieser Stelle einwenden, dass die meisten dieser Ablenkungen von außen auf uns einprasseln, ohne dass wir etwas dagegen ausrichten könnten. Weit gefehlt! Denn die meisten der Ablenkungen verursachen wir tatsächlich selbst. Zwei Drittel der Unterbrechungen, die man bei Teilnehmern einer englischen Untersuchung im Verlauf verschiedener Aufgaben und Tätigkeiten beobachtete, waren selbst herbeigeführt[112]. Wer also die Schuld für die ständigen Unterbrechungen auf die Smartphones schiebt, der schiebt daneben. Wir fragmentieren uns selbst.

Unterbrechungen machen unzufrieden

Unterbrechungen werden überwiegend als störend empfunden. Der Grund ist unser Grundbedürfnis, Dinge fertigzustellen. Wir alle kennen die beglückende Erfahrung, etwas erledigt und geschafft zu haben. Ablenkungen rücken dieses Ziel in weite Ferne. Entsprechend nervig ist es, wenn wir ständig unterbrochen werden. Dieses Gefühl der Unzufriedenheit hat man in verschiedenen Berufen zeigen können: Pflegekräfte, die während ihrer Schicht häufig abgelenkt wurden und ihre Aufmerksamkeit auf zu viele Aufgaben verteilen mussten, waren am Abend reizbarer und konnten weniger abschalten als andere, die strukturierter arbeiten konnten[99]. Auch in anderen Studien zeigt sich eine Zunahme an Verärgerung bei häufigen Unterbrechungen[113]. Die meisten Befragen fühlen sich dann unproduktiver, unmotivierter und gestresster[114]. In einer Untersuchung an 252 amerikanischen Arbeitnehmern steigerten Unterbrechungen die allgemeine Erschöpfung im Job sogar um 9 %[115]. Wer hingegen untertags kontinuierlicher seiner Arbeit nachgehen konnte, war am Abend signifikant zufriedener.

? *Einspruch*

Nicht immer so schlimm

Aber nicht immer bewerten wir Unterbrechungen negativ. Studien zeigen auch, dass sich Störungen, die uns von einer unliebsamen Arbeit ablenken, mitunter auch durchaus willkommen sind[116]. Deutlich genervter sind wir bei Unterbrechungen, die sich ungewollt ergeben und nicht kontrolliert werden können. Der Kollege, der uns um Rat fragt, stört uns also mehr als der Kaffee, den wir uns selbst holen.

Die unsichtbaren Kosten

Der Aufmerksamkeitsrückstand beim Wechsel zwischen verschiedenen Tätigkeiten verschlechtert also unsere Leistung und stimmt uns in den meisten Fällen unzufrieden (was die Leistung abermals senken kann). Auch wenn ich kein Ökonom bin und als Neurowissenschaftler und Arzt den Menschen im Lichtkegel halten möchte, seien an dieser Stelle ein paar kurze Bemerkungen zu den Auswirkungen eines solchen Verhaltens auf die allgemeine Produktivität gestattet: Was »kostet« uns das?

Die Antwort fällt nicht ganz leicht: Den Wert eines demolierten Autos, das wir im Zustand der Ablenkung in den Graben legen oder gegen einen Baum fahren, kann man leicht beziffern. Die Kosten eines Aufmerksamkeitsrückstandes am Arbeitsplatz sind dagegen deutlich schwerer zu quantifizieren. Die längere Aufgabendauer, die Steigerung der Fehlerrate und das höhere Maß an Erschöpfung von Mitarbeitern sind zunächst »unsichtbare« Kosten. Im Alltag besitzen wir für sie einen blinden Fleck. Aber sie sind da, und mittlerweile existieren erste Daten zu den finanziellen Folgen: Der Aufmerksamkeitsrückstand beträgt allein durch die private Nutzung des eigenen Smartphones pro Arbeitstag im Durchschnitt etwa eine Stunde pro Mann/Frau, teilweise sogar mehr[117]. Damit gehen pro Woche mindestens 10–15 % an Produktivität verloren. Basierend auf diesen Daten nahm ein Management Study Guide Content Team im Jahr 2015 eine Schätzung der entstehenden Kosten vor. Das Team kam auf ca. 650 Milliarden Dollar jährlichen Verlust weltweit allein durch die private Nutzung sozialer Medien am Arbeitsplatz[118].

Niemand wird bestreiten wollen, dass digitale Technologien das Arbeiten in vielen Bereichen erleichtert und beschleunigt haben. So gelingt uns das Schreiben einer E-Mail deutlich schneller als das Verfassen eines Briefes (falls sich noch jemand daran erinnert). Aber von Letzteren bekamen wir auch weniger. Wenn dagegen die tägliche Menge an elektronischer Post gleichzeitig um das 20-Fache ansteigt, gehen die zeitlichen Vorteile verloren – zumindest dann, wenn jede Hinwendung zu einer neuen E-Mail unser Tun unterbricht und der entstehende Aufmerksamkeitsrückstand die Leistungsfähigkeit mindert. Der E-Mail-Verkehr mag dann bezogen auf die Menge an Nachrichten weiterhin effizient sein, in Bezug auf den Arbeitsalltag ist er aber irgendwann nicht mehr effektiv.

»Das Computerzeitalter ist allgegenwärtig sichtbar, nur in der Produktivitätsstatistik nicht.«

Robert Merton Solow[119]

Mensch bleiben oder zum Computer werden

Fast wirkt es so, als eiferten wir dem Computer nach: Wir arbeiten lange am Stück, häufig parallel und ständig umschaltend. Der Mensch ist aber keine Rechenmaschine, auch wenn in der Laienpresse gerne der Vergleich zwischen dem menschlichen Gehirn und einem Computer gezogen wird. Weder ähnelt unser Denken einer Prozessorleistung, noch gleicht unser Gedächtnisspeicher einer Festplatte. Streng genommen unterscheidet uns mehr von einem Hochleistungsrechner, als wir mit ihm gemein haben. Wenn wir dennoch die Kriterien eines Hochleistungsrechners unreflektiert auf uns übertragen, werden wir nicht nur schlechter und unproduktiver, sondern auch »unmenschlicher«.

Das Unternehmen Microsoft wertete im Februar 2021 die Outlook-Daten seiner Nutzer des vergangenen Kalenderjahres während der Coronapandemie aus und verglich die Daten mit den Erhebungen aus dem Vorjahr (unter Einhaltung sämtlicher Datenschutzrichtlinien, selbstredend). Es ergab sich eine Steigerung von 40 Milliarden zusätzlicher E-Mails. Der Anteil der Nachrichtenkommunikation in der freien Zeit nach 17 Uhr erhöhte sich um mehr als 40 %. Häufige Unterbrechungen und Störungen waren die Regel: Bereits nach fünf Minuten wurde im Durchschnitt auf einen Chat geantwortet. Die Auswertung ergab zudem, dass die virtuellen Meetings immer länger dauerten (im Durchschnitt 45 Minuten, eine Steigerung von etwa 20 %). Begleitend wurden 31 000 Angestellte und Selbstständige aus 31 Ländern zu ihrem subjektiven Empfinden befragt: Ungefähr 46 % der befragten Europäer fühlten sich dauerangespannt oder gestresst, 42 % sogar erschöpft[120]. Der verantwortliche Leiter von Microsoft 360, Jared Spataro, schlussfolgerte in einem Interview: »Wir brauchen eine neue Definition von Produktivität. Vielerorts gilt die Zahl der geleisteten Arbeitsstunden noch immer als Indikator dafür, wie produktiv ein Team ist. Damit behandelt man Arbeitnehmer wie Roboter.«

Computer können größere Datenvolumina schneller analysieren und berechnen als wir Menschen. Genau dafür sollten wir sie auch einsetzen. Die menschlichen Stärken des Gehirns schwächt das nicht, denn die liegen woanders: Wir können Relevantes auswählen, kritisch über etwas nachdenken und vermutete Zusammenhänge hinterfragen. Eine hohe Prozessortaktung oder schnelle Datenleitungen im Kopf nützen uns hierfür wenig, dafür aber Aufmerksamkeit und Konzentration. Diese Fähigkeiten opfern wir in den Momenten, in denen wir uns verhalten wie Maschinen. Umso nachdenklicher stimmen die mahnenden Worte des berühmten deutschen Computeringenieurs Konrad Zuse (1910–1995): »Die Gefahr, dass der Computer so wird wie der Mensch, ist nicht so groß wie die Gefahr, dass der Mensch so wird wie der Computer.«

Eine typische Verhaltensweise, die wir Menschen aus der Computertechnologie imitieren, ist das Multitasking, also der Versuch, sich Dingen gleichzeitig zuzuwenden. Können wir unsere Aufmerksamkeit auf verschiedene Dinge wirklich gleichermaßen verteilen? Wir wollen uns im Folgenden einmal ansehen, was genau sich dahinter verbirgt und durch welche überraschenden neurowissenschaftlichen Befunde der letzten Jahre der Mythos auf den Kopf gestellt wurde.

Das Kind im Auto

Eine Klientin von mir berichtete mir vor etwa einem Jahr von einer gefährlichen Situation, die sich an einem hektischen Samstagvormittag auf einem Parkplatz vor einem Supermarkt zugetragen hatte. Sie war an diesem Tag mit ihrem zweijährigen Kind einkaufen gefahren. Nach der Ankunft auf dem Parkplatz des Supermarkts hatte sie dann ihr auf dem Rücksitz schlafendes Kind beim Aussteigen übersehen und im Auto sitzen lassen. Sie erzählte, sie habe die ganze Zeit telefoniert und sich so sehr über ihren Ehemann geärgert, dass sie ihren Sohn völlig vergessen habe. Erst als sie den Einkaufswagen in den Supermarkt schob, sei er ihr wieder eingefallen. Es war Gott sei Dank nichts passiert, der Kleine schlief seelenruhig. Dennoch war sie extrem aufgeregt und, wie man sich vorstellen kann, voller Angst. Und es war ihr sehr peinlich, ihre Aufsichtspflicht verletzt zu haben. Normalerweise, so sagte sie mir, sei sie »eigentlich ganz gut im Multitasking«.

Die junge Mutter befindet sich (leider) in bester Gesellschaft. In der Fachzeitschrift *Pediatrics* erschien vor wenigen Jahren eine Studie, die nachwies, dass in den USA jedes Jahr zwischen 30 und 50 Kinder einen lebensgefährlichen Hitzschlag erleiden, weil sie an heißen Sommertagen von ihren mit dem Smartphone beschäftigten Eltern versehentlich im Auto gelassen werden[121]. Was kann man dagegen tun? In einer anderen Studie zu diesem Thema empfahlen Wissenschaftler zerstreuten Eltern, ein Foto ihres Kindes an der Innenseite der Tür zu befestigen, um an den Sprössling zu denken, wenn man sein Auto verlässt. Ein zweifelhafter Ratschlag, wenn Sie mich fragen. Es erscheint mir wie die falsche Antwort auf die richtige Frage.

So viel vorweg: Diese Form der Vergesslichkeit ist ebenfalls kein Anzeichen einer Demenz. Sie ist eine weitere Folge einer beeinträchtigten kognitiven Steuerung. Sie ist das Resultat des Versuchs, überall gleichzeitig geistig präsent sein zu wollen, mit der Folge, nirgends richtig da zu sein.

Multitasking – zwischen Wahrheit und Mythos

Wie allgemein bekannt ist, stammt der Begriff »Multitasking« aus der Computertechnologie und meint, mehrere Aufgaben nebeneinander ausführen zu können (der etwas sperrige deutsche Ausdruck hierfür wäre »Mehrfachaufgabenperformanz«). Die Arbeitsweise des Computers nehmen wir für unser Gehirn heute gerne in Anspruch. Mitunter interpretieren wir diese Form der Aufmerksamkeitsverteilung sogar als Beleg für eine hohe geistige Leistungsfähigkeit. Aber kehren wir zu der eigentlichen Frage zurück: Können wir überhaupt gleichzeitig?

»Jeder Mann, der eine schöne Frau küssen kann, während er sicher Auto fährt, gibt dem Kuss schlichtweg nicht die Aufmerksamkeit, die er verdient«, sagte Albert Einstein (1879–1955) einmal, und eigentlich ist mit diesem schönen Zitat schon alles gesagt. Aber ganz so einfach liegen die Verhältnisse leider nicht, wie Sie gleich sehen werden. Tatsächlich muss unser Gehirn nämlich zu jedem gegebenen Zeitpunkt Tausende unterschiedlicher Prozesse nebeneinander steuern und überwachen. So können Sie beispielsweise dieses Buch lesen und dabei atmen, auch wenn Ihre Atmung wenig Aufmerksamkeit bedarf, denn sie vollzieht sich reflexhaft und automatisiert. Sie unterliegt keiner »bewussten« Überwachung. Gesteuert und ausgeführt werden muss sie dennoch, während Sie sich auf diese Zeilen konzentrieren. Eine streng serielle Arbeitsweise würde gleichzeitiges Lesen und Atmen nicht erlauben. Genauso können Sie durch die Fußgängerzone schlendern und dabei telefonieren. Profis können dabei noch in der Nase bohren. Sie können fernsehen, während Sie dabei Chips essen, oder im Wald joggen, während Sie ein Hörbuch genießen.

Das Gelingen von Gleichzeitigkeit hat viel damit zu tun, wie schwierig die Aufgaben sind, die wir parallelisieren, beziehungsweise wie viel Erfahrung wir mit den einzelnen Dingen haben. Je leichter uns eine Sache »von der Hand« geht, desto eher haben wir Kapazitäten frei für Dinge, die neu, schwer oder sehr komplex sind. Im Park spazieren zu gehen gelingt praktisch automatisch, sodass genügend Kapazitäten übrig bleiben, sich währenddessen geistig mit etwas anderem zu beschäftigen, beispielsweise mit jemandem zu telefonieren. Das ändert sich in dem Augenblick, in dem Sie sich verlaufen oder die Orientierung verlieren. Dann braucht die Steuerung Ihres Weges mehr Aufmerksamkeit, die Ihr Gehirn den anderen Aufgaben entzieht. Ein Telefonat wird unter diesen Umständen zu einer anstrengenden Herausforderung. Das Gleiche gilt für das Autofahren: Wenn Sie ein versierter Fahrer sind und auf dem Nachhauseweg jeden Tag die gleiche Strecke nehmen, werden Sie dabei einer Radiosendung aufmerksam folgen können. Suchen Sie hingegen in einer fremden Stadt im Feierabendverkehr ohne Navigationshilfe ein Hotel, bekommen Sie geistig vermutlich nur einen Bruchteil der Sendung mit.

Für das parallele Funktionieren ist außerdem wesentlich, dass die Aufgaben sich nicht gegenseitig stören. Sind die Aufgaben sehr unterschiedlich, kann sie unser Gehirn in verschiedenen Arealen verarbeiten. Auf diese Weise werden Konflikte reduziert, um Kapazitäten für beide Dinge frei zu halten. In einem Park spazieren zu gehen und gleichzeitig intensiv über etwas nachzudenken, wäre ein solches Beispiel – zwei völlig unterschiedliche Aufgaben, die nicht in Konkurrenz zueinander stehen. Studien zeigen bei zwei gleichzeitig verfolgten Zielen dann starke Performanzverluste, wenn sich die Aufgaben stark ähneln[122]. Daher können Sie auch kaum ein Gedicht von Friedrich Hölderlin rezitieren, während Sie die Tageszeitung lesen. Wenn Sie währenddessen dagegen die Spülmaschine ausräumen, gelingt Ihnen die Poesie in der Küche deutlich besser. In diesem Zusammenhang dürfen wir auch die Anekdote in meiner Einleitung über Julius Cäsar, der angeblich einen Brief diktieren konnte, während er einen anderen schrieb, in die Welt der Märchen rücken. Unsere Aufmerksamkeit für geistig ähnliche Dinge, denen wir uns gleichzeitig zuwenden, ist also stark begrenzt. Die Zuwendung zu einer Sache, die uns am Herzen liegt, entzieht die Aufmerksamkeit anderen Dingen, die uns weniger wichtig erscheinen. »Das menschliche Bewusstsein ist eng. Die größere Bewegung der Seele verdrängt stets die kleinere«, hatte bereits Aristoteles (384–322 v. Chr.) in seinen frühen Schriften zur Wahrnehmungslehre *De Sensu* erkannt.

Sie können also nicht in einem langweiligen Meeting sitzen und einer Präsentation aufmerksam folgen, während Sie heimlich unter der Tischplatte auf Ihrem Tablet eine Reise im Internet buchen. Die beiden Aufgaben stehen in Konkurrenz zueinander, und die eindeutig höhere Motivation für die Urlaubsreise »verdrängt« die Aufmerksamkeit, die eigentlich für das Meeting bestimmt gewesen wäre. Das Prinzip der Aufmerksamkeitszuweisung bleibt dynamisch und ändert sich ständig. In dem Moment nämlich, wenn der Referent einen Satz spricht, der Sie aufhorchen lässt, ist die hauptsächliche Aufmerksamkeit wieder bei ihm und kaum noch bei Ihren Reiseplänen. Das Wichtigere erhält mehr Aufmerksamkeit, das weniger Wichtige wird mit Nichtachtung gestraft. Aufmerksamkeit ist kompetitiv. Der jeweils stärkste oder interessanteste Reiz gewinnt auf Kosten der anderen. Oder um es mit den Worten von vier singenden Philosophen aus Schweden zu sagen: »The winner takes it all.«

Umverteilungen der Aufmerksamkeit können so schnell erfolgen, dass Ihnen die Zuwendung parallel erscheint. Wirklich gleichzeitig geschieht sie jedoch nicht. Jeder Versuch des Parallelisierens ähnlicher Aufgaben bedeutet letztlich immer ein unterschiedlich gewichtetes Zuweisen von Teilaufmerksamkeiten. Da dies streng genommen gar keine echte Gleichzeitigkeit darstellt, spricht man hier auch von einer »quasi-parallelen« Informationsverarbeitung des Gehirns. In Wahrheit schalten wir ständig hin und her, selbst wenn uns das Gehirn Parallelität vorgaukelt. Das, was wir im Alltag als Multitasking bezeichnen, ist also in den meisten Fällen ebenfalls (wenn auch ein mitunter sehr schnelles) Task-Switching[108], und zwar mit allen Verlusten, die wir bereits besprochen haben.

Das Gehirn im Parallelmodus

Beim Versuch des Multitaskings sind verschiedene Areale unseres Gehirns beteiligt[123]. Ganz besonders wichtig für das Umschalten und Zuweisen unserer Aufmerksamkeit scheint jedoch eine sehr weit vorn gelegene kleine Struktur zu sein, die sogenannte Frontopolarregion. Sie ist aktiv, wenn wir von einer Sache ablassen und uns einer anderen zuwenden. Auch für die erneute Hinwendung der Aufmerksamkeit zu der ursprünglichen Aufgabe ist sie verantwortlich. Man könnte sie mit einer Fernbedienung vergleichen, mit der wir zwischen zwei Aufgaben ähnlich wie zwischen verschiedenen Fernsehprogrammen umschalten. Mitunter wird diese Region populärwissenschaftlich auch »switching generator« genannt. Sie reift erst spät aus, bleibt lange stabil und degeneriert mit zunehmendem Alter wieder etwas. Daher haben sowohl Kinder als auch ältere Menschen Schwierigkeiten, ständig ihre Aufmerksamkeit zu wechseln und »umzuschalten«. Die Frontopolarregion kann bei bestimmten

Hirntumoren oder nach einem Schlaganfall zerstört werden. Betroffene zeigten dann einen teils dramatischen Verlust der Fähigkeit im Alltag, zwischen verschiedenen Aufgaben zu wechseln[124].

Nach allem, was wir wissen, können Menschen das rasche Umschalten der Aufmerksamkeit zwar in geringem Maß trainieren; die Möglichkeiten einer Steigerung bleiben jedoch gering. Und es bleibt die Frage, ob dies überhaupt zweckmäßig wäre. Denn ein schnelleres Umschalten führt nicht gleichzeitig zu einer höheren Leistung. Ein Beispiel: Sie wollen drei interessante Fernsehsendungen anschauen, die zeitgleich ausgestrahlt werden. Falls nun Verzicht nicht Ihre Stärke ist, bleibt Ihnen nichts anderes übrig, als zwischen allen Programmen immer wieder hin und her zu schalten. Das Zappen mag Ihnen das Gefühl geben, alle Sendungen halbwegs mitzukriegen; letztlich bringt Ihnen das schnelle Umschalten aber nicht mehr Informationsgewinn, egal, wie schnell Sie dabei vorgehen. Sie können immer nur einem Programm aufmerksam folgen, während Sie in der betreffenden Phase die anderen beiden verpassen.

In der Laienpresse liest man immer mal wieder, dass Studien bei Multitaskern in bestimmten Arealen eine höhere Hirnaktivität nachgewiesen hätten. Doch Vorsicht: Die stärkere Durchblutung (aus der man in solchen funktionell-kernspintomografischen Studien eine höhere Hirnaktivität indirekt ableitet) verweist vielmehr auf eine höhere Anstrengung des Gehirns bei paralleler Aufgabenbewältigung. Tatsächlich nimmt die geistige Leistung eher ab, auch wenn sich beim Multitasking in den präfrontalen Regionen mehr elektrische Aktivität zeigt[125].

! *Aufmerksamkeitstest*

Testen Sie Ihre parallele Wahrnehmung

Im Internet gibt es zahlreiche Tests, mit denen Sie Ihre Multitasking-Fähigkeiten prüfen können. Wenn Sie mögen, versuchen Sie folgende Übung[126]: In einem Video führt Sie der bekannte Show-Magier David Copperfield in seinem Auto über den nächtlichen *Strip* von Las Vegas. Sie sollen während der knapp 60 Sekunden dauernden virtuellen Fahrt sowohl visuelle Reize (Davids Gesicht oder sein Name auf Werbeschildern) als auch akustische Reize (das Wort »magic«) zählen und nach dem Test die jeweilige Anzahl korrekt angeben. Die Lösung verrate ich an dieser Stelle nicht. Nur so viel: Keinem meiner Studenten – und auch mir nicht – ist es je fehlerfrei gelungen.

? *Einspruch*

Es gibt sie, die Supertasker

Einem kleinen Teil der Menschheit gelingen gleichzeitig ausgeführte Tätigkeiten tatsächlich deutlich besser als der weit überwiegenden Mehrzahl. Man nennt sie auch Supertasker. Solche Talente üben häufig bestimmte Berufe aus oder gehen Hobbys nach, bei denen eine vielseitig verteilte Aufmerksamkeitszuweisung bei hoher Präzision und geringer Fehlerrate enorm wichtig ist – beispielsweise Notfallärzte oder Piloten. Der Anteil der Supertasker in der Bevölkerung beträgt vermutlich 2–3 %. Forscher der University of Utah in Salt Lake City untersuchten vor einigen Jahren 700 dieser Gleichzeitigkeitshelden während einer paralleler Aufgabenbearbeitung im Kernspintomografen. Es zeigte sich eine effizientere Informationsverarbeitung in der Frontopolarregion und anderen Bereichen des Vorderlappens. Wahrscheinlich fehlt ihnen ein bestimmtes Abbauenzym, wodurch letztlich mehr aktivierende Neurotransmitter in den Nervenzellen von bestimmten Bereichen des Aufmerksamkeitssystems wirksam werden[127]. Ich erwähne diese kleine Minderheit begnadeter Men-

schen hier der Vollständigkeit halber. Für die allermeisten von uns ist der Versuch von Multitasking stark verlustbehaftet.

Können Frauen das besser?

Liebe Leserinnen, erlauben Sie mir bitte eine kurze Solidaritätsbekundung mit meinen Mitmännern. Falls Sie, lieber männlicher Leser, mit einer Frau verheiratet sind oder in einer eheähnlichen Gemeinschaft leben, dann haben Sie höchstwahrscheinlich schon folgenden Satz von Ihrer Partnerin gehört: »Schatz, ich bin eine Frau, ich kann mehrere Dinge gleichzeitig!«

Hat Ihre Partnerin recht mit dieser Annahme? Das Gerücht der Multitaskingfähigkeit von Frauen finden wir interessanterweise in allen Kulturen. In einer Umfrage unter 488 Personen unterschiedlicher Rassen und Ethnien glaubte mehr als die Hälfte der Befragten an geschlechtsspezifische Unterschiede beim Multitasking, unter diesen 80 %, dass Frauen dazu besser in der Lage seien. Im Vergleich der einzelnen Länder zeigten sich kaum Unterschiede hinsichtlich dieser Selbsteinschätzungen[128].

Befragen wir die Wissenschaft: Eine Forschungsgruppe der Universität Aachen ließ 96 Probanden beiderlei Geschlechts verschiedene kognitive Tests durchführen. In einigen Tests mussten sie die zwei Aufgaben gleichzeitig erledigen (dual-task), in anderen schnell von einer Aufgabe auf die andere umschalten (task-switch). Das Ergebnis war immer das gleiche: Es fanden sich keine nennenswerten Unterschiede zwischen Männern und Frauen. Vielmehr kam es bei beiden Geschlechtern zu deutlichen Leistungsverlusten[129]. Ob Sie nun, werter männlicher Leser, Ihre Frau über diese Befunde in Kenntnis setzen möchten – allein aus einer wissenschaftlichen Absicht heraus, versteht sich –, überlasse ich Ihnen.

Aber warum hält sich dieses Vorurteil überhaupt so hartnäckig? Die Gründe sind zwar nicht durch Studien belegt, spiegeln aber durchaus Erfahrungen und Beobachtungen wider, die ich mit meinen Klienten im Alltag mache. Und sie lassen uns Männer nicht gut aussehen. Denn ohne jeden Zweifel bleibt selbst in den meisten modernen Familien, in denen beide Elternteile berufstätig sind, auch heute noch der Haushalt überwiegend an den Frauen hängen. Sie müssen häufiger als Männer verschiedene Ziele im Blick behalten und oftmals unter Zeitdruck gleichzeitig anderen Aufgaben gerecht werden. Insofern müssen sie im Alltag ständig umschalten oder versuchen, parallel zu agieren. Sie haben also nicht zwangsläufig eine bessere Multitaskingfähigkeit, sie haben nur schlichtweg zumeist einfach keine andere Wahl.

Umschalten erschöpft

Der Versuch, allem gleichzeitig gerecht zu werden, reduziert nicht nur unsere Leistung. Parallelität fördert auch das subjektive Stresserleben. Bestimmt haben Sie folgende Situation schon einmal erlebt: Sie treffen um 8 Uhr morgens an Ihrer Arbeitsstelle ein. Noch sind Sie ausgeruht und frohen Mutes. Aber ehe Sie sichs versehen, entwickelt sich der Tag zu einem einzigen Chaos: Ein Kollege fällt überraschend aus, den Sie jetzt bitte vertreten mögen; die Computer funktionieren nicht; aufgebrachte Kunden rufen ständig an. Der unsensible Chef betraut Sie zudem mit ein paar schicken Extraaufgaben, obwohl Ihr Kalender schon jetzt brechend voll ist. Der ganze Tag wird zu einem ständigen Hin-und-her-Springen und Umschalten zwischen verschiedenen Aufgaben. Es geht nur noch um Schadensbegrenzung und darum, den Tag möglichst ohne Herzinfarkt zu überstehen. Am Abend kommen Sie erschöpft nach Hause, sinken auf Ihre Couch und verbringen den Abend mit zwei guten Freunden: Netflix und Pizza.

Für diese Situation nutzen wir gerne der Begriff »mental exhaustion« (psychische Erschöpfung). Er beschreibt eben jenen Zustand, wenn Sie von morgens bis abends mehreren Dingen nebeneinander und gleichzeitig in anhaltender Hektik und Nervosität gerecht werden müssen. Streng genommen ist die Pizza aus Ernährungssicht eigentlich gar keine gute Idee, denn kalorisch viel verbrannt haben Sie an dem Tag am Schreibtisch nicht. Häufiges Umschalten ist zwar psychisch stressig, stellt aber keine muskuläre Ausbelastung dar. Der Schrei nach Pizza ist mehr ein seelischer, denn eine psychische Erschöpfung ist ein unliebsamer und unschön erlebter Zustand.

Ganz anders dagegen erleben wir die »physical exhaustion« (körperliche Erschöpfung), wenn wir beispielsweise einem Freund beim Wohnungsumzug geholfen oder den eigenen Garten umgegraben haben. Dann sinken wir abends deutlich glücklicher auf unsere Couch darnieder. Der abendliche Schrei nach der Pizza ist der Hunger durch das Energiedefizit nach der körperlichen Anstrengung. Hier dürfte Ihre Pizza also eigentlich etwas größer ausfallen.

Muskuläre Ausbelastungen erleben wir heute jedoch im Alltag zunehmend seltener. Freilich gibt es nach wie vor körperlich hart arbeitende Menschen in unserer Gesellschaft, sei es im Handwerk, in der Landwirtschaft oder der Altenpflege. Aber gesamtgesellschaftlich nimmt die Erschöpfung durch körperliche Arbeit eher ab, die der geistigen hingegen nimmt zu. Es ist wichtig zu verstehen, dass der Versuch des Multitaskings beziehungsweise Task-Switchings ein Faktor ist, der hierzu signifikant beiträgt.

Quicktipp
Stapeln Sie Aufgaben

Mit meinen Seminarteilnehmern übe ich gerne die sogenannte Stapelung (auch »batch-tasking« genannt): Fassen Sie bestimmte Dinge zusammen, die sich ähneln, und arbeiten Sie sie im Stapel ab: beispielsweise Telefonieren, Mailen, Aufräumen etc. Legen Sie feste Zeiten für das Bearbeiten Ihrer E-Mails fest und bearbeiten Sie in dieser Zeit die Post stapelweise. Oder Sie legen einen Korridor für wichtige Telefonate ein, in welchem Sie Anfragen oder Rückrufe ebenfalls stapelweise abarbeiten. Bleiben Sie in der jeweiligen Phase immer bei der einen spezifischen Aufgabe und schalten Sie nicht zu einer anderen Art der Aufgabe um. Das erhöht Ihre Leistung, weil es die negativen Auswirkungen des Aufmerksamkeitsrückstands minimiert, und es beruhigt das Stresssystem.

Die (gefährlichen) Folgen der Gleichzeitigkeit

> *»Wer zwei Hasen gleichzeitig jagt,*
> *wird keinen davon fangen.«*
>
> Konfuzius (551–479 v. Chr.)

Falls Sie heute noch kein Gras geraucht haben, weil Sie befürchten, Ihre geistige Leistung könnte darunter leiden, könnte die folgende Nachricht für Sie interessant sein: Der Psychologe Glenn Wilson vom King's College London University untersuchte im Jahr 2005 in einer kleinen Beobachtungsstudie an acht Personen eines kleinen Subunternehmens von Hewlett-Packard in London die Auswirkungen der ständigen Unterbrechungen und Ablenkungen auf die Intelligenzleistung[130]. Er stellte fest, dass der Intelligenzquotient bei dem Versuch, Dinge quasi nebeneinander zu machen, durch ständiges Umschalten um zehn Punkte sank, bei Männern stärker als bei Frauen. Dafür nahm der Stresslevel bei allen Probanden zu. Ein Redakteur der *Frankfurter Allgemeinen Zeitung* schrieb in einem Artikel wenige Wochen später, Marihuana senke den IQ bekanntlich nur um vier Punkte, woraufhin Kiffen dann möglicherweise weniger schädlich sei als Multitasking[131]. Wie Sie sich vorstellen können, verbreitete sich diese plakative Schlussfolgerung in Windeseile. Mir ist bis heute keine Studie bekannt, die dies im direkten Vergleich einmal getestet hätte (genügend freiwillige Probanden gäbe es vermutlich). Tatsächlich wurde Wilsons Beobachtung nie in einem Fachjournal veröffentlicht. Sie erfüllt auch nicht die Kriterien eines vollwertigen wissenschaftlichen Experiments. Daher dürfen wir die wissenschaftliche Korrektheit dieser Aussage nicht zu hoch ansiedeln, auch wenn sie für eine Schlagzeile natürlich attraktiv genug war.

Klar ist jedoch, dass der Aufmerksamkeitswechsel die Performance verschlechtert. Die Autoren einer sorgfältig(er) gemachten Metaanalyse über 41 Einzelstudien aus der Vergangenheit zu diesem Thema fanden eine hochsignifikante, globale Leistungsminderung, wenn Menschen geistige Aufgaben gleichzeitig bearbeiteten[132]. Bei sehr viel Übung, Erfahrung und hoher Motivation kann der Effekt zwar etwas schwächer ausgeprägt sein, die Performanzverluste sind aber immer vorhanden. Fakt bleibt: Wer sich sekundären Zielen zuwendet, während er noch primäre Ziele verfolgt, verschlechtert die Leistungen in beiden Bereichen, denn die zweite Aufgabe benötigt einen Teil der Ressourcen, die der ersten nicht mehr zur Verfügung stehen.

Der Versuch einer Gleichzeitigkeit kann deshalb unter Umständen verheerende Folgen haben. Sicher erinnern Sie sich noch an das Zugunglück von Bad Aibling, bei dem im Februar 2016 zwei Züge der Bayerischen Oberlandbahn frontal zusammenprallten. Insgesamt starben an diesem und den darauffolgenden Tagen zwölf Menschen einschließlich der beiden Lokführer an den Unfallfolgen, zahlreiche Fahrgäste wurden zum Teil schwer verletzt. Wie sich später herausstellte, war der zuständige Fahrdienstleiter im Stellwerk durch ein Computerspiel auf seinem Smartphone abgelenkt gewesen, sodass er die Signale falsch gesetzt hatte. Er wurde wegen fahrlässiger Tötung zu einer Freiheitsstrafe von 3,5 Jahren verurteilt[133].

Zusammengefasst sehen wir also, dass Multitasking in der Regel eine Verschlechterung der Leistungsfähigkeit darstellt, auch wenn wir den Leistungsabfall in vielen Fällen zunächst gar nicht erkennen mögen. Gelegentlich kommt es aber zu Aufmerksamkeitskonflikten, die gefährliche Folgen haben können. Das häufige Umschalten ist zudem ein anstrengender mentaler Prozess, der erschöpfen kann und Stress auslöst. Es wäre gut, Multitasking, so gut es geht, zu vermeiden. Das wird im Alltag nicht immer gelingen, sollte aber möglichst oft hinterfragt werden. Denn in vielen Fällen handeln wir automatisch parallel und könnten dank unserer kognitiven Steuerungsfähigkeiten lernen, den Dingen nacheinander die Zuwendung zu schenken, die sie verdienen. Wenn da nicht unsere Ungeduld wäre.

Die Ungeduld in uns

»Lieber Gott, gib mir Geduld, aber bitte beeil dich!«

(unbekannter, aber ungeduldiger Verfasser)

Wissen Sie, wann ich Sie als Arzt das erste Mal unterbreche, wenn Sie bei mir im Untersuchungszimmer sitzen und mir von sich erzählen? Es ist ein Durchschnittswert, den man in einer Untersuchung zu dem Thema ermittelte: Ärzte unterbrechen ihre Klienten bereits nach 11 bis 24 Sekunden. Dabei würden Klienten Untersuchungen zufolge in den meisten Fällen nicht einmal mehr als 90 Sekunden benötigen, um sich erst ein mal ihren Kummer von der Seele zu reden. Ihnen nur etwas mehr Zeit zu schenken, wäre also mehr als gut investierte Zeit, denn einerseits werden dadurch die ärztlichen Anamnesen besser, und andererseits haben Studien belegt, dass sich Klienten deutlich besser verstanden und wohler fühlen, wenn sie gerade zu Beginn des Gesprächs für ein paar Minuten die ungeteilte Aufmerksamkeit eines geduldig zuhörenden Arztes bekommen[134].

Natürlich könnte ich jetzt zu meiner Verteidigung die zahlreichen Klienten, die zunehmende Administration und vieles mehr als plausible Gründe anführen, warum unsere Zunft heutzutage kaum Zeit für längere Gespräche hat. Und viele dieser Gründe sind auch durchaus plausible Argumente. Aber ich glaube, die eigentlichen Ursachen liegen viel tiefer, und kein noch so effizientes Praxismanagement löst das Problem im Kern. Der wahre Grund ist ein gesellschaftlicher – und gerne habe ich mit diesem unrühmlichen Beispiel begonnen, das mich in keinem guten Licht dastehen lässt. Denn es betrifft uns alle: Es ist unsere Ungeduld.

Der Hang zum Multitasking und ständigen Aufmerksamkeitswechsel ist auch Ausdruck eben dieser Haltung, die sich auf eine geradezu egozentrische Art und Weise immer fordernder auf unsere Erwartungshaltung auszuwirken scheint. Alles am besten jetzt und unmittelbar. Und falls es noch schneller geht, sehr gerne.

In einer Untersuchung aus dem Jahr 2019 wurden 2000 Engländer befragt, wann ihnen ihr Geduldsfaden im Alltag reißen würde[135]. Im Durchschnitt war das der Fall, wenn sich nach 16 Sekunden eine Internetseite nicht aufbaute, nach 22 Sekunden, wenn der Film eines Streaming-Anbieters nicht startete, nach 25 Sekunden Warten an einer roten Ampel, nach 30 Sekunden Anstehen in einer Schlange an der Supermarktkasse, und nach 7 Minuten Warten auf die Bedienung in einer Gaststätte. Die Antwort auf eine E-Mail wurde spätestens nach

90 Minuten erwartet. Ein besonders erstaunlicher Befund der britischen Studie: Selbst die Zeit bis zum Kochen von Teewasser wurde mit maximal 28 Sekunden als gerade noch erträglich angesehen. Das ist umso erstaunlicher, weil die Tasse Tee am Nachmittag für einen Engländer wohl als Inbegriff britischer Gelassenheit gelten darf. Der Zeitgeist macht eben auch vor Traditionen nicht halt.

Woher kommt diese Ungeduld? In der oben genannten Studie gaben 75 % der gefragten Probanden als wesentlichen Grund für ihre Ungeduld die digitalen Medien an, die sie mit Nachrichten, Angeboten und Aufgaben lockten und den Alltag oftmals überfrachten würden, sodass für alles einfach weniger Zeit bliebe. Die Übermacht der Bottom-up-Reize ist stark. Möglicherweise »üben« wir ungeduldiges und impulsives Verhalten beim Surfen und Konsumieren: Anhand von 23 Millionen Online-Videos konnten Wissenschaftler zeigen, dass sich ein Großteil der Betrachter bereits von einem Video abwandte, sobald das Video mehr als zwei Sekunden brauchte, um vollständig zu laden. Jeweils alle zwei folgenden Sekunden sprangen weitere 6 % der Nutzer ab[136].

Es stellt sich die interessante Frage, ob wir immer schon so ungeduldig waren oder es in diesem Ausmaß erst im Laufe der letzten Jahre wurden. Vergleichende Untersuchungen zwischen verschiedenen Epochen fehlen uns in dieser Hinsicht, daher ist es möglicherweise nicht ganz zulässig, ohne Belege von einer »Zunahme der Ungeduld und Impulsivität« in unserer Gesellschaft zu sprechen. Unstrittig ist aber, dass gesellschaftliche Prozesse das Verhalten des Einzelnen oder ganzer Gruppen maßgeblich beeinflussen. Möglicherweise trägt ein weltweit beschleunigter Lebenswandel voller digitaler Konsummöglichkeiten dazu bei, unsere Ungeduld zu entfesseln. Denn eine Information jagt die andere, und an jeder Ecke lauert die nächste Verführung – wenn wir schnell hinklicken.

Ungeduld macht impulsiv

Die Ungeduld stört unsere Top-down-Kontrolle. Sie führt aber nicht nur zu schnellerem Aufmerksamkeitswechsel oder häufigerem Multitasking, sondern bewirkt auch andere impulsive Verhaltensweisen, die nicht immer vorteilhaft für uns sind.

Ein gutes Beispiel ist die Supermarktkasse, weil in dem Moment so ziemlich alles andere reizvoller ist, als untätig in der Schlange zu stehen. Möglicherweise wird der Impuls geweckt, sich vorzudrängeln, unfreundlich zu werden oder den Einkauf abzubrechen. Nicht alle können die Kontrolle bewahren. Ungeduld führt oft zu reflexhaften Verhaltensweisen. Ungeduld kann auch außerhalb des Supermarktes durchaus seltsame Früchte tragen. Vielleicht werden Sie lachen, wenn Sie Folgendes lesen: 72 % der Menschen, die an einem Fahrstuhl ungeduldig warten, drücken einer Umfrage zufolge auf den bereits betätigten (leuchtenden!) Knopf, weil sie hoffen, der Aufzug käme dann schneller. Eine impulsive Reaktion, geboren aus der Ungeduld – wenn auch völlig sinnfrei.

Hier mag es uns nur ein Schmunzeln abringen. Aber in anderen Situationen kann Ungeduld uns von unserem Ziel abbringen. Die Ungeduld, beim Schreiben eines Textes nicht fertig zu werden, verleitet zu oberflächlichem Arbeiten. In anderen Situationen wird unsere Ungeduld zu einer handfesten Gefahr. Das Verlangen, während des Autofahrens auf das Handy zu schauen, das in der Tasche auf dem Beifahrersitz vibriert hat, lenkt unsere Aufmerksamkeit ab, sodass wir den Straßenverkehr aus den Augen verlieren. Und auch langfristig stört Ungeduld unsere Top-down-Kontrolle, und zwar das Subsystem der Ziel- und Prozesskontrolle. Denn mittlerweile hat es sich in unserer Gesellschaft mental verfestigt, alles jetzt und sofort erreichen zu wollen: So spielen fast alle Diättipps, die Sie auf den Titelseiten von Zeitschriften im Bahnhofskiosk lesen, mit Ihrer Hoffnung auf schnelle Wunscherfüllung: »Die Wundersuppe: 20 Pfunde in nur 2 Wochen!« (oder so ähnlich). Je vollmundiger das Versprechen eines unmittelbaren Diäterfolgs, desto attraktiver wirkt die Werbeanzeige auf uns – und desto besser verkauft sich die Zeitschrift. Mit der Ungeduld von Menschen konnte man immer schon gutes Geld verdienen.

Leider ist es jedoch so, dass viele Menschen Ihre Diätziele eben nicht erreichen. Es mangelt ihnen dabei nicht an Anfangsmotivation. Auch wissen die meisten Betroffenen genügend über Kalorienwerte und gesunde Ernährungsformen. Woran es für einen langfristigen Diäterfolg fehlt, ist schlichtweg das Durchhaltevermögen. Hauruckaktionen erzielen nämlich allenfalls anfängliche, aber fast niemals nachhaltige Schlankheitserfolge. Das Pendel schlägt bei zu starkem Verzicht nach einer gewissen Zeit wieder zurück. Prognostisch günstiger wären eine langfristige Ernährungsumstellung und ein aktiverer Lebensstil. Aber das fällt den meisten Menschen schwerer, denn das braucht Zeit – und mehr Geduld.

? *Einspruch*

Ungeduld bringt Dinge voran

Nichts gegen ein bisschen Ungeduld. Ohne sie hätten wir vermutlich den Reißverschluss nie erfunden. Unzufrieden zu sein mit dem Zustand einer »gefühlten Mittelmäßigkeit« im Hier und Jetzt kann eine Aufbruchsstimmung erzeugen. Sie motiviert und kann Dinge in Bewegung bringen. Aber Ungeduld braucht auch Leitplanken. Fast alle Ziele, die sich im Leben lohnen, erfordern vor allem Ausdauer, Zeit und Geduld während ihrer Umsetzung – das Lernen für eine wichtige Prüfung, das Schreiben eines Buches, die Umstellung der Ernährung. Wenn wir jedem inneren Impuls stattgeben, bringen wir zwar viel in Gang, aber kaum etwas sinnvoll zu Ende. Etwas Ungeduld kann also wertvolle Energie spenden. Aber sie muss gelenkt werden, sonst verpufft sie auf dem Weg zum Ziel.

»Die Ungeduld, mit der man seinem Ziel zueilt, ist die Klippe, an der oft gerade die besten Menschen scheitern.«

Friedrich Hölderlin (1770–1843)

Quicktipp
Geduld üben durch Realitätschecks

In Situationen, in denen Sie ungeduldig sind und unruhig werden, hilft ein kurzer Realitätscheck.
Fragen Sie sich in Situationen, in denen Sie emotional gerade angespannt sind: Was ist eigentlich so schlimm an der Situation? Geht es überhaupt persönlich gegen mich? Ist meine Reaktion angemessen?
Fragen Sie sich in Situationen, in denen es nicht schnell genug gehen kann: Warum fühle ich mich so gestresst? Warum muss das Tempo so hoch sein? Was würde denn Schlimmes passieren, wenn es ein paar Minuten länger dauert?
Fragen Sie sich in Situationen, in denen Sie auf ein Ziel hinarbeiten, das noch in weiter Ferne liegt: Warum setze ich mich zeitlich so unter Druck? Hält mich genau das vielleicht von meinem Ziel ab?
Die Fragen greifen Impulsen voraus und geben Ihnen Kontrolle zurück. Die Kunst ist, die Fragen im entscheidenden Moment abzurufen – nicht erst, wenn Sie bereits aus der Haut gefahren sind oder aufgegeben haben. Aber das Training Ihrer Top-down-Kontrolle wird Ihnen mit etwas Übung gelingen. Es ist ein weiteres kleines Instrument für eine erfolgreiche kognitive Selbststeuerung.

Die Lösung: Konzentration, Entstörung und Impulskontrolle

»Wer gesammelt bis in die Tiefe geht, der sieht auch die kleinen Dinge in großen Zusammenhängen.«

Edith Stein, Ordensname Teresia Benedicta a Cruce (1891–1942)

Die (Groß-)Mutter aller Leistungen

Seien wir ehrlich: Konzentration löst als Begriff keine Begeisterungsstürme aus. Sie erinnert an die leidige Steuererklärung oder unliebsamen Mathematikunterricht in der Schule. Es war der Lieblingsratschlag meiner Oma, wenn sie meine Hausaufgaben überwachte: »Junge, jetzt konzentriere dich doch mal!«

Dabei ist die Bedeutung der Konzentration für unsere Spezies immens. Sie ist die (Groß-)Mutter vieler mentaler und motorischer Leistungen des Menschen. In den Rechtswissenschaften gibt es den lateinischen Begriff der »conditio sine qua non«, was übersetzt so viel heißt wie eine »Bedingung, ohne die ein bestimmter Sachverhalt nicht eintritt«. Wenn beispielsweise der Hund eines Gastes, den Sie zu sich nach Hause eingeladen haben, Ihre teure Standvase im Wohnzimmer umkippt, die daraufhin in tausend Scherben ihr Ende findet, dann ist der Hund aus versicherungsrechtlicher Sicht die Bedingung, ohne die es nicht zu dem konkreten Unfallereignis gekommen wäre. Übertragen auf unser Gehirn bedeutet das: Die Konzentration ist eine solche Conditio sine qua non für viele unserer Gehirnleistungen. Sie ist die Voraussetzung, dass wir kritisch reflektieren, logisch denken oder den Gedankengängen anderer folgen können.

Wie ich Ihnen bereits beschrieb, können wir uns die Konzentration wie einen Lichtspot vorstellen, den unser Aufmerksamkeitsscheinwerfer einstellt. Je enger der Lichtstrahl wird, desto höher ist die »geistige Helligkeit«, die auf das Objekt unseres Interesses fällt. Die Wahrnehmung verengt sich und wird auf das Ziel ausgerichtet. So entsteht der klassische Tunnelblick – und damit Tiefe und Genauigkeit im Denken. Man könnte Konzentration zusammenfassend als Maß für die Intensität und die Dauer unserer gerichteten Aufmerksamkeit definieren bei den unterschiedlichsten Dingen des Lebens. Die Konzentration nutzen Sie für das Lesen eines Vertrages, das Schreiben eines Artikels oder das Berechnen von Formeln in Excel-Tabellen. Aber sie bleibt keinesfalls auf Schreibtischtätigkeiten beschränkt. Sie nutzen die gleiche Kraft, wenn Sie sich in ein Schachspiel vertiefen, einen spannenden Roman lesen oder bei einem Fußballspiel mitfiebern, während dessen Ihr ganzes Scheinwerferlicht auf das Feld mit 22 Spielern ausgerichtet ist.

Die perfekte Welle

»Where the focus goes, the energy flows.«

Tony Robbins

Obwohl manche Lehren des Autors und NLP-Trainers Anthony Robbins für heftiges Kopfschütteln sorgen, einschließlich seiner dubiosen Weizengrassäfte-Theorien, verweist sein berühmt gewordener Satz auf einen wichtigen Punkt: »Unsere Energie fließt dorthin, worauf wir den Fokus legen.«

Die geistige Verarbeitungstiefe steigt, wenn wir uns ganz auf etwas einlassen. Die Folge ist, dass wir bei den meisten Dingen, denen wir uns konzentriert zuwenden, besser sind und uns meist auch zufriedener fühlen. Konzentrierte Aufmerksamkeit führt in fast allen Bereichen des Lebens zu präzisem Denken und Handeln. Warum ist das so?

Bei voller Konzentration auf eine Sache kommt es neurophysiologisch zu einer Reihe von Veränderungen im Gehirn, die diese Leistungssteigerung erklären. Wichtig in dem Zusammenhang sind die Hirnstromfrequenzen. Wie Sie sicher wissen, leiten die Nervenzellen in unserem Gehirn die Informationen elektrisch weiter (lediglich die direkte Kommunikation untereinander an den sogenannten Synapsen unterliegt einem chemischen Prozess). Die elektrischen Frequenzen, mit denen Nervenzellen und die Gruppen, in denen sie organisiert sind, »schwingen«, unterscheiden sich je nach Wachheits- und Aktivitätsgrad deutlich voneinander. Im entspannten Zustand befinden sich weite Teile Ihres Gehirns in einer niedrigen Schwingungsfrequenz um 8–14 Hertz (Alpha-Band). Im wachen Normalzustand überwiegen Frequenzanteile um 20–22 Hertz (Beta-Band). Bei starker Konzentration steigen sie auf etwa 30 Hertz (Gamma-Band). Und im Stress schwingen die Nervenzellen in noch höheren Frequenzen, teils bis 45 Hertz. Keine Sorge, falls Sie kein Neurologe werden wollen, können Sie die Frequenzbereiche getrost wieder vergessen. Klar werden soll an dieser Stelle Folgendes: Das Gehirn reagiert elektrisch nie einheitlich. Netzwerke schwingen je nach Ort und Funktion unterschiedlich.

Je mehr nun die einzelnen Hirnareale für eine bestimmte Intelligenzleistung zusammenarbeiten müssen, desto mehr nähern sich die Frequenzmuster einander an. Sie kennen doch bestimmt die Redensart, dass sich Menschen besser verstehen, wenn sie »auf einer Wellenlänge liegen«? Etwas recht Ähnliches passiert im Gehirn: Bei starker Konzentration kommt es nämlich zu einer Synchronisierung bestimmter Frequenzbereiche, vor allem im Theta-Band[137]. Die Nervenzellverbände werden in diesen Frequenzen festgehalten (gleichsam eine Arretierung, auch »phase locking« genannt). Bei anhaltender Aufmerksamkeit kommt es zu einer Zunahme erregender Neurotransmitter, allen voran dem sogenannten Acetylcholin[138]. Die »gemeinsame elektrische Wellenlänge« und die Steigerung von Acetylcholin verbessern die Kommunikation und den Informationsaustausch zwischen den Nervenzellverbänden. Das steigert die meisten unserer Intelligenzleistungen wie beispielsweise logisches Denken, Abstraktionsvermögen und übrigens auch das Gedächtnis, sobald wir in Tiefe versinken.

Leonardos Herzklappe

Ein berühmtes Vorbild für konzentriertes Denken war Leonardo da Vinci, der vermutlich berühmteste Universalgelehrte der Renaissance. Er verspürte den unbändigen Drang, alle möglichen Dinge um sich herum aufmerksam zu studieren und den Dingen ganz auf den Grund zu gehen. So analysierte er stundenlang Pflanzen und skizzierte sie in sämtlichen Details. Auch in seinen Gemälden findet man eine für die Zeit geradezu revolutionäre Genauigkeit der perspektivischen Darstellungen von Gebäuden und Landschaften. Historiker beschreiben, wie er nachts heimlich in Leichenhallen einbrach und aufmerksam die Organe verstorbener Menschen im fahlen Kerzenschein untersuchte. Niemand, nicht einmal die berühmtesten Ärzte seiner Zeit, verfügten über so genaue anatomische Zeichnungen einer Herzklappe wie er. Die ausdauernde Beschäftigung mit Leichen in Kellergewölben mag etwas morbid anmuten (und aus heutiger Sicht würde man sich vielleicht bei Herrn da Vinci die Frage nach einem intakten Familienleben stellen), aber seine Fähigkeit, ganz in die Dinge einzutauchen und sie mit Disziplin, Ausdauer und Konzentration regelrecht zu durchdringen, machte ihn geistig außergewöhnlich erfolgreich. Seine Erkenntnisse haben die Kunst, die Architektur, die Botanik und die Medizin über Jahrhunderte grundlegend beeinflusst[139].

Eine falsch verstandene Kunst

Die Bedeutung der Konzentration wurde spätestens seit dem Zeitalter der Aufklärung als wichtige Voraussetzung für den (geistigen) Erfolg eines Menschen erkannt, auch wenn den Begriff damals noch niemand so gebrauchte. Sie galt sie als gottgegebener Charakterzug. Wer sie hatte, durfte sich als »nobel« bezeichnen. Wer dagegen unkonzentriert war, musste sich den Vorwurf gefallen lassen, faul, schwach und unmoralisch zu sein.

> *»Die beharrliche, konzentrierte Aufmerksamkeit*
> *ist das sicherste Merkmal eines bedeutenden Geistes,*
> *während Übereilung, Verwirrung und Unruhe die ewigen*
> *Symptome schwacher Charaktere sind.«*[140]
>
> Philip Dormer Stanhope (1694–1773)

Unkonzentrierten Menschen wurde sogar ein höherer Hang zur allgemeinen Kriminalität unterstellt[141]. In seinem Buch »Psychologie der Aufmerksamkeit« unterteilte der französische Schriftsteller und Philosoph Thédule Ribot die Konzentrationsfähigkeit von Menschen sogar nach Rasse und Geschlecht. »Kinder, Prostituierte und Südamerikaner« seien bekanntermaßen ihrem Wesen nach unkonzentriert[142]. Eine menschenverachtende Sichtweise – und darüber hinaus völlig falsch in der Sache. Gott sei es gedankt, hat sich dieser Wind im Laufe der letzten Jahrzehnte gedreht.

Heute wissen wir: Konzentration ist keine Eigenschaft und ebenso wenig ein konstantes Persönlichkeitsmerkmal. Sie ist ein vorübergehender geistiger Zustand, den prinzipiell jeder einnehmen kann, auch wenn sich Menschen hier natürlich unterschiedlich schwertun. Wir können Konzentration in uns entdecken, fördern und ausbauen. Und wir können, wie wir gleich sehen werden, die nötige Infrastruktur schaffen, damit das Licht strahlen kann. Konzentration unterliegt unserer Selbstregulation. Sie ist aktiv steuerbar und Teil unserer Top-down-Kontrolle. Die menschliche Rasse, Gott oder Südamerika haben nichts damit zu tun.

Konzentration ist trainierbar

Anders als die globale Intelligenz, die im Leben weitgehend konstant bleibt, können wir unsere Konzentrationsfähigkeit entwickeln, indem wir sie trainieren. In höherem Alter scheinen regelmäßige Aufmerksamkeitsübungen besonders nachhaltige Effekte zu haben, die in manchen Studien sogar teilweise noch zehn Jahre später nachweisbar waren[143]. In einer an der University of Alabama durchgeführten Studie bekamen 900 Senioren ein kombiniertes Training bestehend aus Gedächtnisübungen, schlussfolgerndem Denken und Arbeitsgeschwindigkeit. Das Training führte über eine prospektive Beobachtungszeit von sechs Jahren zu einer Reduktion der Fahrunfälle von über 50 % im Straßenverkehr im Vergleich zu einer Kontrollgruppe, die nur Gedächtnisübungen machen musste[144].

Auch in einem fünfwöchigen kognitiven Training mit 55 jüngeren und 45 älteren Personen in einer Untersuchung des Karolinska Institut in Stockholm konnten Wissenschaftler eine Steigerung der Konzentrationsfähigkeit ihrer Probanden belegen. Das Ergebnis bei den älteren Studienteilnehmern fiel zwar niedriger aus als bei den jüngeren, aber die Steigerung war auch bei ihnen hochsignifikant. Den Probanden beider Altersklassen gelang es im Verlauf der Studie, ihre Aufmerksamkeit länger aufrechtzuerhalten. Bei kontinuierlicher Steigerung des Schwierigkeitsgrads der Übungen im Laufe der fünf Wochen war der Effekt sogar noch größer. Auch drei Monate nach dem Studienende war die Verbesserung der Konzentration noch nachweisbar[145]. Beim Training von Konzentration verhält es sich also ähnlich wie bei einem Muskel: Das häufige Üben macht den Muskel größer und steigert seine Fähigkeiten.

Eine der besten Konzentrationsübungen ist das Lesen. Gemeint ist aber nicht das schnelle Überfliegen von News oder Schlagzeilen, denn hierbei handelt es sich lediglich um kurze Orientierungsreaktionen, die biochemisch zwar belohnen, aber keine nachhaltigen Denkprozesse in Gang setzen oder Gedächtnisspuren hinterlassen. Erst nach mehreren Minuten kontinuierlichen Lesens beginnt der Scheinwerfer, den Spot genau auszurichten. Ab diesem Zeitpunkt ist das Licht so gut eingestellt, dass wir von Konzentration sprechen können. Günstig ist also das Lesen von Büchern oder langen Zeitungsartikeln. Und auch nur, wenn Sie wirklich im Text versinken. Es kommt auf die Umschriebenheit des Lichtkegels an. Lesen wird dann zu konzentriertem Denken.

Eine andere Möglichkeit der Konzentrationssteigerung bieten Rätselaufgaben. Beim Knobeln werden Strukturen des Top-down-Systems aktiv, insbesondere Ihr Arbeitsgedächtnis. Auch hier trainieren Sie auf eine spielerische, aber höchst effektive Weise Ihre Konzentrationsfähigkeit. Das vertiefte Nachdenken benötigt besonders viel Licht, den Ihr Scheinwerfer bereitstellt. Anders als Medienkonsum, der geistig eher flach ist und wenig Aufmerksamkeitsressourcen benötigt.

Auch das Musizieren kann eine konzentrierte Tätigkeit sein, zumindest wenn Sie es ernsthaft betreiben. Musik zu machen hat natürlich ganz viele verschiedene Funktionen, die weit über den Kontext dieses Buches hinausgehen, aber ein Stück zu üben, die Fingerhaltung, den Rhythmus oder den dynamischen Ausdruck zu beachten, erfordert ein hohes Maß an konzentrierter Zuwendung.

Die gute Nachricht lautet, es gibt unzählige Möglichkeiten, die eigene Konzentration im Alltag zu üben. Die schlechte

Nachricht ist jedoch: Sie sollten bei einer Sache bleiben und den Spot gezielt ausrichten und den Lichtkegel eng halten.

Das Problem sind die Störungen

Konzentration ist, selbst bei regelmäßigem Training, etwas Vorübergehendes. Sie kann schnell nachlassen und muss immer wieder zurückerobert werden. Konzentration, die einmal abhandengekommen ist, lässt sich oft nur schwer wieder einfangen. Untersuchungen an Probanden haben gezeigt, dass es gerade den konzentrationsschwächeren Personen deutlich schwerer fällt, ihre Aufmerksamkeit wieder auf die ursprüngliche Aufgabe auszurichten, wenn sie zwischenzeitlich abgelenkt waren[146].

Einer meiner Studenten (offensichtlich ein Fußballer) meinte einmal: »Konzentration verhält sich im Grunde genommen wie ein Wanderpokal beim Fußball: Man muss hart um ihn kämpfen, um ihn zu gewinnen. Aber selbst dann bleibt er immer meistens nur vorübergehend. Denn auch andere wollen ihn und schnappen ihn in der nächsten Saison wieder weg, wenn man sich nicht erneut anstrengt.« Der Vergleich erschien mir damals ganz treffend. Denn Wanderpokale zu gewinnen ist schon schwer genug; sie aber in der nächsten Spielsaison erneut zu gewinnen, sodass man ihn noch ein Jahr länger behalten kann, ist mitunter noch schwerer. Nicht nur die eigene Stärke entscheidet hierüber, sondern auch die der gegnerischen Mannschaft.

Bei der Konzentration verhält es sich tatsächlich sehr ähnlich: Die Lichtbündelung, die wir beim Arbeiten am Schreibtisch oder bei einem guten Gespräch erreichen, hängt nicht nur von der Konzentrationsfähigkeit im engeren Sinne ab, sondern ganz maßgeblich auch vom Ausmaß des Störfeuers in unserer Umgebung. Bei vielen meiner Klienten, die sich bei mir wegen Stresssymptomen und Vergesslichkeit im Job vorstellen, ist die Fähigkeit, sich zu konzentrieren, gar nicht auffällig stark beeinträchtigt. Stattdessen ist ihre Reiz- und Ablenkungsdichte so hoch, dass kein Lichtstrahl durchdringt. Die Flut der Störungen hindert sie daran, ihre Aufmerksamkeit für eine Sache aufrechtzuerhalten.

Zwei Netzwerke für ein gemeinsames Ziel

Konzentration und das Ignorieren beziehungsweise Unterdrücken von Störungen sind unterschiedliche Prozesse im Gehirn. Sie werden von getrennten Netzwerken gesteuert und überwacht. Der Scheinwerfer, der den Lichtstrahl eng ausrichtet, bekommt dabei Unterstützung. Wir bleiben dabei in der Theatersprache und können es so formulieren: Oberhalb der Bühne gibt es einen Techniker, der die Umgebung abdunkelt. Das erhöht den Kontrast und die Lichtausbeute. Eine wirksame Störungskontrolle lässt uns also leichter Konzentration aufbringen. Der Techniker, der die Umgebung im Bedarfsfall abdunkelt, gehört auch zum Top-down-System und sitzt im Vorderlappen unseres Gehirns. Falls Sie gerne fotografieren, kennen Sie diesen Sachverhalt. Eine wirkungsvolle Beleuchtung ergibt sich im wechselseitigen Spiel zwischen Hell und Dunkel.

Bei beiden Funktionen (Konzentration und Störungsunterdrückung) handelt es sich um dynamische Prozesse, die in Abhängigkeit von der Übung, Motivation, Tagesform oder anderen Bedingungen schwanken. Wenn nur eine der beiden Funktionen abhandenkommt, geht die Konzentration verloren. Die Subsysteme agieren autonom und können unterschiedlich gut entwickelt sein: Es gibt Menschen, die sich gut auf ihre Arbeit konzentrieren können, aber bereits durch die kleinsten Störquellen leicht aus dem Konzept zu bringen sind. Andere wiederum sitzen mit geneigtem Kopf über ihrem Buch und kriegen nichts von ihrer Umwelt mit, sind aber trotzdem unkonzentriert und verstehen nichts von dem, was sie gerade lesen.

In jedem Fall verbrauchen beide Subsysteme viel Energie. Überwiegt beispielsweise der Energiebedarf für eine besonders anstrengende konzentrierte Tätigkeit, steht für die Unterdrückungen des Störfeuers nicht mehr genug Leistung zur Verfügung. Auch ein Top-down-System muss haushalten. In Studien hat man diesen Effekt immer wieder zeigen können: Je stärker sich Probanden auf Zahlenreihen konzentrieren mussten, desto weniger Kapazitäten blieben übrig, um konkurrierende Informationen zu unterdrücken[147]. Umgekehrt verhält es sich jedoch genauso: Wenn man alle Anstrengungen darauf legt, die Störungen um einen herum zu ignorieren, bleiben oft für die eigentliche Aufgabe kaum noch Kraftreserven übrig: Der Versuch, die streitenden Kinder im Homeoffice auszublenden, verschlechtert allein dadurch bereits Ihre Konzentrationsfähigkeit am Schreibtisch.

Die Leistung beider Subsysteme ist außerdem abhängig von unserer Motivation. Je stärker uns etwas in den Bann zieht, desto leichter fällt uns die Konzentration, und desto unempfindlicher sind wir gegenüber Störungen[148]. Bottom-up-Reize haben dann eine viel geringere Chance, Ihre Aufmerksamkeitszuwendung zu erhalten. Der Lichtkegel ist eng, der störende Rest verblasst im Dunkeln. Ein Beispiel: Wenn Sie in einer Bar sitzen und von vielen redenden Menschen umgeben sind, wird es Ihnen aller Voraussicht nach trotz der vielen Stimmen gelingen, sich auf ein interessantes Gespräch mit Ihrer Freundin zu konzentrieren. Sie richten also den Lichtstrahl auf sie, und Ihr Aufmerksamkeitssystem hebt die akustischen Signale ihrer Stimme gegenüber dem Grundrauschen an. Gleichzeitig unterdrückt es mit dem anderen Subsystem die umgebenden Geräusche so weit, dass diese nicht mehr stören. Sie können sich im Nachhinein nicht einmal mehr daran erinnern, was um Sie herum gesprochen wurde. Nur ganz besonders auffällige Störgeräusche brechen immer wieder durch. Ihr schreiendes Baby würde beispielsweise immer Ihre Aufmerksamkeit auf sich ziehen. Die Bottom-up-Information eines schreienden Kindes ist für einen Elternteil nämlich immer relevant, sodass sie immer »durchkommt«, auch in einer lauten Bar (falls Sie jemand sind, der sein Baby in ein solches Etablissement mitnimmt, ansonsten vergessen Sie das Beispiel).

Umgekehrt gibt es Situationen, in denen das Licht der Konzentration nur schwach glimmt. Ablenkungen werden störender, wenn die Motivation fehlt. Auch hier ein Beispiel: Sie müssen sich nach einem anstrengenden Arbeitstag im Büro die Mathematikhausaufgaben Ihres Kindes durchschauen. Der Stoff ist weder faszinierend, noch ist er Ihnen nach 25 Jahren Mathematikabstinenz geläufig. Im Hintergrund läuft der Fernseher, und der unsensible Nachbar bohrt um 19:30 Uhr noch Löcher in die Wand. Konzentration aufzubringen ist praktisch unmöglich.

Die Fähigkeiten verändern und verschieben sich übrigens im Laufe des Lebens etwas: Ältere Menschen beklagen meist, dass sie sich nicht mehr konzentrieren können. Zwar lässt die Fähigkeit im Verlauf des Lebens im Durchschnitt tatsächlich nach; die Verluste sind aber nicht zwangsläufig stark ausgeprägt[149]. Stattdessen wird es für viele Betroffene zunehmend schwieriger, irrelevante Informationen auszublenden[150]. Im Alter werden wir also nicht zwangsläufig unkonzentrierter, sondern störanfälliger.

Sie werden sich an dieser Stelle möglicherweise folgende Frage stellen: Wenn mein Aufmerksamkeitssystem über diese zwei unterschiedlichen Fähigkeiten verfügt, kann ich dann das eine Subsystem durch das andere ausgleichen? Kann ich also meine Konzentrationsfähigkeit dadurch steigern, dass ich lerne, Störreize besser auszublenden? Fragen wir hierzu zunächst Loriot.

Die »Kalbshaxe Florida«

Ein Mann sitzt in einem Restaurant und bekommt seine Mahlzeit serviert. Aber so sehr er sich auch bemüht, er kommt partout nicht in den Genuss seiner »Kalbshaxe Florida«, da er permanent durch Banalitäten um sich herum unterbrochen wird. Ständig fragt ihn jemand, ob es ihm schmeckt, dann soll er einem Mann am Nachbartisch die Zeitung reichen oder einer Blumenfrau Moosröschen abkaufen. Schließlich beschwert er sich lautstark über die ständigen Ablenkungen durch die anderen Gäste im Restaurant und poltert: »Ich möchte hier einfach in Ruhe essen!« Der Tipp, den der Ober für ihn bereithält, ist so einfach auszusprechen, wie er schwer umzusetzen ist: »Mein Herr, Sie müssen sich ganz einfach dazu zwingen.«

Der Sketch stammt von Vicco von Bülow alias Loriot – aus einer Zeit, als es Facebook und andere digitale Störenfriede noch nicht gab. Dennoch fiel es augenscheinlich auch schon in den analogen 1970er-Jahren schwer, sich auf eine Sache zu konzentrieren, wenn die Ablenkungen überhandnahmen. Gedankliche oder emotionale Unterdrückungsversuche sind in der Tat anstrengend und gelingen selten. Möchten Sie es einmal versuchen?

Aufmerksamkeitstest

Gedankenunterdrückung

Versuchen Sie einmal, NICHT an einen Ballett tanzenden Psychiater im rosa Tutu zu denken … Zu spät: Genau der hat sich jetzt in Ihr Bewusstsein geschlichen und wird dort vermutlich eine Weile präsent bleiben. Bitte verzeihen Sie, falls dieses verstörende Bild hängen bleiben sollte. Aber der Test war an dieser Stelle einfach wichtig.

Optimalen Kontrast schaffen

Die Konzentration dadurch zu erhöhen, dass wir die Energie steigern, störende Reize zu unterdrücken, gelingt also nur bedingt bis gar nicht. Stattdessen wäre es ratsamer, die Störungen an sich zu reduzieren.

Im Alltag nutzen wir unbewusst oft verschiedene Tricks, um den Beleuchtungskontrast zu erhöhen: So wenden Kinder beispielsweise häufig den Blick ab, wenn sie versuchen, sich an etwas zu erinnern. Das daraus resultierende »In-eine-Ecke-Schielen« mag etwas unbeholfen aussehen, geschieht aber nicht grundlos, denn die Minimierung ablenkender Außenreize hilft beim konzentrierten Nachdenken[151].

Lehrer und Eltern sollten ihren Schülern und Kindern solche »Kontrasthilfen« nicht nehmen. Kinder nutzen sie nämlich häufig ganz instinktiv. Ich erinnere mich an die Ermahnungen meines Grundschullehrers, wenn er mich etwas fragte und ich auf der Suche nach der Antwort oft gedankenversunken in die Ferne schaute: »Schau nicht in die Ecke, da steht es nicht!« Rückblickend war dies ein zweifelhafter Ratschlag. Denn der abgewandte Blick eines Kindes ist nicht zwangsläufig ein Träumen und zeugt auch nicht von einem Mangel an Konzentration, sondern ist ein zweckdienlicher Mechanismus des Gehirns, diese zu verbessern.

Dass sich unsere Konzentration im Kontrast zu einer geringen Störungsdichte verbessert, ist in vielen Studien immer wieder nachgewiesen worden. In einem Experiment an der University of California beispielsweise wurden Probanden gebeten, sich farbige Punkte einzuprägen, die ihnen auf einem Bildschirm präsentiert wurden. Dies gelang ihnen deutlich schlechter, wenn sie gleichzeitig auf dem Bildschirm durch Störsignale abgelenkt wurden. Dagegen verbesserte sich ihre Konzentration auf die farbigen Punkte, wenn die Ablenkungen von vornherein minimiert wurden[152].

Der Eliminierung (oder zumindest Minimierung) von Störfaktoren kommt daher eine große Bedeutung zu, wenn wir unsere Aufmerksamkeit bündeln möchten, beispielsweise in Großraumbüros mit hohem Publikumsverkehr, oder in Räumen mit schlecht dichtenden Fenstern mit lautem Verkehrslärm. Manchmal sind es auch schlecht organisierte Arbeitsabläufe, die störend sind: wiederholte Meetings, Anrufe von Kunden, Kollegen, die ins Büro stürmen, oder eine Flut von E-Mails.

Wer sich besser fokussieren möchte, sollte also in jedem Fall das Störfeuer um sich herum löschen (oder am besten gar nicht erst auflodern lassen). Denn es nützt der Konzentration wenig, wenn sie zwar prinzipiell abrufbar wäre, aber ständig neu erkämpft werden muss, weil sie eine »reizvolle« Umwelt permanent absorbiert.

Quicktipp

Digitale Entstörungshilfen

Mittlerweile gibt es verschiedene Apps, die einem dabei helfen können, Konzentration aufrechtzuerhalten. Das Ironische dabei ist, dass Sie Ihr Handy dafür brauchen. Die Programme nutzen dafür unterschiedliche Wege. Manche Apps schalten einzelne Funktionen oder gleich das ganze Handy stumm. Andere wiederum belohnen die »Nichtnutzung« des Handys oder sanktionieren eine »Zuvielnutzung«. Einige der aus meiner Sicht geeigneten Apps habe ich für Sie auf meiner Internetseite und meinem Blog »Buschtrommel« zusammengestellt[153].

Vielleicht tut es auch eine einfache Papierschachtel. Einer Idee der *Digital Wellbeing Initiative* von Google[154] zufolge soll man Störungen am Schreibtisch dadurch reduzieren, dass man sein Smartphone in einen selbst zu bastelnden Briefumschlag steckt. Fortan sind nur noch Anrufe und die rudimentäre Nutzung der Fotokamera möglich. Für alles andere müssen Sie den recht umständlich verschlossenen Umschlag

ebenso umständlich wieder öffnen. Die zeitliche Verzögerung schafft Raum zum Nachdenken: Muss ich jetzt wirklich mein Handy nutzen? Ob Menschen ein ultrateures Smartphone in Edeloptik bereitwillig in einem grauen Briefumschlag mit sich herumtragen, ist allerdings fraglich. Aber einen Versuch ist es wert. Probieren Sie es aus.

Die schlimmsten Störenfriede

Für die Störbarkeit eines Reizes macht es übrigens einen großen Unterschied, ob der Reiz einfach nur da ist, ohne dass er eine weitere emotionale Bedeutung für Sie hat, oder ob er persönlich an Sie gerichtet ist.

Das Rauschen des Windes in den Blättern der Bäume vor Ihrem Fenster ist beispielsweise völlig neutral. Sie nehmen die Bewegungen und Geräusche optisch und akustisch zwar möglicherweise zunächst wahr, aber die Informationen werden von Ihrem Gehirn nach kurzer Zeit durch Ihren Thalamus im Zwischenhirn weitgehend aus dem Datenstrom herausgefiltert. Sie hören den Wind irgendwann nicht mehr. Auch eine stark befahrene Straße vor dem Haus stört uns in der Regel nur in den ersten Monaten nach dem Wohnungseinzug. Vielmehr gewöhnen wir uns im Laufe der Zeit an die vorbeifahrenden Autos. Den Vorgang nennt man »Habituation«. Wenn ein bestimmter Reiz unverändert wiederholt wird, dann adaptieren die Nervenzellen auf diesen Reiz; ihre Reaktionsbereitschaft nimmt ab. Die Aufmerksamkeit wird also nicht mehr durch den Reiz gebunden. Erst wenn wieder ein neuer Reiz von den Sinnesorganen wahrgenommen und vom Bottom-up-System transportiert wird, werden die neuronalen Antworten wieder stärker, und wir richten unsere Aufmerksamkeit auf ihn.

Diesen Umstand machen sich bestimmte technischen Apparaturen zunutze, indem sie gezielt gleichförmige Hintergrundgeräusche schaffen, die alle anderen Signalquellen überlagern. Wenn Sie über einen Kopfhörer »White Noise« hören, schalten Sie andere Geräusche in der Umgebung aus. Was Sie nicht mehr hören können, kann natürlich auch nicht mehr stören. Und an das Rauschen selbst gewöhnt man sich – so besagt es zumindest die Theorie. Ich habe das mal mit einer Gruppe von Personen in einem Büro ausprobiert. Die meisten mochten die gleichförmigen Geräuschteppiche über längere Zeit nicht. Bei Menschen mit Aufmerksamkeitsstörungen konnte »White Noise« jedoch Studien zufolge die Konzentration tatsächlich steigern[155].

Alle Bottom-up-Reize, die einen starken Aufforderungscharakter besitzen, lösen demgegenüber eine besonders starke Orientierungsreaktion in unserem Gehirn aus. Das Handy könnte man als Inbegriff einer personalisierten Aufforderung zur Hinwendung bezeichnen, denn alles, was es meldet, ist ja für Sie bestimmt. Daher kostet die Impulskontrolle, das Handy während einer konzentrierten Aufgabe nicht zu nutzen, auch deutlich mehr Kraft als das Überhören des Verkehrslärms vor dem Fenster.

Noch relevanter werden Störreize, wenn sie emotional relevant sind. Sie schwenken den Scheinwerfer quasi wie von selbst um und drängen ins Licht. Einmal entdeckt, kann man sie kaum mehr ignorieren oder verdrängen. Wenn Sie den lautstark telefonierenden Tischnachbarn im Großraumbüro akustisch einmal wahrgenommen haben, und Sie ärgern sich über seine Unverschämtheit, gelingt das Ausblenden nicht mehr.

Reize mit »Appellcharakter« sollten Sie daher im Vorfeld unbedingt reduzieren. Sie verführen am stärksten. Es ist wie bei einer Diät: Je weniger verfügbar eine attraktive Verlockung ist, desto eher können wir ihr widerstehen. Wer abends weniger naschen möchte, darf in seiner Küche keine Chips oder Schokolade stehen haben. Denn der Erfolg einer Diät ist nicht nur von der disziplinierten Kraft abhängig, seinen Konsum zu kontrollieren, sondern auch von der klugen Strategie, es sich nicht immer so schwer zu machen. Bei möglichen Ablenkungen gilt das Gleiche wie bei Naschereien: aus dem Auge, aus dem Sinn.

Musik nur, wenn sie laut ist?

Ein Klient aus meiner Beratung, beruflich Uhrenmacher mit eigenem Geschäft, erzählte mir einmal, dass er seinen Mitarbeitern das Radiohören hätte verbieten müssen. Sie seien bei ihrer filigranen Arbeit durch diese Störquelle häufig so abgelenkt gewesen, dass ihnen viele Fehler unterlaufen seien.

Wie reagieren Sie selbst auf Musik beim Lernen oder Arbeiten? Die Meinungen und Erfahrungen meiner Studenten oder Klienten gehen hier weit auseinander. Während die einen leise und angenehme Hintergrundmusik als konzentrationsfördernd erleben, brauchen andere wiederum absolute Stille, um sich fokussieren zu können. Die Wissenschaft kommt hier zu differenzierten Ergebnissen: Ob uns Musik ablenkt oder weniger stört und gegebenenfalls sogar fördert, hängt von einer Reihe von Faktoren ab.

Zusammenfassend zeigen die meisten der bislang publizierten Studien, dass die »kognitive Last« prinzipiell ansteigt, wenn man bei der Ausübung einer Tätigkeit zusätzlich Musik hört. Daher schneiden Probanden bei Gedächtnis- und anderen Leistungstests in den meisten Experimenten bei Begleitmusik vergleichsweise schlechter ab als bei Stille[156]. Die Leistungseinbußen halten sich aber in Grenzen, solange die Musik leise, subjektiv angenehm und wenig überraschend ist[157]. Etwas anders verhält es sich bei älteren Menschen: Bei ihnen steigt der Performanzverlust bei einer geistigen Aufgabe mit Musikbegleitung jedweder Art deutlich an[158]. Der Befund deckt sich mit den weiter oben beschriebenen Beobachtungen, dass ältere Menschen hinsichtlich äußerer Reizquellen generell störanfälliger sind.

Außerdem gilt: Je vokaler die Musik, desto höher ist ihr Störungspotenzial. Denn bei Gesang, erst recht in der eigenen Sprache, hören wir besonders hin. Sprache ist ein starker Bottom-up-Reiz und zerrt sehr stark am Aufmerksamkeitsscheinwerfer. Radiosendungen mit Nachrichten, Werbung und Verkehrsdiensten können daher schlechter ausgeblendet werden als klassische Musik. Das laufende Radioprogramm hat den stärksten »Appellcharakter« auf uns. Man will uns über etwas aufklären, möchte uns vor einem Geisterfahrer warnen oder versucht, uns ein Produkt zu verkaufen. Unsere Reaktion ist explizit erwünscht, anders als beim Wind in den Bäumen, dem wir – mit Verlaub – völlig egal sind.

Ablenkende Impulse kontrollieren

Erinnern Sie sich, dass ich Ihnen zu Beginn unserer Reise davon erzählte, dass uns unser Gehirn biochemisch für Informationen ähnlich belohnt wie für Essen und Sex? Fast immer geht es bei den Unterbrechungen im Alltag um ähnliche emotionale Bedürfnisse, die wir befriedigen[159]. Und die nehmen recht schnell zu: Eine Studie, bei der Probanden einen ganzen Tag lang an ihrem Computer bei verschiedenen Aufgaben beobachtet wurden, hat deren wachsende »Lust« auf ablenkende Impulse nachweisen können: Die Probanden sollten einfache Textarbeiten ausführen. Ihre Lust auf Neues und die damit verbundene »Aufregung« (gemessen in Form der Schweißsekretion) nahmen dabei immer mehr zu. Bereits nach durchschnittlich 19 Sekunden war der innere Druck so groß, dass die meisten Probanden sich Störreizen bereitwillig zuwandten, wenn sie sie angeboten bekamen[160]. Genau das Gleiche beobachten wir auch am Arbeitsplatz: Etwa 70 % der Angestellten öffnen einer aktuellen Untersuchung zufolge E-Mails bereits innerhalb von zehn Sekunden nach ihrem Eintreffen. Die sofortige und impulsive Zuwendung zum Posteingang erfolgt im Schnitt elfmal pro Stunde. Die Anzahl nimmt alle fünf Jahre um ca. 20–30 % zu[161]. Die Gewöhnung an diesen Dopaminkick kann süchtig machen und dazu führen, dass wir uns an dieses Verhalten gewöhnen und es immer weiter steigern[162].

Damit wir unsere Ziele dennoch erreichen und uns nicht von irrelevanten Dingen stören und verleiten lassen, haben wir die Möglichkeit der Impulskontrolle entwickelt. Sie gehört zum Subsystem der Prozess- und Handlungskontrolle und ist damit wesentlicher Teil des Top-down-Systems. Eine entscheidende Hirnwindung ist der Gyrus frontalis superior. Von diesem Teil des Vorderlappens gehen Signale aus, die ein bestimmtes Verhalten fördern oder bremsen. Fällt dieser durch bestimmte Erkrankungen oder Schädigungen aus, gelingt die Impulskontrolle schlechter[163].

Trotz dieser mächtigen Kontrollinstanzen des Top-down-Systems sind Impulse des Bottom-up-Systems oftmals stärker und setzen sich durch – zumal, wenn wir nicht aufpassen oder wenn wir, wie wir vorhin gesehen haben, ungeduldig sind. Dann besteht die Gefahr, dass wir unsere Ziele nicht erreichen. Wir wollen für eine Prüfung lernen, lenken uns aber ständig mit unwichtigen Kleinigkeiten selbst ab. Wir wollen eine Diät machen, naschen aber unentwegt. Die bestandene Prüfung oder die Wunschfigur bewerten wir durchaus als attraktiv, aber die Lust auf eine Belohnung jetzt sofort ist (leider) oftmals stärker.

Ich erinnere mich an einen starken Raucher, der wegen seiner Sucht in meiner Beratung war. Er litt unter den Folgen von Kurzatmigkeit und starken Kopfschmerzen bei hartnäckigem Husten. Er wünschte sich, von den Zigaretten loszukommen, und wusste, dass sich seine Lunge durch den Verzicht auf Nikotin in ein paar Jahren auch teilweise wieder erholen würde. Wir unterhielten uns im Erstgespräch recht lange miteinander, denn er war sehr interessiert und wissbegierig; man spürte seinen

Wunsch, mit dem Rauchen aufzuhören. Unmittelbar nach dem Gespräch sah ich ihn jedoch im Foyer unserer Klinik rauchen. Sein Wunsch aufzuhören unterlag im Kampf mit der Lust auf eine Zigarette. Der Grund für diesen Widerspruch: Die Zigarette im jetzigen Moment fühlte sich einfach besser an als die Vorstellung einer unbelasteten Lunge in mehreren Jahren.

Praktisch alle Entscheidungen, die wir treffen, enthalten eine Abwägung zwischen Gegenwart und Zukunft: Möchte ich die Arbeit am Computer heute noch fertigstellen, oder mache ich den Rest morgen? Will ich mir jetzt diese Hose kaufen, oder leiste ich sie mir besser nächsten Monat, wenn ich mein Gehalt überwiesen bekomme? Möchte ich gleich joggen gehen, oder verschiebe ich es auf das Wochenende, wenn das Wetter schöner ist? Menschen entscheiden solche Fragen, indem sie den zukünftigen und den gegenwärtigen Nutzen bewerten und miteinander vergleichen: Was bringt mir das Verhalten jetzt unmittelbar? Was bringt mir das Verhalten in naher Zukunft? In aller Regel ist es nun so, dass wir den Gewinn durch ein entsprechendes Verhalten in der Gegenwart höherwertiger beurteilen als seine Folgen in der Zukunft. Wir bevorzugen im Zweifelsfall immer das »Sofort«. Lieber ein Stück Kuchen jetzt als zwei davon nächste Woche, denn wer weiß schon, was bis dahin passiert. Ökonomisch wäre letztere Option zwar sinnvoller (falls der Kuchen bis dahin nicht schimmelt), aber unser Gehirn belohnt stärker, was zeitlich näher liegt. In Zeiten unserer Vorfahren, als es noch keine Kühlschränke gab, war es vorteilhaft, das »Jetzt« zu bevorzugen.

Dieser Umstand erklärt eine Menge Verhaltensweisen, die wir im Alltag an uns selbst beobachten: Wir wünschen uns mehr Geld für eine teure Anschaffung und planen, monatlich etwas auf die Seite zu legen. Plötzlich lockt beim Einkaufsbummel die schicke Lederjacke (und nur heute noch gibt es 20 % Rabatt!) und macht unsere Sparpläne zunichte. Wir wünschen uns eine schlanke Figur und planen, die täglichen Kohlenhydrate zu reduzieren und dreimal in der Woche laufen zu gehen. Abends verführt uns die Tüte Chips beim Fernsehschauen, die in Sichtweite auf dem Couchtisch liegt – und wirft unsere Diätpläne über den Haufen. Alle diese Beispiele funktionieren nach dem gleichen Schema: Wir wünschen uns etwas für die Zukunft, aber schaffen es nicht, unser Verhalten in der Gegenwart zu steuern. Denn die Aussicht auf die sofortige Belohnung ist höher als die Aussicht, in der Zukunft ein attraktives Ziel zu erreichen.

> *»Da mihi castitatem et continentiam – sed noli modo«*
> *(»Herr, gib mir Keuschheit und Enthaltsamkeit –*
> *nur nicht heute«)*
>
> Augustinus von Hippo (354–430 n. Chr.)

Das Dilemma einer leichten Verführbarkeit im »Jetzt«, trotz eines erstrebten Ziels »in ferner Zukunft«, ist so alt wie der Mensch selbst. Und sogar der Klerus hatte mit dieser inneren Zerrissenheit oftmals seine Schwierigkeiten: Obwohl der heilige Augustinus an ein Leben in Enthaltsamkeit glaubte, um später himmlisch erlöst zu werden, schaffte er es im irdischen Alltag nicht, sich daran zu halten. Er lebte 15 Jahre in wilder Ehe mit einer Konkubine, die er aufgrund des geringen Standes seiner Geliebten geheim hielt[164]. Ob ihm der Aufstieg in den Himmel dennoch geglückt ist, konnte ich nicht zweifelsfrei recherchieren.

Kehren wir an den Schreibtisch beziehungsweise zur täglichen Arbeit zurück: Das Schreiben eines Berichts braucht noch Stunden, wenn nicht gar Tage. Die Belohnung, ihn fertigzustellen, erscheint weit weg. Wir »fühlen« sie nicht. Sich aber jetzt sofort mit einem Spielfilm ablenken zu lassen oder stundenlang in sozialen Netzwerken zu chatten, belohnt uns erfahrungsgemäß sofort. Gerade bei zähen und langwierigen Dingen lassen wir uns daher gerne stören. Manchmal suchen wir geradezu die Unterbrechung. Dadurch entsteht ganz unmittelbar ein Glücksgefühl. Aber das eigentliche Ziel rückt in weite Ferne.

Die Kunst liegt darin, sich die Konsequenzen des eigenen Verhaltens klarzumachen: Erst wenn ich mir vorstelle, wie schön es sich anfühlt, nach Erreichen des Wunschgewichts die Lieblingsklamotten anziehen zu können, gehe ich konsequent ins Fitnessstudio. Sobald ich mir vorstelle, was es heißt, im Alter kein Geld zu haben, kümmere ich mich engagiert um meine Altersvorsorge. Und wenn ich es schaffe, mir bei anstrengenden Arbeiten den Lohn der Fertigstellung vor Augen zu führen, bringe ich die Disziplin auf, nicht jedem Impuls der Ablenkung zu erliegen. Eine wirkungsvolle Maßnahme ist es also, sich an seine Ziele zu erinnern und sie sich so konkret wie irgend möglich klarzumachen. Das verschafft der Top-down-Kontrolle einen Vorteil. Die Folge ist, dass wir uns besser disziplinieren können und nicht durch jede Störung ablenken lassen.

Quicktipp

Entgehen Sie der Impulsfalle

Solange Sie über einen Gyrus frontalis superior verfügen (ich gehe hier in anmaßender Weise davon aus), können Sie ihn einsetzen: Wenn Sie eine aufkommende Ungeduld oder Unruhe spüren, fragen sie sich: Welcher Impuls drängt sich gerade auf? Gehen Sie dann innerlich einen kleinen Schritt zurück, und denken Sie kurz nach: Muss das jetzt sein? Rückt die sofortige und impulsive Bedürfnisbefriedigung mein eigentliches Ziel vielleicht in weite Ferne? Machen Sie sich Ihr eigentliches Ziel klar und vergegenwärtigen Sie sich, was jetzt gerade wichtig ist. Was brauche ich, um dieses Ziel zu erreichen – und was nicht? Eine kurze Reflexion schafft zeitliche Distanz und bewahrt Sie vor der Impulsfalle. Denken Sie immer daran: Sie sind keine Maus, sondern haben die Fähigkeit der kognitiven Steuerung mit auf den Weg bekommen. Setzen Sie sie ein, und trainieren Sie sie.

Meine Empfehlung: Ihre Tiefe Stunde der Konzentration

Ich habe Ihnen in diesem Kapitel aufgezeigt, wie leistungsfähig wir bei voller Konzentration sein können. Die konzentrierte Aufmerksamkeit erhöht die geistige Leistung in verschiedenen Teilbereichen. Der Grund dafür ist unter anderem die bessere Netzwerkkommunikation in unserem Gehirn. Der reizdurchflutete Alltag voller Ablenkungen und die eigene ungeduldige Haltung hindern uns daran, den Lichtstrahl länger auf etwas zu bündeln. Multitasking beziehungsweise Task-Switching sind keine Lösung, da sie unsere Leistung verschlechtern und Stress und Unzufriedenheit produzieren.

Daher ist es an der Zeit, sich die konzentrierte Aufmerksamkeit zurückzuerobern. Wie wir besprachen, ist Konzentration als Dauerzustand weder möglich noch erstrebenswert. Aber punktuell eingesetzt, können Sie die Kraft eines fokussierten Lichtstrahls für sich nutzen. Und je regelmäßiger Sie dies im Alltag anwenden, desto besser lernen Sie die Konzentration in Situationen abzurufen, in denen Sie sie benötigen.

Schenken Sie sich Konzentration

Beginnen Sie damit, dass Sie sich eine Stunde des Tages nehmen, in der Sie etwas tun, was Ihnen ganz besonders wichtig ist. Konzentrieren Sie sich voll auf diese Sache und schenken Sie ihr volles Scheinwerferlicht. Das kann die Korrektur einer Klassenarbeit sein, das Lesen der Tageszeitung am Wochenende oder ein Hörbuch. Falls eine ganze Stunde Sie überfordert, beginnen Sie zunächst mit 30 oder 45 Minuten. Hauptsache ist, Sie versinken in der Angelegenheit. Die Synchronisierung zum Teil weit entfernter Netzwerke wird die Leistung Ihres Gehirns in verschiedenen Bereichen steigern, wenn Sie aufmerksam bei einer Sache bleiben. Sie werden sehen: Ihr logisches Denken, Ihre Merkfähigkeit und Ihr allgemeines Verständnis verbessern sich in dieser Phase. Die Unterstützung Ihres Top-down-Systems durch eine Tiefe Stunde ist ebenfalls ein völlig natürliches Hirndoping. So viel Fischöl könnten Sie alternativ gar nicht zu sich nehmen.

Sie werden sich fragen, warum nur eine Stunde und nicht länger? Ich habe die Erfahrung gemacht, dass Kompromisse zwischen dem, was optimal wäre, und dem, was realistisch ist, am wahrscheinlichsten zum Erfolg führen. Den ganzen Vormittag abgeschottet von seiner Umwelt in seiner Arbeit zu versinken, ohne für Kollegen ansprechbar zu sein oder Kunden zurückzurufen, würde für die meisten vermutlich bedeuten, eine emotionale Schneise der Zerstörung zu schlagen. Wissenschaft und Alltag treffen sich am besten immer in der Mitte. Einzelne Tiefe Stunden sind ein solcher Kompromiss; sie sind in den meisten Fällen gestaltbar. Die Welt geht nicht unter, wenn wir uns in dieser Phase abkapseln und uns auf uns selbst besinnen. Eine einzelne Tiefe Stunde, die Sie regelmäßig einhalten, ist mehr wert als ein vorgenommener Tiefer Tag, den man sich wohl nie freihalten wird.

Erledigen Sie in der Tiefen Stunde keine oberflächlichen Aufgaben, für die Sie gar kein besonderes Maß an Konzentration benötigen. Beobachtungen zeigen, dass wir zu etwa 50–75 % des Tages recht banale Dinge abarbeiten, die kaum geistige Kapazitäten beanspruchen und nur wenig konzentrierte Aufmerksamkeit benötigen. Der E-Mail-Verkehr gehört hierzu. Er macht etwa ein Drittel der täglichen Arbeitszeit aus. Gerade einmal 25 % der übrigen Tätigkeiten am Arbeitsplatz sind komplizierter und erfordern ein hohes Maß an Konzentration. Genau jene Dinge gehören in die Tiefe Stunde. Nutzen Sie sie also nicht, um Akten zu beschriften oder Dokumente zu sortieren. Auch für das Lesen und Beantworten elektronischer Post ist die Stunde eigentlich zu schade. Machen Sie in der Tiefen Stunde stattdessen das, was an Ihrem Tag am wichtigsten ist, eine Sache, die fehlerfrei ausgeführt werden sollte. Die Tiefe Stunde ist für Sie das Wichtigste und Kostbarste an Ihrem Tag.

Optimal wäre übrigens eine Stunde am (späteren) Vormittag, da dies unserem Biorhythmus am ehesten entspricht. Unser Gehirn unterliegt nämlich, wie andere Organe und Funktionssysteme unseres Organismus auch, tageszeitlich bedingten Schwankungen der Leistungsfähigkeit. Untersuchungen haben gezeigt, dass unsere Konzentrationsfähigkeit in den frühen Morgenstunden nicht besonders ausgeprägt ist, sondern einige Zeit zum »Anlaufen« braucht. Am späteren Vormittag liegt sie am höchsten. Nach einem schweren Mittagessen sinkt sie ab und fällt zum späten Nachmittag ab. Abends stellt sich noch einmal ein »Hoch« ein[165]. Nicht immer wird man es schaffen, zu der gleichen (optimalen) Tageszeit die Tiefe Stunde einzurichten. Aber wenn es der Alltag erlaubt, kann die Berücksichtigung des Biorhythmus den Effekt verstärken.

In den Fällen, in denen ich diese und ähnliche Maßnahmen in Unternehmen oder Familien begleiten und umsetzen durfte, habe ich immer wieder die gleichen Dinge beobachten können: Anfangs kommt es zunächst zu einer mehr oder weniger starken Gegenwehr – aber nicht durch Führungskräfte, Kinder oder den Partner, die einem die Tiefe Stunde nicht erlauben. Der größte Feind ist man fast immer selbst. Wir sind es heute schlichtweg nicht mehr gewohnt, uns für eine bestimmte Zeit in eine Aufgabe zu vertiefen. Recht schnell wächst das Gefühl, für anderes keine Zeit mehr zu haben oder bereits viel zu spät mit allem dran zu sein. Das ist der Moment, in dem man impulsiv für eine zweite oder dritte Aufgabe in den Parallelmodus verfällt. Widerstehen Sie deshalb den ablenkenden Impulsen Ihres Bottom-up-Systems. Schenken Sie der Aufgabe, die Sie sich für die Tiefe Stunde ausgesucht haben, unbedingt Exklusivität. Bleiben

Sie bei einer Sache, und vermeiden Sie in dieser Zeit Multitasking. Wie wir gesehen haben, handelt es sich in den meisten Fällen einer vermeintlichen Gleichzeitigkeit ohnehin um eine Illusion. Schonen Sie Ihre Frontopolarregion, die bei häufigem Umschalten erschöpfen kann.

Falls während der Tiefen Stunde Ungeduld zu Ihrem Problem wird, kontrollieren Sie Ihre Impulse, indem Sie sich daran erinnern, was Sie erledigen und erreichen wollen. Denken Sie daran: Meist reagieren wir auf das Unwichtige. Eine »vielleicht« interessante Ablenkung übt magische Anziehungskraft aus und belohnt uns kurzfristig mit etwas Dopamin. Aber es hält uns meist von Wichtigerem ab. Springen Sie nicht über jedes Hölzchen, das man Ihnen hinhält. Machen Sie sich das Ziel klar, und lenken Sie den Lichtstrahl der Konzentration wieder auf die Sache. Aufmerksamkeit, die wir teilen, halbiert sich. Aufmerksamkeit, die wir konzentrieren und bündeln, erhöht dagegen die Leistungsfähigkeit unseres Gehirns – mit der Folge, dass wir in den meisten Dingen besser werden.

Planen Sie Ihre Tiefe Stunde am besten ganz bewusst, und integrieren Sie sie als festen Bestandteil in Ihren Alltag – und zwar unabhängig davon, wie voll Ihr Tag ist. Die Tiefe Stunde sollte nicht zufällig begonnen werden, weil gerade ein Termin ausgefallen ist oder sich aus anderen Gründen gerade ein Zeitfenster geöffnet hat. Für etwas Aufmerksamkeit sollte immer ein fester Platz im Kalender sein. Nur wenn Sie die Stunde regelmäßig einhalten, bewirken Sie Änderungen auf der Verhaltensebene gegen die gewohnte Hektik des Hin-und-her-Schaltens. Irgendwann wird die Tiefe Stunde zum festen Bestandteil Ihres Tages. Unser Gehirn liebt Verlässlichkeit und Wiederholung.

Ich selbst nutze die Tiefe Stunde nahezu jeden Tag, von seltenen Ausnahmen abgesehen. Bei mir liegt sie zumeist zwischen 11 und 12 Uhr. Bei der Uhrzeit muss ich allerdings etwas flexibel bleiben. Das Wichtigste am jeweiligen Tag bekommt in dieser Stunde meine ganze Zuwendung: die Planung einer Studie, die

Korrektur einer Dissertation, das Erstellen eines Vortrages. Die geistig weniger anspruchsvollen, administrativen Tätigkeiten wie das Diktieren von Arztbriefen, das Beantworten von E-Mails und Presseanfragen, Buchungen oder Reisen und organisatorische Telefon- und Videokonferenzen lege ich dagegen auf den Nachmittag. Ich freue mich täglich auf meine Tiefe Stunde. Sie ist meine Eigenzeit, in der ich mich darauf verlassen kann, eine Lösung für ein Problem zu finden, einen komplizierten Sachverhalt zu durchdenken oder eine wichtige Arbeit abzuschließen. Die Sicherheit, trotz eines übervollen Morgens später Zeit für das zu haben, was mir wichtig ist, beruhigt mich und reduziert meinen Stress.

Einen Ratschlag möchte ich Ihnen dabei noch geben: Kasteien Sie sich nicht! Der Lichtstrahl der Konzentration lässt sie sich nicht immer wie ein solcher einfach an- und ausknipsen. Sollten Sie während einer Tiefen Stunde also trotz aller Bemühungen nicht zur geistigen Ruhe finden, quälen Sie sich nicht. Das macht es selten besser. Beenden Sie die Tiefe Stunde und setzen Sie später oder am Folgetag noch einmal an. Nichtsdestotrotz gilt wie bei so vielen anderen Dingen im Leben auch hier: Mit regelmäßigen Wiederholungen und etwas Übung wird es Ihnen zunehmend besser gelingen. Sie werden die wunderbare Kraft der Tiefen Stunde schätzen lernen und nicht mehr missen wollen. Ich kenne aus dem Stehgreif niemanden, der seine Tiefen Stunden wieder aufgeben wollte, wenn er es einmal geschafft hat, sie in seinen Alltag zu integrieren und die Kraft der gebündelten Aufmerksamkeit für sich zu nutzen.

> *»Es sind diejenigen, die sich jeweils nur auf eine Sache konzentrieren, die in dieser Welt vorankommen.«*
>
> Augustine Mandino (1923–1996)

Reduzieren Sie das Störfeuer

Wie wir gesehen haben, ergibt sich ein hohes Maß an Aufmerksamkeit nicht selbstverständlich im Licht der Konzentration. Sobald Störquellen in Ihrer Umgebung überhandnehmen, reicht die Kraft nicht mehr aus. Denken Sie an Loriots Versuch, seine »Kalbshaxe Florida« zu genießen. Schaffen Sie also wie beim Fotografieren einen hohen Kontrast zwischen Ihrer Konzentration (Licht) und einer nicht ablenkenden Außenwelt (Dunkel). Suchen Sie einen ruhigen Raum, tragen Sie Kopfhörer oder schließen Sie das Fenster, wenn es draußen zu laut ist. Je älter Sie werden, desto wichtiger werden diese Hilfsmaßnahmen, damit Sie sich wirklich konzentrieren, lernen oder fehlerfrei arbeiten können.

Schirmen Sie Ihre Tiefe Stunde gegen jedwede Ablenkung nach außen ab und lassen sich nicht unterbrechen. Verteidigen Sie die Tiefe Stunde also wie eine heilige Bastion gegen Feinde. Erinnern Sie sich: Unterbrechungen verursachen ein Aufmerksamkeitsdefizit. Wenn Sie sich ablenken lassen und zwischen Aufgaben hin und her schalten, entsteht im Wechsel ein geistiges Dunkel. Die Folge sind eine höhere Fehlerquote und ein Zeitverlust, der doppelt so hoch sein kann, wie die Störung selbst andauerte. Die Kosten eines zu häufigen Task-Switchings sind hoch. Falls Aufgabenwechsel unumgänglich sein sollten, nutzen Sie zumindest kurze zeitliche Lücken, um erneut Aufmerksamkeit aufbringen zu können. Eine Mikropause von ein bis zwei Minuten erleichtert den Einstieg in die neue Aufgabe.

Identifizieren Sie die wesentlichen Störquellen und schalten Sie sie bestmöglich aus. Vor allem bei Arbeiten, bei denen uns die Motivation fehlt, ist die Störanfälligkeit, wie wir gesehen haben, höher. Genau hier wäre es daher sinnvoll, Ablenkungsmöglichkeiten zu reduzieren. Insbesondere die Reize, die persönlicher Natur sind und Appellcharakter haben, sollten Sie in der Tiefen Stunde reduzieren. Ihr Handy sollten Sie währenddessen herunterfahren (die meisten haben tatsächlich irgendwo am Rand versteckt noch einen Ausschalter). Vereinbaren Sie mit Ihren Kollegen, Partnern oder Kindern, dass Sie die nächste Stunde für sich brauchen. Vorherige Absprachen schaffen klare Verhältnisse und ersparen Ärger oder schlechte Laune.

Noch ein »Ton« zur Musik: Hier sollten Sie selbst herausfinden, in welcher Weise sie auf Sie wirkt. Möglicherweise haben Sie bereits im Alltag wertvolle Erfahrungen gemacht. Aber wissen können Sie es nur, wenn Sie die gleichen Aufgaben unter verschiedenen Bedingungen miteinander vergleichen. Probieren Sie also, eine Ihrer häufigen geistigen Tätigkeiten, beispielsweise das Lesen der Tageszeitung, Arbeiten am PC oder Kochen, einmal, während Ihre Lieblingsmusik läuft, ein anderes Mal bei laufendem Radio und ein drittes Mal bei weitgehender Stille auszuführen. Vergleichen Sie die jeweiligen Ergebnisse miteinander. Testen Sie unterschiedliche Lautstärken oder Musik mit häufig wiederholenden Passagen, beispielsweise Lounge-Musik. Außer Sie hassen Lounge-Musik. Dann entfaltet der Ärger über sie wieder starkes Störungspotenzial. Ich selbst komme für mich zu folgendem Urteil: Ich mag Musik im Hintergrund. Manchmal brauche ich sie regelrecht am Schreibtisch – erst recht, wenn ich ordne, sortiere oder geistig »flache« Arbeit erledige. Aber leisten kann ich tatsächlich mehr, wenn es still ist. Wenn es wichtig wird, schalte ich Musik deshalb ab.

Auch die Besten brauchen Hilfe

Falls Sie sich angesichts einer halben oder ganzen Tiefen Stunde zunächst überfordert fühlen, grämen Sie sich nicht. Aller Anfang ist holprig. Und auch geistig sehr erfolgreiche Menschen taten sich oftmals schwer mit ihrer Disziplin. Sie entwickelten und nutzten teils clevere Tricks, um sich nicht ablenken und unterbrechen zu lassen. Der amerikanische Autor Mason Currey sammelt seit vielen Jahren solche Alltagsstrategien, mit denen bekannte Persönlichkeiten aus Bereichen der Wissenschaft, Kunst und Literatur ihre Konzentration bewahren und Störungen vermeiden[166].

Oftmals suchten sie Abgeschiedenheit auf, da nur sie genügend Schutz vor Ablenkungen bot. Der amerikanische Schriftsteller Mark Twain (1835–1910) beispielsweise ließ sich am Ende seines riesigen Gartens einen kleinen Pavillon bauen, in dem er in Ruhe *Die Abenteuer des Tom Sawyer* schrieb. Wenn ihn seine Familie brauchte, mussten sie den weiten Weg zum Pavillon gehen, was sie in ihrer Bequemlichkeit selten taten. Oder sie bliesen in ein lautes Horn. Ganz ohne Messengerdienste ging es also anscheinend auch damals schon nicht. Der britische Schriftsteller Graham Greene (1904–1991) hatte sogar ein geheimes Büro, dessen Ort nur seine Frau kannte. So konnte ihn niemand stören.

Aber die Feinde lauern überall, selbst an ruhigen Orten. So mussten auch einige berühmte Schriftsteller und Künstler teils ausgeklügelte Strategien anwenden, um sie abzuwehren. Der russische Schriftsteller Lew Tolstoi (1828–1910) schloss beispielsweise regelmäßig die Tür zum Büro von innen ab. Nur seine Frau, die meist still nebenan auf ihrem Diwan nähte, hatte einen Schlüssel. Der amerikanische Schriftsteller und Nobelpreisträger für Literatur William Faulkner (1897–1962) ging noch einen Schritt weiter und schraubte von der Außenseite seiner Bürotür gleich den ganzen Türknauf ab, damit ihn ungebetene Eindringlinge nicht bei der Arbeit unterbrachen. Und der amerikanische Maler Newell Convers Wyeth (1882–1945) ließ sich durch den Ausblick aus seinem Fenster so leicht ablenken, dass er sich Scheuklappen aus Pappe an die Brille heftete, um den Blick nur auf den Schreibtisch auszurichten.

Diese Beispiele lassen uns schmunzeln. Sie wirken aus heutiger Sicht etwas aus der Zeit gefallen. Aber sie können auch zuversichtlich stimmen, denn sie zeigen, dass auch Menschen, die wir posthum für ihre Romane, Sinfonien oder Erfindungen feiern, genauso anfällig waren für Störungen wie wir. Impulskontrolle fiel ihnen oftmals nicht leichter als »Normalbürgern«. Ihre Bemühungen, sich Störungen möglichst zu entziehen, verhalfen ihnen aber letzten Endes zu einem nicht unerheblichen Teil zu ihren Leistungen.

Wir können diese Beispiele nutzen, um uns selbst darüber Gedanken zu machen, wie wir Bastionen der Ruhe organisieren. Überlegen Sie sich etwas, Ihrer Kreativität sind keine Grenzen gesetzt. Da Brillen mit Scheuklappen in den allermeisten Fällen dämlich aussehen (Selbstversuch), empfehle ich eher zeitgemäße Werkzeuge: Möglicherweise kann Ihnen sogar Ihr Smartphone dabei helfen, Sie in der Tiefen Stunde mithilfe von ein paar Apps vor digitaler Ablenkung zu schützen. Oder vielleicht hat Ihnen ja auch der Vorschlag der Digital Wellbeing Initiative von Google zugesagt, das Handy für eine bestimmte Zeit in einen Briefumschlag zu verbannen.

Wie mache ich es selbst? Da meine Tür keinen abschraubbaren Türknauf hat, nutze ich Türhänger. Die Vorderseite macht die Dringlichkeit der Konzentrationsphase unmissverständlich klar: »Tiefe Stunde. Hochspannung. Gehirn arbeitet mit 30 Watt. Eintreten wäre unverantwortbar.« Außerhalb der Tiefen Stunde kann man auch die Rückseite wählen. Auf ihr steht: »Flache Stunde. Niederspannung: Gehirn arbeitet mit 20 Watt. Eintreten ist möglich.« Schreiben Sie mich gerne an, wenn Sie einen solchen Türhänger haben möchten. Ich schicke Ihnen einen zu. Aber nicht in meiner Tiefen Stunde, sondern erst am Nachmittag.

Zum Schluss: eine ehrliche Frage an uns selbst

Die vorhergehenden Ausführungen habe ich bewusst sehr konkret gehalten. Die Tiefe Stunde ist eine von vielen Maßnahmen, die Ihnen ganz persönlich helfen sollen, die Kraft der Aufmerksamkeitsbündelung für sich selbst zu entdecken und in Ihren Alltag zu integrieren. Aber eigentlich geht es – über den jeweils eigenen Tellerrand hinweg – um viel mehr. Konzentration hat nicht nur mit einer persönlichen Leistungssteigerung oder einer höheren Zufriedenheit zu tun, sondern auch mit der Verantwortung, die wir für andere übernehmen. Ein hohes Maß an gerichteter Aufmerksamkeit ist in vielen Berufen und gesellschaftlichen Rollen ein Mandat, dessen wir uns so meist gar nicht bewusst sind.

Im täglichen Leben wünschen wir uns von unseren Mitmenschen bei ihrer Arbeit ein hohes Maß an Präzision: Wir verlangen, dass sich ein Busfahrer, der unsere Kinder in die Schule bringt, auf die Straße konzentriert. Der häufigste Grund für Verkehrsunfälle ist schließlich nach wie vor ein Mangel an Aufmerksamkeit. Wir wollen, dass der Chirurg im Operationssaal mit äußerster Präzision mit dem Skalpell vorgeht. Nicht ohne Grund, denn die meisten Fehler im OP ereignen sich heute nicht wegen mangelnder Fachkompetenz, sondern wegen mangelnder Konzentration. Wir erwarten, dass die Verkäuferin in der Bäckerei das Geld richtig abzählt. Unachtsamkeiten an der Kasse bestrafen manche Menschen nicht selten mit Kopfschütteln und einem unfreundlichen Kommentar.

Bei allen diesen Situationen ergibt sich die wünschenswerte (und erforderliche) Genauigkeit, wenn wir den Lichtkegel der Aufmerksamkeit auf die entscheidenden Dinge im Leben richten. Dieses Kapitel schließt daher mit einer Frage ab, die Sie sich, ich selbst und wir alle uns stets bei allem zuerst beantworten sollten, bevor wir mit einer Sache beginnen: Wem oder was möchte ich in diesem Moment meine volle Aufmerksamkeit schenken? Was verdient gerade meine volle Konzentration?

Wenn wir die Bereitschaft aufbringen, uns diese Frage ehrlich und kritisch zu stellen, werden wir in den meisten Fällen auch eine Antwort finden, die Klarheit schenkt und hilft, den Lichtstrahl zielgerichtet zu bündeln. Versuchen wir, nicht überall zu sein – und dadurch letztlich nirgends richtig –, sondern konzentrieren wir uns auf das, was wichtig ist. Der Rest muss warten.

Intermezzo
Zeit für Entspannung

»Wer im Akkord arbeitet,
darf das Intermezzo nicht vergessen.«

Thomas Wehner

Machen Sie mal Pause

An dieser Stelle scheint eine Pause angebracht. Je nachdem, wie schnell Sie das Buch bis hierhin gelesen haben, ist das auch nötig. Denn Konzentration kommt nicht, um lange zu bleiben. Ihre Kraft lässt mit der Zeit nach. Ein Ziel zu fokussieren, irrelevante Informationen auszublenden, Störungen zu ignorieren und andere Impulse zu unterdrücken, ist anstrengend und erschöpfend. Konzentrationsmangel kann ein Signal sein, das nach Pause schreit. Wenn wir uns dennoch zwingen weiterzumachen, werden wir immer fahriger, impulsiver und oberflächlicher. Egal, womit wir beschäftigt sind, die Präzision sinkt und die Fehlerquote steigt. Und wir brauchen für alles deutlich länger. Außerdem können wir Störreize schlechter unterdrücken. Infolgedessen werden wir ablenkbarer. So verstärken sich die Effekte und ziehen uns wie in einem Strudel nach »unten«. Je länger wir diesen Zustand krampfhaft aufrechterhalten, desto unproduktiver und unzufriedener werden wir.

Die Zeitspanne, die wir uns anhaltend konzentrieren können, unterliegt einer Entwicklung und ist weitgehend altersabhängig. Im Kindesalter baut sich die Konzentrationsfähigkeit auf, am Ende des Jugendalters erreicht sie dann ihr Maximum, bleibt über Jahrzehnte relativ stabil und nimmt dann im höheren Alter wieder ab. Aufgrund zahlreicher Studien lassen sich für die verschiedenen Altersklassen ungefähre Konzentrationszeiten ableiten: Kinder der ersten Klasse zeigen meist bereits nach 15 bis 20 Minuten erste Konzentrationsschwächen, junge Erwachsene schaffen 45 bis 60 Minuten. Als grobe Faustregel kann man formulieren: Die Konzentrationsfähigkeit in Minuten entspricht dem doppelten Lebensalter. In fortgeschrittenem Alter lässt die Konzentrationsfähigkeit, wie schon gesagt, dann wieder etwas nach. Dies zeigt eindrücklich, dass wir bei allen Tätigkeiten, die ein höheres Maß an Konzentration erfordern, Pausen einlegen sollten, um gute Ergebnisse zu erzielen. Natürlich hängt die Häufigkeit von Pausen von sehr vielen individuellen Faktoren ab, weswegen sich nur wenige allgemeingültige Aussagen treffen lassen, wann sie spätestens stattfinden sollten.

In Deutschland jedenfalls, so viel steht fest, lässt die Pausenkultur zu wünschen übrig. Um nicht zu sagen: Sie ist schlecht. Eine Umfrage der Bundesanstalt für Arbeitsschutz und Arbeitsmedizin (BAuA) aus dem Jahr 2015 ergab, dass mehr als 25 % der Angestellten in Deutschland ihre Pause häufig ausfallen lassen. Als Gründe hierfür wurden die vielen Aufgaben und Verpflichtungen angegeben, aber auch oftmals die Überzeugung, dass sie gar nicht notwendig seien. Einigermaßen geregelt ging es den Umfrageergebnissen zufolge noch in den Büros zu, weniger regelmäßig fanden Pausen in den Dienstleistungs- und Gesundheitsbranchen statt[167].

Wir scheinen heute unsere Smartphone-Akkus sorgsamer aufzuladen als unsere eigenen Energiereserven. Sechs Stunden durchzuarbeiten, um eine Stunde früher mit der Arbeit fertig zu sein, erscheint vielen Menschen zeitökonomischer, als die Arbeit alle ein bis zwei Stunden für eine lohnende Pause zu unterbrechen. Ruhephasen werden auch von manchen meiner Klienten als gefühlter Zeitverlust erlebt.

Pausen kann man aber nicht wegrationalisieren. Anders als bei Maschinen und Computern mit einer konstanten Leistungsfähigkeit sind regelmäßige geistige Pausen für unser Gehirn unverzichtbar. Ähnlich wie bei einer gesunden Herzaktion oder der wirkungsvollen Arbeit eines Skelettmuskels können wir langfristig Konzentration nur aufrechterhalten, wenn wir immer wieder zwischendurch lockerlassen. Ein Kennzeichen der »analogen« Biologie ist der Wechsel zwischen den entgegengesetzten Polaritäten der Anspannung und der Entspannung. Das hält uns in Balance.

Ein paar hilfreiche Regeln

Geistige Pausen können Ihre Konzentrationsfähigkeit vollständig wiederherstellen. Damit sie ihre volle Wirkung entfalten, sollten Sie Folgendes beachten:

Regel Nr. 1: Machen Sie öfter und kürzer Pause, statt seltener und dafür länger. Bereits nach etwa 20 Minuten nimmt Ihre Konzentration erstmals, nach etwa 45 Minuten dann merklich ab. Ein paar Minuten lang kann man durch Disziplin dazu beitragen, sie weiterhin aufrechtzuerhalten. Aber spätestens nach 60 Minuten sollten Sie im Anschluss an eine konzentrierte Arbeit für fünf bis zehn Minuten zur Ruhe kommen. Wenige Minuten reichen oft, denn der Erholungseffekt ist in den ersten Minuten nachweislich am höchsten. Und falls Ihr Chef meckert: Regelmäßige Kurzpausen von wenigen Minuten Länge verursachen wissenschaftlich nachweislich keinerlei Produktivitätsverlust über den gesamten Arbeitstag hinweg. Die Wiederaufnahme einer Tätigkeit gelingt nach einer kurzen Pause oftmals sogar schneller als nach einer (zu) langen[168].

Mitunter übersetzen Dolmetscher auf internationalen Veranstaltungen meine Vorträge in eine andere Sprache. Erfahrungsgemäß wechseln die Dolmetscher spätestens nach 45 Minuten ab. Übersetzer, die Reden in Gebärdensprache übersetzen, tun dies sogar bereits nach 20 Minuten. Die Tätigkeit des Übersetzens erfordert ein Höchstmaß an Aufmerksamkeitsbündelung, sodass die Konzentration bereits nach verhältnismäßig kurzer Zeit rapide absinkt. Grundsätzlich gilt also: Je anstrengender eine geistige Aufgabe ist, desto eher bedarf es einer Erholung.

Regel Nr. 2: Nehmen Sie Ihre Pause rechtzeitig, nicht erst wenn Sie sich ausgelaugt fühlen. Wenn ich Klienten mit Stressbeschwerden berate, fallen mir häufig die folgenden typischen Denkmuster auf, die sie von präventiven Pausen abhalten: 1) Sie sind überzeugt, Begonnenes müsse erst abgeschlossen sein, bevor man zur Ruhe kommen darf. 2) Erst wenn alles den eigenen hohen Ansprüchen genügt, hat man sich eine Pause verdient. 3) Nur, wenn die ganze Welt nichts mehr von mir will, darf ich eine Pause machen. Da ich aber unabkömmlich bin, tritt dieser Fall nur sehr selten ein.

Sinnvoller wäre es, sich Pausen rechtzeitig zu gestatten. Erholung lässt sich nämlich nicht aufsparen. Je länger Sie Pausen aufschieben, desto größer wird die kumulative Erschöpfung. Im schlimmsten Fall kann das dazu führen, dass Sie sich abends völlig erschlagen fühlen und Ihren verdienten Feierabend gar nicht mehr genießen können. Sie also erst zu nehmen, wenn die Leistung schon sinkt, bedeutet, schon zu spät dran zu sein. Eine Untersuchung der Arbeitsgruppe um die Psychologin Sabine Sonnentag hat anhand einer einwöchigen Beobachtung von 120 Probanden belegen können, dass Menschen ihre Pausen nicht nehmen, wenn sie sie bräuchten, sondern erst, wenn sie das Gefühl haben, sich besonders belohnen zu müssen[169]. Eine Pause sollte aber keine Trophäe für Heldentaten sein. Wir benötigen sie auch an unstrukturierten Tagen oder wenn unserer Arbeit wenig Erfolg beschieden ist.

Hilfreicher ist es, bereits vorher im Tagesverlauf Pausen festzulegen. Geplante (also vorhersehbare) Pausen sind besser als Pausen, die Sie nur zu nehmen beabsichtigen, wenn ein Projekt erledigt ist. Das ist ein häufiger Grund dafür, dass wir sie angesichts eines überfrachteten Tages vermeiden. In Laborexperimenten betrug eine sinnvolle Gesamtdauer von Pausen etwa 10 % der Arbeitszeit. Planen Sie diese Zeit fest ein. Nach ein paar Wochen der Übung wird es Ihnen zunehmend leichter fallen, sie regelmäßig zu nehmen, denn Sie werden sich an den Rhythmus gewöhnt haben.

Regel Nr. 3: Bewegen Sie sich und halten Sie sich beim Medienkonsum zurück. Wenn wir uns motorisch betätigen, ohne geistige Arbeit zu leisten, ist der Effekt einer Pause für unsere Konzentration höher[170]. Ein Spaziergang um den Block nach einer anstrengenden Stunde am Schreibtisch ist also eine lohnendere Pause als das Checken von E-Mails oder eBay-Angeboten auf dem Smartphone. In einer Studie der Rutgers University mit 414 Probanden zeigte sich nach zwei Stunden Aufgabenbearbeitung am Computer, dass Probanden, die ihre Pause mit ihrem Handy verbracht hatten, den gleichen Erschöpfungsgrad aufwiesen wie Probanden, die völlig ohne Pause durchgearbeitet hatten[171]. Erst wenn Sie völlig loslassen, wird sich Ihr Aufmerksamkeitssystem vollständig regenerieren.

Quicktipp

Wechseln Sie die Tätigkeit

Manchmal kann schon ein Wechsel der Tätigkeit die Aufmerksamkeit wiederherstellen. Dies wäre zwar keine Pause im engeren Sinne, aber wie eine Arbeitsgruppe an der University of Illinois vor einigen Jahren experimentell bestätigen konnte[172], lässt sich so der Konzentrationsverlust bei länger andauernden Tätigkeiten minimieren. Wenn Sie also nach einer Stunde Arbeit an einem Text keine Energie mehr verspüren und gerade keine Pause machen wollen oder können, sollten Sie sich wenigstens für die Dauer von ein paar Minuten einer weniger anspruchsvollen Betätigung zuwenden.

Steigern Sie Ihre Aufmerksamkeit durch bewusstes Atmen

Eine einfach anzuwendende und effektive Technik zur Herstellung Ihrer Konzentration ist die diaphragmale Tiefenatmung, also die vertiefte Atmung über das Zwerchfell. Es handelt sich dabei um unseren größten Atemmuskel, den wir im Alltag vergleichsweise selten für die normale Atmung nutzen. Meist atmen wir über unseren Schultergürtel und den Brustkorb, insbesondere, wenn wir angespannt, nervös und gestresst sind. Nur die langsame und vertiefte Atmung über das Zwerchfell hat besonders beruhigende Wirkung auf unser vegetatives Nervensystem. Meine Arbeitsgruppe und ich konnten in einem Experiment nachweisen, dass diese Form der Atmung nicht nur den Grad der Anspannung senkt, sondern auch das Schmerzempfinden[173]. Eine Arbeitsgruppe der psychologischen Fakultät an der Universität Peking zeigte unlängst an 40 Probanden, dass eine vertiefte und verlangsamte diaphragmale Atmung die Aufmerksamkeitsfähigkeit der Probanden wiederherstellte, während der Stress in Form eines sinkenden Kortisolspiegels im Blutserum abnahm[174].

Eine Tiefenatmung funktioniert ohne großen Aufwand. Sie benötigen auch keine Klangschalen, Harfenmusik oder andere Hilfsmittel. Die Technik eignet sich aufgrund ihrer Einfachheit gut für »zwischendurch«, sei es am Schreibtisch, zu Hause oder unterwegs.

Setzen Sie sich bequem hin, schließen Sie die Augen und legen Sie die Handflächen auf Ihre Bauchdecke. Üben Sie zunächst einmal das Atmen über das Zwerchfell. Wenn sich beim Einströmen die Bauchdecke hebt und beim Ausatmen wieder senkt, machen Sie es richtig. Dann versuchen Sie über 4 Sekunden lang einzuatmen und anschließend 8 Sekunden lang auszuatmen. Insgesamt sind das pro Atemzug 12 Sekunden. Erfahrene »Atmer« legen zwischen dem Ausatmen und dem erneuten

Einatmen noch eine Pause von 1 Sekunde ein. Damit kommen Sie pro Minute auf maximal 5 Atemzüge. Mehr sollten es tatsächlich nicht sein. Profis schaffen sogar 3 oder 4 Atemzüge pro Minute, was den meisten anfangs (zu) schwerfallen wird. Ihre Tiefenatmung braucht lediglich ca. 5 Minuten zu dauern. Danach wird Ihnen die Konzentration leichter fallen.

Die schönste und nachhaltigste Methode, um abzuschalten und die Aufmerksamkeit wiederherzustellen, ist jedoch ein Ausflug in die Natur. Begleiten Sie mich deshalb doch bitte kurz mit ins Freie.

Das grüne Vitamin

Die Interaktion mit der Natur hat zahlreiche positive psychophysiologische Auswirkungen auf unseren Organismus. Eine aufsehenerregende Veröffentlichung hierzu gelang dem schwedischen Wissenschaftler Roger Ulrich im Jahr 1984. Er stellte bei einer Gruppe von Frauen, die wegen Brustkrebs im Krankenhaus waren, fest, dass sie sich nach einer medizinischen Operation besser erholten, wenn sie in Zimmern mit Blick auf Bäume untergebracht und viel im Park spazieren gegangen waren[175]. Nach dem operativen Eingriff traten bei diesen Frauen seltener Komplikationen auf, und die betroffenen Frauen benötigten postoperativ auch weniger Schmerzmittel. Insgesamt dauerte ihr Krankenhausaufenthalt dadurch kürzer als der von Frauen, die in Krankenzimmern ohne Aussicht gelegen hatten.

Die Studie von Roger Ulrich lieferte damals den Startschuss für viele spannende Forschungsprojekte zur heilenden Kraft der Natur und hat bis dato einen weltumspannenden Wissenschaftszweig in vielen Ländern zu dem Thema angestoßen. In Japan gab es Mitte der 80er-Jahre mehrere Forschungsinitiativen zur medizinischen und psychologischen Heilkraft des sogenannten

Waldbadens (Shinrin Yoku). Dort existieren sogar mittlerweile ausgewiesene Zentren für Waldtherapie. Als junger Assistenzarzt hätte ich mich dort übrigens für die Facharztweiterbildung »Waldmedizin« entscheiden können (meine Frau meinte neulich zu mir, immerhin sei ich ja ein »Buschdoktor« geworden). Eine umfassende systematische Übersichtsarbeit aus dem Jahr 2019 konnte anhand von 25 ausgewerteten Studien an knapp 3000 Probanden den positiven Effekt der Natur auf verschiedene Faktoren der Gesundheit nachweisen[176]. Zahlreiche positive Auswirkungen lassen sich dabei auch im Hinblick auf unser Aufmerksamkeitssystem beobachten.

Die Wiederherstellung der Konzentration

»Der intime Umgang mit der Natur erfrischt mich.«

Giuseppe Verdi (1813–1901)

Herr Verdi ließ in seiner Biografie offen, was er unter einem »intimen« Umgang mit der Natur verstand. Wir wollen hier einmal davon ausgehen, dass es das Eintauchen in die Landschaft beziehungsweise das Versinken in die Natur war, das sein Wohlbefinden geweckt hat.

Unser Aufmerksamkeitssystem scheint sich tatsächlich auf regelmäßigen Streifzügen durch die Natur besonders gut zu erholen. Dadurch verbessert sich die anschließende Leistungsfähigkeit des Gehirns. In einer Studie der University of Michigan gingen 38 Teilnehmer GPS-überwacht für die Dauer von ca. 55 Minuten entweder in der verkehrsreichen Stadt Ann Arbor oder in einem Park (dem Arboretum, in der Nähe des Uni-Campus) spazieren. Vor und nach dieser Runde von jeweils ca. 2,8 Meilen absolvierten sie mehrere Konzentrationstests. Die

Gruppe der Parkbummler zeigte nach der Pause signifikant bessere Ergebnisse im Vergleich zur Gruppe der Stadtbummler. Der Effekt erklärte sich nicht durch eine bessere Stimmung oder ein höheres Maß an Wachheit[177]. Eine spätere Studie bestätigte diesen Befund: Pausen im Grünen verbesserten verschiedene Formen der Aufmerksamkeit, wobei das Ergebnis allein hierauf zurückzuführen war und sich nicht etwa durch eine Stimmungsverbesserung erklären ließ[178].

Einen Erklärungsansatz für diesen spannenden Befund liefert möglicherweise die sogenannte Theorie der Aufmerksamkeitswiederherstellung (Attention Restoration Theory). Sie wurde in den 90er-Jahren von Rachel und Stephen Kaplan, zwei Professoren der Universität von Michigan, entwickelt[179]. Die beiden Wissenschaftler gehen davon aus, dass der Aufenthalt in der Natur das überanstrengte Netzwerk der Aufmerksamkeitssteuerung im Gehirn wieder in eine Art Ausgangszustand zurückversetzen kann. Ihnen zufolge gelingt dies vermutlich, wenn mehrere Aspekte zusammenkommen, die in der Natur oft gegeben sind:

1. Unsere Aufmerksamkeit kann frei und mühelos umherschweifen; sie wird nicht durch ständige Reize abgelenkt oder gebunden wie beispielsweise in einer belebten Fußgängerzone. Wissenschaftler sprechen hier vom »Eintaucheffekt«, es findet also eine weitgehend störungsfreie Immersion statt.
2. Die Umgebung ist unpersönlich. Die Natur will nichts von Ihnen, sie kommt bestens ohne Sie aus. Die Landschaft, durch die Sie gehen, ist zwar wunderschön und »reizvoll«, aber keine der Informationen richtet eine Forderung an Sie. Und genau das ist entlastend.
3. Ein Wald oder eine Wiese ist »verstehbar«. Rachel und Stephen Kaplan sprechen in ihrer Originalarbeit von »lesbarer« Natur. Die geringe Komplexität wird als angenehm erlebt. Die Umgebung ist friedvoll und ungefährlich. Beides beruhigt unser Stresssystem.

Fairerweise muss man sagen, dass es sich bei der Aufmerksamkeitsherstellung durch die Natur um eine Theorie handelt, die wissenschaftlich noch nicht in allen Details bestätigt werden konnte[180]. Aber viele der wissenschaftlichen Beobachtungen decken sich durchaus mit unseren Alltagserfahrungen. Insofern sollten Sie sich regelmäßig in die Natur begeben und Ihr Aufmerksamkeitssystem wiederherstellen. Sie werden sehen, Ihr Kopf wird wieder frei.

Erholen Sie sich grün und blau

Allein schon die Naturbetrachtung scheint erholsame Effekte zu haben. An der University of Melbourne luden Wissenschaftler 150 Probanden zu einem Experiment ein, bei dem sie Leistungs- und Konzentrationstests absolvieren sollten. Zwischendurch machten die Teilnehmer kurze Pausen von 40 Sekunden. Dabei sollte die eine Hälfte auf ein mit einer Wiese begrüntes Dach schauen, die andere Hälfte auf ein nacktes Betondach. Die Mikropause mit dem Ausblick auf Pflanzen führte zu einer Wiederherstellung der Aufmerksamkeit und einer geringeren Fehlerrate in den anschließenden Tests. Das Betrachten des nackten Betondaches hatte diesen restaurierenden Effekt nicht zur Folge[181].

Möglicherweise reduziert sich beim Anblick der Natur vorübergehend die Stoffwechselaktivität in Zentren der Aufmerksamkeitssteuerung unseres Gehirns, wodurch eine kurzfristige Erholung eintritt und die Leistungen sich nachfolgend wieder verbessern. Eine kürzlich publizierte Untersuchung einer Arbeitsgruppe der Universität Chiba in Japan legt diesen Verdacht nahe: 17 Studenten sahen sich auf einem Bildschirm mehrfach jeweils 90 Sekunden lang Bilder eines Waldes an. Währenddessen sank bei ihnen die Stoffwechselaktivität im Vorderlappen ihres Gehirns[182].

Möglicherweise trägt beim Anblick der Natur auch die Farbwahrnehmung zur Wiederherstellung unserer Konzentration bei. Die Reizverarbeitung der beiden klassischen Naturfarben Grün und Blau wirkt sich neurophysiologisch nachweislich beruhigend aus. Die Wirkmechanismen sind zum Teil noch nicht ganz geklärt, aber sie waren in verschiedenen Arbeiten nachweisbar[183]. Der Anblick grüner Natur wirkt entspannend und reduziert depressive Anwandlungen und Wutgefühle. Und die Sicht auf einen blauen Himmel beruhigt die Sinne und vermittelt das Gefühl von Geborgenheit.

Die Redensart »sich grün und blau ärgern« war mir daher in diesem Zusammenhang ehrlich gesagt immer schon ein Rätsel. Als Psychiater möchte ich widersprechen, denn genau das Gegenteil scheint der Fall zu sein. Doch Vorsicht vor Vereinfachungen: Die Farben allein sind sicher nicht die Auslöser. Bevor Sie also Ihre Büromöbel oder Ihre Couch zu Hause blau und grün streichen, gehen Sie lieber raus. Auch in einem gelben Rapsfeld können Sie Erholung finden.

Ob man sich nach den zitierten Experimenten gewissermaßen als Naturersatz vor einen Bildschirm setzen möchte, bezweifele ich. Waldfernsehen soll den Spaziergang im Park natürlich nicht ersetzen. Aber die Studien sagen uns etwas Wichtiges: Wir brauchen nicht viel, um die Kraft der Natur für uns zu nutzen. Die Effekte sind niederschwellig. Der gedankenversunkene Spaziergang mit dem Hund im Wald oder das Sitzen auf einem Baumstumpf, auf dem man ein paar Minuten vor sich hin träumt, reicht völlig, um Kraft aus der Natur zu schöpfen.

Das ist eine gute Nachricht. Denn Sie können heute viel Geld ausgeben für mehrwöchige »Deep Dive Nature Breakout-Camps« oder »digitale Entgiftungsferienlager«, um »endlich richtig rauszukommen«, wie es auf den Internetseiten der entsprechenden Anbieter immer so schön heißt. Viele dieser Angebote sind auf Intensiverfahrungen ausgerichtet, oftmals unter Extrembedingungen fernab der gewohnten Zivilisation. Auch wenn die Erfahrungen hierbei durchaus ganz besondere sein dürften, sind Hardcore-Maßnahmen nicht nötig.

Digital Detox für Dummies

Wenn es nicht so traurig wäre, wäre es lustig: Der noch relativ neue Trend des »Digital Detox« propagiert zurzeit einen Ausweg aus der digitalen Reizflut, der giftigen Informationsüberladung und gedanklichen Verstopfung. Das Versprechen lautet: Wer mehrere Wochen in der Natur verbringt und auf Tablet und Smartphone verzichtet, bekommt geballte analoge Eigenzeit am Stück. Im Rest des Jahres läuft dann alles so weiter wie immer. Die Maßnahme verspricht eine effiziente Erholung, und hygienemedizinisch klingt es nach einer sauberen Angelegenheit – eine Entgiftung fühlt sich immer irgendwie richtig an.

Entgiftungspraktiken haben beim Menschen eine lange Tradition; sie galten immer schon als ein probates Mittel, die körpereigenen Schlacken loszuwerden. Bis heute weiß zwar keiner so richtig, was das eigentlich sein soll, aber es klang schon in früheren Zeiten plausibel. Und da die Theorie so opportun war, wurde das reinigende Prinzip bereits im Mittelalter gerne auch bei »unzüchtigen« Gedanken und »unliebsamen« Gefühlen angewendet. Alles ließ sich mit der richtigen Methode von innen heraus säubern, sogar das Gehirn. Die Medizingeschichte ist voller absurder Beispiele: Aderlass, Schwitzkuren, Schröpfen und andere Ausleitungen, um nur einige Verfahren der westlichen Medizin zu nennen. Der Ansatz beruht schlichtweg auf einer esoterischen Annahme. Leider hat die Wissenschaft der letzten Jahre gezeigt: Von Dialysen bei schweren Nierenfunktionsstörungen oder der Gabe von Antidoten bei einer Reihe organischer Vergiftungen einmal abgesehen, haben sich alle propagierten Entgiftungsmaßnahmen als medizinisch unwirksam erwiesen. Das hat ihrer Beliebtheit allerdings keinen Abbruch getan, denn ein riesiges Angebot überschwemmt auch heute noch den Markt. Unzählige grausig schmeckende Salzkonzentrate oder völlig überteuerte Smoothies versprechen uns Entschlackung, aller medizinischen Aufklärung zum Trotz. So richtig viel schlauer sind wir leider nicht geworden.

Clevere Marketingstrategen haben nun vor einigen Jahren auch das digitale Fasten für die reizüberflutete Gesellschaft entdeckt. Heute werden Ratgeber und VHS-Kurse zu dem Thema angeboten, sogar mehrwöchige Detox-Reisen in Naturerholungsgebiete können Sie buchen, um sich analog mal ordentlich von innen zu säubern.

Die Wahrheit schmeckt jedoch bitter (übrigens ähnlich wie ein Entschlackungstee). Um es direkt auf den Punkt zu bringen: Digital Detox ist Unsinn! Handys und andere digitale Medien hinterlassen keine Rückstände in Kopf und Körper, die man entgiften könnte. Das Einzige, was Sie durch einen mehrwöchigen Verzicht des Handys reinigen, ist Ihr Gewissen. Das ist natürlich auch schon was. Aber innerlich gesäubert sind Sie durch digitalen Verzicht ganz eindeutig nicht.

Und eine sinnvolle Maßnahme gegen den Alltagswahnsinn ist Digital Detox auch nicht. Denn eine zusammenhängende mehrwöchige digitale Stille bringt für die restlichen Monate des Jahres wenig. Um dem Gehirn die Möglichkeit zu geben, mit Reizflut und Informationsüberladung besser umzugehen und die Aufmerksamkeit wiederherzustellen, sind vor allem regelmäßige – sprich: tägliche – Ruhemomente erforderlich. Der Sinn von Sport besteht ja auch nicht darin, eine Woche im Jahr besonders intensiv zu trainieren und dann die restlichen 51 Wochen auf der Couch zu sitzen. Die Lösung liegt in der Regelmäßigkeit. Erst die feste Integration stetig wiederkehrender digitaler Ruhephasen in unseren Alltag bringt den nachhaltigen Erfolg.

Fangen Sie an!

Fangen Sie daher am besten jetzt gleich mit Ihrer Pause in der Natur an. Ziehen Sie Mantel und Schuhe an und gehen Sie kurz mal raus. Ich warte hier solange. Wenn Sie ganz viel Glück haben, schenkt Ihnen ein kurzer Spaziergang nicht nur die Auffrischung Ihrer Aufmerksamkeit für das folgende Kapitel, sondern auch eine zündende Idee. Warum das so ist, erfahren Sie direkt im Anschluss.

3 Kreativität

Wie Sie zu guten Entscheidungen gelangen und hilfreiche Ideen entwickeln

»Ich fühle mich irgendwie so voll, als ob Gedanken in meinem Kopf angestaut wären, immer kurz davor, überzulaufen. Es kommt immer mehr rein, aber ich werde es nicht mehr los. In der Nacht träume ich total intensiv. Ständig geistern irgendwelche Sachen in meinem Kopf herum. Ich komme einfach nicht mehr zur Ruhe. Früher war das Wochenende immer mein Ruhepol. Da kam ich immer raus aus allem, fand für alles eine Lösung. Aber jetzt habe ich diese Zeit mit mir gar nicht mehr. Ich halte das Stillsein gar nicht mehr aus, ich spüre mich nur noch, wenn ich irgendwas mache.«

Klientin, Produktmanagerin, 41 Jahre

Was erwartet Sie auf den folgenden Seiten?

Ich möchte Ihnen in diesem Kapitel zeigen, wie Sie Ihr kreatives Denken entdecken, fördern und entwickeln können. Dies ist nämlich der geistige Rohstoff, mit dem Sie Neues schaffen und Probleme des Alltags lösen können. Und damit Ihnen das gelingt, werde ich Ihnen von der Kunst der Zerstreuung erzählen. Damit meine ich keine transzendentale Erfahrung, sondern das Tagträumen und das Umherschweifen Ihrer Gedanken. Sie werden ein ganz besonderes Netzwerk in Ihrem Gehirn kennenlernen, das Sie dabei unterstützt, während der Zerstreuung Ihre Gedanken zu ordnen und Ihre Emotionen zu bewältigen. Dafür sollten Sie jedoch bereit sein, locker zu lassen und die Aufmerksamkeit einmal auf sich selbst zu richten statt auf die Angebote der multimedialen Welt. Wir werden gemeinsam am Lagerfeuer sitzen und miteinander über Senf und elektrische Stromschläge sprechen.

In der Tiefen Stunde erfahren Sie, wie Sie Zerstreuung finden und welche Möglichkeiten Sie nutzen können, damit sich Ihre Gedanken und Gefühlen nach einem aufwühlenden Tag wieder legen. Ich zeige Ihnen, wie Sie in Ihrem Oberstübchen aufräumen können. Und wenn Sie mich in eine Wandelhalle begleiten, erzähle ich Ihnen, was wir von den Griechen der Antike lernen können.

Das Problem und die Folgen: die verlorene Zeit mit uns selbst

> *»Die Fantasie braucht Launenhaftigkeit – langen, ineffizienten, fröhlichen Müßiggang, Trödeln und Tüfteln. Diese Leute, die immer zügig was tun und so fleißig sind wie Walzermäuse, sie haben kleine, scharfe, stakkatoartige Ideen, wie: ›Ich sehe, wo ich bei meinem Fleischbudget jährlich 3,47 Dollar einsparen kann.‹ Aber sie haben keine langsamen, großen Ideen. Und je weniger tröstliche, edle, leuchtende, freie, heitere, großherzige Ideen sie haben, desto nervöser und verzweifelter hetzen und rennen sie von Büro zu Büro und die Treppe hinauf und hinunter, um endlich durch Taten dafür zu sorgen, dass das Leben etwas Wärme und Sinn hat.«*[184]

Brenda Ueland (1891–1985)

Kreativität ist Lebenskunst

Um das Leben zu meistern, reicht Fachkompetenz allein nicht aus. Selbst ein hoher Intelligenzquotient nützt oft nur bedingt. Der Schweizer Entwicklungspsychologe Jean Piaget sagte einmal: »Intelligenz ist das, was man einsetzt, wenn man nicht weiß, was man tun soll.«

Mentale Probleme, gleich welcher Art, erfordern vor allem Kreativität: Gemeint ist jedoch nicht die schöpferische Gestaltungskunst im engeren Sinn, mit der Sie ein Bild zeichnen oder ein Baumhaus bauen. Kreativität bezeichnet vielmehr eine Lebenskunst, mit der wir an Herausforderungen herangehen.

Kreativ zu sein bedeutet, sich fantasievolle Lösungen für Probleme einfallen zu lassen und Antworten auf relevante Fragen im Alltag zu finden: Wie führe ich das Konfliktgespräch am nächsten Tag? Wie eröffne ich die Rede, die ich nächste Woche halten soll? Für welches der beiden Jobangebote entscheide ich mich, wenn ich die Argumente sorgfältig abwäge? Was sagt mir mein Bauchgefühl? Und was kann ich tun, um mich mit meinem Partner nach dem Streit von gestern wieder zu versöhnen? Die Antworten, Lösungen und Ideen, die wir in kreativen Momenten des Nachdenkens und In-uns-hinein-Spürens finden, geben uns ein Gefühl der Kontrolle, denn sie helfen uns, das Leben zu meistern. Kreative Lösungen stärken unser Selbstvertrauen, stimmen zuversichtlich und beruhigen unser Stresssystem.

Das Wunder der Assoziation

> *»Fantasie haben heißt nicht, sich etwas auszudenken, sondern aus den Dingen etwas zu machen.«*
>
> Thomas Mann (1875–1955)

Wir sind deswegen kreativ, weil wir »assoziieren« können. Darunter versteht man die beeindruckende Fähigkeit des Gehirns, Informationen zu verknüpfen und in Bezug zueinander zu setzen. Auf diese Weise formen sich aus aktuellen Sinneseindrücken, aber auch aus Erfahrungen der Vergangenheit und dem vorhandenen Wissen über die Welt unsere Gedanken und Gefühle. Dass uns etwas einfällt, ist die Folge einer Verknüpfung von Informationen, die größtenteils schon da sind. Um es einmal mit Legosteinen zu vergleichen: Assoziationen entstehen ähnlich wie Gebäude, Objekte oder Figuren, die aus überwiegend vorhandenen Steinen immer wieder neu zusammengesetzt werden.

Das gesunde und funktionierende Gehirn assoziiert immer, selbst im Schlaf. Eine fantasievolle Geschichte, von der Sie nachts träumen, ist ein Beispiel für das verknüpfende und verbindende Denken Ihres Gehirns. Viele Assoziationen sind recht chaotisch, ungeordnet und schnell wieder vergessen. Andere wiederum sind durchaus brauchbar, weil sie in Gestalt einer Intuition, einer Lösung oder einer Idee daherkommen. Beteiligt sind Strukturen des sogenannten Ruhezustandsnetzwerks, welchem wir später einen kurzen Besuch abstatten werden (wenn es uns Eintritt gewährt, denn es lässt sich nur ungern stören).

Ein beeindruckendes Merkmal unseres Gehirns ist, dass es nicht viele Informationen braucht, um assoziieren zu können. Das ist bei künstlicher Intelligenz ganz anders. Computer brauchen bislang noch viele Informationen, um kreative und ungewöhnliche Lösungen zu finden. Beim Menschen ist es umgekehrt. Weniger ist meist mehr, denn zu viele Informationen engen den kreativen Prozess ein. Mitunter regt gerade das Fehlen von Informationen unsere Fantasie an.

Der amerikanische Schriftsteller Ernest Hemingway soll einst in einem Restaurant behauptet haben, er könne mit nur sechs Wörtern eine ganze Geschichte erzählen. Die Schriftstellerkollegen, die ebenfalls zu Gast waren, glaubten ihm nicht und wetteten 10 Dollar gegen ihn. Daraufhin nahm er eine Serviette und schrieb darauf mit einem Stift folgende Worte: »for sale: baby shoes, never worn« (dt. »Zu verkaufen: Babyschuhe, nicht getragen«). Seine Kollegen staunten verdutzt. Hemingway strich das Geld ein und verließ das Restaurant. Ohne jeden Zweifel hatte er die Wette gewonnen; obwohl er nur sechs Worte niedergeschrieben hatte, reichte das für eine vollständige Geschichte, die in den Köpfen der Leser entstand. Natürlich dichtete sich jeder die fehlenden Elemente anders zusammen. So wurde bei manchen daraus eine lustige Anekdote, bei anderen eine tragische Geschichte. Gerade weil man nur wenige Informationen hatte, blieb jedem genug Raum für die kreative Ausschmückung der Geschichte.

Diese derzeit moderne Erzählform nennen ihre Fans »Micro Fiction«. Auf der Internetseite *www.sixwordstories.net* finden Sie basierend auf dieser Anekdote Hunderte weiterer Geschichten, die alle nur aus sechs Wörtern bestehen. Falls Sie eine kreative Anregung brauchen, lohnt sich der Besuch dieser Website.

Um noch einmal auf die Legosteine von vorhin zurückzukommen: Bitte erinnern Sie sich kurz an die Zeit in Ihrem Leben, in der Sie selbst oder mit Ihrem Kind Lego spielten: Wie viele Steine brauchten Sie, um kreativ zu sein? Natürlich bedurfte es einer gewissen Anzahl an Steinen, um Türme, Häuser oder irgendwelche Figuren bauen zu können. Aber die entscheidende Frage ist: Wurden Sie (oder Ihr Kind) dadurch einfallsreicher, dass Sie besonders viele Steine verwendeten? Oder war nicht vielmehr die Muße entscheidend, die Sie sich und Ihrem Kind schenkten, um mit der nötigen Geduld verschiedene Möglichkeiten auszuprobieren?

Heutzutage fehlt es nicht an Steinen (also den Informationen), denn das World Wide Web liefert uns Milliarden davon. Stattdessen fehlt es an Zeit und Ruhe, mit ihnen zu arbeiten. Genau hierin liegt auch eine große Chance, Ihr kreatives Denken zu verbessern. Darauf werden wir später noch genauer eingehen.

Die Idee und ihre Umsetzung

Um aus einem spontanen Aha-Moment nun eine brauchbare Idee zu entwickeln, brauchen die Assoziationen ab einem bestimmten Moment eine gewisse Ordnung: Unsere Idee soll schließlich den Erstkontakt mit der Realität überleben. Deshalb müssen wir mögliche Hürden erkennen und gedankliche Hindernisse überwinden können, um sie erfolgreich umzusetzen. Ohne Reflexion bleiben viele Einfälle sonst Träumereien, die zu nichts führen. Beteiligt an diesen Prozessen ist vor allem der Vorderlappen unseres Gehirns, dem Sitz unserer kognitiven Steuerung. Hier denken wir konkret über das Problem und mögliche Lösungsansätze nach, wir ergänzen Perspektiven und stellen Pläne zur Umsetzung auf[185, 186]. Manche Erfinder erachten diesen Teil des kreativen Prozesses sogar als den wichtigeren für den persönlichen Erfolg, auch wenn das Durchdenken und Überarbeiten der Idee anstrengender ist als der spontane Einfall selbst. Der amerikanische Erfinder und Unternehmer Thomas Alva Edison (1847–1931) sagte einmal: »Genie bedeutet nur 1 % Inspiration, aber 99 % Transpiration.«

Wenn Sie üben, die Idee für eine Problemlösung umzusetzen, ist dies eine besonders effektive Form der Stressbewältigung: Der Fachbereich Gesundheitspsychologie des Berufsverbands der Deutschen Psychologinnen und Psychologen verglich in einer Übersicht verschiedene Maßnahmen zur Gesundheitsförderung, Prävention und Rehabilitation von Menschen, die unter Stress und Belastung leiden. Sowohl bei Kindern als auch bei Erwachsenen zeigte sich, dass Strategien zur Problemlösung bei der Bewältigung von Stress im Alltag den größten Effekt hatten. Eine solche mentale Selbsthilfe zu entwickeln, bewirkte wissenschaftlichen Studien zufolge entscheidend mehr als die alleinige Anwendung von Entspannungsmethoden[187].

Die Ergebnisse verwundern im Grunde genommen nicht, denn Stress zeigt eine innere Anspannung an, die mit muskulärer Entspannung allein nicht gelöst werden kann. Relaxationsübungen sind ohne jeden Zweifel probate Methoden in der Stressbewältigung, aber Probleme im Alltag lösen sie nicht. Genau das ist aber notwendig, um Betroffene auch längerfristig zu stabilisieren und zu stärken. Eine anhaltende Stressbelastung erfordert immer eine Wendung nach innen, so schmerzvoll sie sein mag. Der gesamte kreative Lösungsprozess beinhaltet die Bereitschaft, Ideen zu entwickeln, aber eben auch gedankliche Hürden zu überwinden, Hindernisse zu erkennen und zu umgehen, Alternativen durchzuspielen und konkrete Verhaltensschritte aus den Überlegungen abzuleiten.

Beide Phasen, das freie Assoziieren sowie das sorgsame und anstrengende Durchdenken, gehören dabei fest zusammen und sind unverzichtbare Bestandteile des gesamten kreativen Prozesses, wenn wir nicht nur vage Ideen aufblitzen lassen, sondern unsere Probleme ganz konkret lösen möchten. Das freie Assoziieren und das konkrete Durchdenken hängen weniger davon ab, ob Sie über viele Informationen verfügen oder viele konsumieren, sondern mehr davon, ob die Informationen im Gehirn sinnvoll verarbeitet werden können. Um noch einmal den Vergleich mit den Legosteinen zu ziehen: Kreativ werden wir nicht dadurch, dass wir viele Steine haben, sondern, dass wir genügend Zeit finden, mit ihnen zu bauen.

Es verwundert nicht, dass Menschen mit vergleichsweise

ähnlichen Belastungen im Leben über deutlich weniger Stress im Alltag klagen, wenn sie über die Fähigkeit verfügen, ihre Probleme durch Reflektieren und konsequentes Handeln lösen zu können[188]. Und solche kreativen Problemlösungsprozesse sind trainierbar – das zeigen mehrere Interventionsstudien genauso wie meine eigene therapeutische Erfahrung[189]. Diese Möglichkeiten möchte ich Ihnen im Folgenden vorstellen.

Die Angst vor dem Innehalten

Leider ist es nun zunächst so, dass die beiden genannten Aspekte des kreativen Problemlösungsprozesses durch Stress in Mitleidenschaft geraten können. Dabei wäre diese Fähigkeit in Zeiten einer Belastung eine unschätzbare Hilfe, um die Ursachen zu bekämpfen und die resultierenden Beschwerden zu reduzieren.

Stress kann natürlich prinzipiell ganz viele verschiedene Ursachen haben. Neben schwerwiegenden Auslösern wie seelische Traumata oder Schicksalsschläge in der Vergangenheit (»life events«) entwickeln sich Stressbeschwerden der Menschen im Alltag aber meist eher aus konkreten Problemen im Arbeits- oder Privatleben. Im angloamerikanischen Sprachgebrauch werden diese Mikrostressoren auch »daily hassles« genannt. Man steht unter Zeitdruck, weil die Arbeit nicht fertig wird, oder es gibt Ärger und Konflikte in der Familie, oder man fühlt sich überfordert angesichts der vielen noch zu erledigenden Aufgaben und der Entscheidungen, die noch zu treffen sind. Die meisten dieser Probleme dergestalt sind nicht krankheitswertig, sondern gehören zu unserem Alltag. Sie erfordern daher in der Regel auch weder eine medikamentöse Behandlung noch eine andere Form einer medizinischen Therapie im engeren Sinn, sondern sind prinzipiell durch ein kluges Selbstmanagement (gegebenenfalls unter Anleitung) lösbar.

Unabhängig davon, um welche Sorgen und Nöte es sich genau im Alltag handelt, ist das Innehalten stets ein wesentlicher Prozess jedweder Problemlösung. Nur mit der nötigen Ruhe können wir uns mit den belastenden Ursachen, unseren eigenen typischen Verhaltensreaktionen und möglichen Ideen, das eine oder andere künftig anders zu machen, auseinandersetzen. Problemlösung gelingt im Allgemeinen nicht, indem wir Dinge aussitzen, sondern indem wir uns bereitwillig zuwenden, genau hinschauen und konsequent anpacken. Dies hatte auch Winston Churchill (1874–1965) erkannt, als er sagte: »Man löst keine Probleme, indem man sie auf Eis legt.«

Bei meinen Klienten erlebe ich es immer wieder, dass ihre Bereitschaft innezuhalten mit zunehmender beruflicher und privater Belastung sinkt. Innere Einkehr wäre jedoch dringend notwendig, um Belastungsfaktoren, verstärkende Verhaltensmuster und brauchbare Lösungsansätze zu erkennen. Stressgeplagte sparen erfahrungsgemäß an drei Dingen: Sie treiben weniger Sport, treffen sich seltener mit Freunden und gehen ihren Problemen aus dem Weg. Damit reduzieren sie die drei wichtigen Ressourcen, nämlich körperlichen Ausgleich, soziale Unterstützung und das Erleben von Selbstwirksamkeit und Selbstkompetenz. Der letzte Aspekt ist für dieses Kapitel besonders wichtig.

Wer immer wieder in Stress gerät, braucht regelmäßige und verlässliche Phasen des Tages, in denen er oder sie in einen echten Kontakt mit sich selbst kommt. Erst dann ergeben sich Möglichkeiten, seine Emotionen zu bewältigen, Entscheidungen zu treffen und kreative Ideen zu entwickeln, die einem helfen, den Alltag zu bewältigen. Im gefühlten Overkill der täglichen Arbeit erscheinen vielen problemgeplagten Menschen jedoch gerade diese geistigen Auszeiten verzichtbar. Sie rationalisieren sie weg angesichts dringender Verpflichtungen und drohender Deadlines.

An dieser Stelle fällt mir die Anekdote des Holzfällers aus dem Buch »Komm, ich erzähle dir eine Geschichte« des argentinischen Schriftstellers und Psychiaters Jorge Bucay ein[190]: Ein

Spaziergänger sah im Wald einem Holzfäller zu, der hastig und angestrengt einen auf dem Boden liegenden Baumstamm zerteilte. Der Holzfäller stöhnte und schien viel Mühe beim Sägen zu haben. Der Spaziergänger näherte sich ihm, um seine Arbeit etwas genauer zu betrachten, und sprach ihn an: »Ich sehe, Ihre Säge ist ja ganz stumpf. Warum schärfen Sie sie denn nicht?« Der Holzfäller ließ nicht von seinen Bemühungen ab, sondern gab ihm nur knapp zur Antwort: »Dazu habe ich keine Zeit, ich muss doch sägen.«

Wir kennen es ansatzweise alle von uns selbst: Die Zeitfenster für Arbeitsabläufe sind heute für gewöhnlich eng getaktet, und die Freizeit bietet keine Freiräume. Der Medienkonsum füllt die noch wenigen freien Phasen dazwischen. Es scheint nicht mehr in die Tagesabläufe von heute zu passen, seine Aufmerksamkeit nach innen zu wenden und sich zu zerstreuen, sei es, um seine Gedanken auf der Suche nach hilfreichen Ideen ungestört abschweifen zu lassen oder um Lösungen für Probleme zu finden und sie in Ruhe zu durchdenken. In einer Umfrage unter knapp 800 Menschen einer kürzlich publizierten Studie aus Australien gaben 16 % der Männer und 26 % der Frauen an, sich lieber mit ihrem Smartphone zu beschäftigen, als sich gedanklich mit einem Problem auseinanderzusetzen – mit steigender Tendenz[191].

Genug Zeit wäre da

»Wir haben nicht zu wenig Zeit. Wir haben zu viel zu tun.«

Karlheinz Geißler

Ich erinnere mich an einen völlig überforderten und erschöpften Abteilungsleiter, dem ich einmal empfahl, jeden Tag eine Stunde nur für sich zu reservieren – eine Stunde, die er nutzen könne, um innezuhalten und sich zu sammeln und seine Gedanken und Gefühle zu ordnen. Darauf lächelte er etwas süßsauer und meinte zynisch, das würde er gerne tun, aber er hätte keine Zeit. In den 24 Stunden des Tages bliebe dafür einfach kein Platz. Nach einer kurzen Pause fügte er hinzu, dass nach 24 Stunden Arbeit aber ja vielleicht noch die Nacht bliebe. Wir lachten beide herzhaft. Und ich wusste, er hatte meinen Vorschlag zumindest verstanden.

Die mangelnde Zeit ist eine Ausrede. Der Anteil an »freier Zeit« ist heute höher als jemals zuvor. In einem vor wenigen Jahren publizierten weltweiten Vergleich der OECD rangierte Deutschland mit ca. 6,5 Stunden pro Tag auf Platz 2 der Liste von 18 Ländern (nur die Belgier hatten mehr freie Zeit)[192]. Es fehlt also nicht an Zeit per se. Stattdessen sind unsere Tage mit zu vielen Dingen und Terminen angefüllt. Neben den faktisch wichtigen und nur gefühlt wichtigen Aufgaben und Verpflichtungen lockt uns eine Vielzahl attraktiver Optionen und Möglichkeiten. Das kann unser Leben durchaus mit spannenden und aufregenden Erlebnissen bereichern, aber auch dazu führen, dass wir innerlich gar nicht mehr zur Ruhe kommen. Einige meiner Klienten erzählen mir, dass sie am Montag genauso gestresst aus dem Wochenende in die Arbeitswoche starten, wie sie sich am Freitag ins Wochenende verabschieden. Freizeit bietet heute nicht mehr die Gelegenheit, den Kopf frei zu bekommen – nicht, weil es an der hierfür erforderlichen Zeit mangelt, sondern weil wir sie uns nicht nehmen.

Genau das wollen wir jetzt miteinander tun. Ich möchte Ihnen nachfolgend Lust auf gelegentliche Auszeiten machen, in denen Sie sich zerstreuen können. Dabei möchte ich Ihnen eine besondere Fähigkeit unseres Aufmerksamkeitssystems vorstellen, die Ihnen hilft, Antworten auf Fragen zu finden, und die Ihnen frische Ideen schenkt – wenn Sie Ihrem Scheinwerfer eine 180-Grad-Drehung erlauben.

Die Lösung: Zerstreuung und Wendung nach innen

Der Blick ins Feuer

Ich schreibe diese Zeilen an einem Abend im Februar. Draußen ist es kalt und dunkel. Ein Kaminfeuer brennt und wärmt das Zimmer, in dem ich sitze. Immer wieder ertappe ich mich dabei, wie ich in das Feuer blicke und gedanklich den Schreibtisch verlasse. Aber anders als die Störung durch mein Handy, das mir akustisch eine ankommende Nachricht meldet, erlebe ich diese Form der Ablenkung als angenehm. Ich lasse die Unterbrechung zu. Und je länger ich ins Feuer starre, desto mehr kommen meine Gedanken ins Rollen, fast ist es so, als entzündeten die zuckenden Flammen meine Fantasie:

»*Wäre es vielleicht eine gute Idee, die komplexen neurophysiologischen Ausführungen im letzten Kapitel etwas zu kürzen? Vermutlich interessiert sich der Leser gar nicht so sehr dafür. Geht es mir nicht selbst manchmal auch so, wenn ich einen Fachtext lesen soll? Meine Lektorin hatte mir ja schon dazu geraten. Das wollte ich zunächst nicht hören, und ich habe bei unserem letzten Gespräch wahrscheinlich zu gereizt reagiert. Vielleicht hat sie doch recht? Vielleicht könnte ich die Hintergründe besser mit einem Alltagsbeispiel verdeutlichen. Da fällt mir eine schöne Geschichte eines Klienten ein. Das wäre klasse. Das wäre lustig und berührend zugleich. Toll, so könnte ich es machen …*«

Sie (und ich selbst) werden gerade Zeuge eines ganz besonderen Geisteszustandes, der vielleicht zunächst unbedeutend erscheint, aber äußerst viel für unser Leben bedeutet: das gedankliche Umherschweifen, die sogenannte Zerstreuung. Der Blick richtet sich zwar auf das Feuer, aber unsere Aufmerksamkeit ist nicht durch die Außenwelt gebunden, sondern richtet sich vollständig nach innen. Wir beginnen zu träumen und zu fantasieren. Wir gehen Empfindungen nach, reflektieren, hinterfragen, wägen ab und bringen Verständnis für andere auf. Und wir entwickeln Ideen.

Dieser mentale Prozess hat eine große Bedeutung für uns Menschen. Bleiben Sie mit mir noch einen Moment am Feuer (wo es gerade so gemütlich ist), und lassen Sie uns in die Menschheitsgeschichte zurückblicken: Als unsere Spezies vor mehr als einer Million Jahre lernte, mit einem Stein und etwas Baumschwamm Feuer zu entzünden, legte sie einen wesentlichen Grundstein für die menschliche Kultur. Neben der Möglichkeit, Nahrung zu erhitzen oder Tiere zu vertreiben, konnten sich unsere Vorfahren nun im Dunkeln am wärmenden Lagerfeuer versammeln.

Forscher gehen davon aus, dass die Erfindung des Feuers die Entwicklung unserer Sprache und Kultur ganz maßgeblich beeinflusst hat. Menschen begannen vor etwa 50 000 Jahren am Lagerfeuer nämlich über ganz andere Dinge zu sprechen als beim Jagen. Untertags standen organisatorische Dinge im Vordergrund, die Kommunikation diente also mehr der Planung und technischen Mitteilung. Abends ging es hingegen eher um lustige Geschichten und mutige Heldentaten, über die sie gemeinsam lachten und staunten oder sich gegenseitig inspirierten. Die »Entkopplung« von der Welt und der Blick in das Feuer unterstützten das Fantasieren. Auf der Jagd ging es um Fakten, am Feuer um Fiktion[193]. Auf diese Weise wurde das Lagerfeuer auch zu einem Ort der Gemütlichkeit. Man fand Ruhe in der Gemeinschaft. Geschichten, die man gedanklich nachempfand oder auf sich selbst bezog, wurden zur Grundlage von Anteilnahme und Verständnis. Wissenschaftler vermuten, dass auf diese Weise überhaupt erst der Raum entstand für Vorstellungskraft und die Entwicklung kreativer Ideen[194]. Der Mensch erwarb bereits früh die Fähigkeit des Assoziierens, doch »entfacht« wurde sie erst mit dem Entstehen der Kultur.

Wenn wir heute bei einer Barbecue-Party um einen Feuertopf

herumsitzen oder beim Sankt-Martins-Feuer zusammenstehen, spüren wir diese Kraft. Alle Augen richten sich auf die Flammen, und nach kurzer Zeit versinken wir in Gedanken. Der Geist lockert sich, die Gedanken werden frei, ein Wort gibt das andere. Das assoziative Denken ist kaum zu bremsen. Wir erinnern uns oder malen uns die Zukunft aus. Wir spüren in uns hinein, stellen uns Fragen und finden häufig nützliche Antworten. Der kreative Prozess kommt in Gang. Wir erleben die Magie eines kostbaren Moments, den wir Zerstreuung nennen.

! ***Aufmerksamkeitstest***

Denken Sie an das Kreuz

Achtung, dies ist keine religiöse Übung, auch wenn der Titel zu der Annahme verleiten könnte. Ich möchte Ihnen mit dem Test zeigen, wie groß die Kraft der Zerstreuung in Ihnen ist.
Malen Sie sich auf ein Blatt Papier ein Kreuz, und legen Sie Ihr Handy mit einer Stoppuhr-App daneben. Die Aufgabe besteht darin, ausschließlich an das Kreuz zu denken. Sobald Ihre Gedanken abschweifen, stoppen Sie die Uhr und vermerken die abgelaufene Zeit. Seien Sie dabei ganz ehrlich, sonst bringt das Experiment keinen Erkenntniszugewinn. Wenn Sie bereit sind, lassen Sie die Uhr laufen. Los geht's …

Ich habe diesen kleinen Test viele Hundert Male durchgeführt. Im Durchschnitt konnten sich meine Klienten maximal 30 Sekunden lang auf das Kreuz konzentrieren, bevor ihre Gedanken auf Wanderschaft gingen. Seien Sie also nicht enttäuscht, wenn Sie es nur wenige Sekunden geschafft haben. Da das äußere Reizobjekt wenig stimulierend war, richtete sich der Aufmerksamkeitsscheinwerfer schnell auf etwas anderes.

Und das passiert häufiger, als man glauben mag: Eine viel zitierte Studie der Harvard University aus dem Jahr 2010 zeigte, dass wir an durchschnittlichen Tagen ca. 47 % unsere Wachzeit abschweifen und im Reich der Fantasie verbringen. Die Wissenschaftler Matthew Killingsworth und Daniel Gilbert hatten mithilfe einer App 250 000 Daten von über 2200 Probanden erfasst, die mehrmals am Tag Auskunft über ihre aktuellen Gedanken und Gefühle im unmittelbaren Moment geben mussten. Sie sollten angeben, was sie gerade machen und woran sie denken. Beim Faulenzen und beim Arbeiten (!) war der Grad des Abschweifens am höchsten. Beim Sex schweiften die Probanden am seltensten ab, die meisten blieben hier geistig bei der Sache[195].

Unkonzentriert bedeutet nicht unaufmerksam

Die echte Zerstreuung ist kein Fehlen von Aufmerksamkeit, sondern vielmehr eine ihrer Gestaltformen. Schon der römische Bischof und Kirchenlehrer Augustinus von Hippo (354–430 n. Chr.) unterteilte die Aufmerksamkeit in eine »intentio« (Willensakt) und eine »dispersio« (Zerstreuung)[196]. Wer träumt oder nachdenkt, ist nicht unaufmerksam, sondern nur entkoppelt von seiner Umwelt. Im Straßenverkehr oder im Schulunterricht ist das weniger wünschenswert oder kann gar gefährlich sein, aber deswegen ist Zerstreuung nicht nutzlos. Ganz im Gegenteil.

Wer in sich selbst zerstreut ist, wird zu Unrecht als geistesabwesend bezeichnet. Weit gefehlt, denn der Geist ist genau dann sogar sehr präsent. Die Aufmerksamkeit richtet sich lediglich nach innen statt nach außen. Ein Beispiel: Sie sitzen im Zug und schauen aus dem Fenster; sofort gehen Ihre Gedanken auf Wanderschaft. Auf diese Weise entstehen kreative Räume für Ideenfindung, Problemlösung und Möglichkeiten zur Selbstreflexion. Möglicherweise hören Sie nach einiger Zeit eine innere Stimme, die Ihnen hilft, in einer aktuellen Situation eine für Sie stimmige Entscheidung zu treffen.

Ein Kennzeichen der Zerstreuung ist, dass sich unsere Gedanken nicht auf ein Objekt oder eine Situation der äußeren Wahrnehmung richten. Das heißt, wir beobachten, suchen oder interagieren nicht besonders intensiv mit unserer Umwelt, wenn wir abschweifen. Nur so können sich die Gedanken auf innere Prozesse richten. Ein anderer Ausdruck hierfür ist »reizunabhängige Gedanken« (stimulus independent thoughts), die keinen Bezug zum sensorischen Input haben[197].

Im Zustand der Zerstreuung lenken wir unsere Aufmerksamkeit nicht mittels unserer Willenskraft, sondern wir lassen sie durch interne Prozesse lenken. Der Scheinwerfer schwenkt weg von der äußeren Bühne und richtet das Licht auf interne Prozesse. Was dann passiert, entzieht sich weitgehend unserer Kontrolle, ähnlich wie im Schlaf. Oftmals sprechen wir beim Abschweifen unserer Gedanken daher auch vom »Tagträumen«. Das heißt, wir geben unserem Geist keine Richtung vor, sondern lassen uns gedanklich treiben. Abschweifen fällt uns daher typischerweise eher leicht und erfordert keine besondere Anstrengung. Unsere Aufmerksamkeit verhält sich eher passiv als aktiv. Sie richtet sich zwar immer wieder auf etwas, hält jedoch nicht lange daran fest und richtet sich wieder auf etwas Neues. So ergeben sich Gedankensprünge und die wechselnden Gesprächsthemen am Lagerfeuer. Wir fühlen uns geistig befreit.

> *»Tagträumen ist vielleicht die wichtigste Arbeit in meinem Leben.«*[198]
>
> Karl Lagerfeld (1933–2019)

Das Netzwerk der Ruhe

Mittlerweile kennen wir auch die Vorgänge, die sich im Gehirn abspielen, wenn unsere Gedanken auf Wanderschaft gehen: Der Arbeitsgruppe um Marcus Raichle von der Washington University School of Medicine in St. Louis gelang Ende der 1990er-Jahre durch Zufall eine aufsehenerregende Entdeckung. Probanden im Positronenemissionstomografen (eine nuklearmedizinische Untersuchung, bei der man die Stoffwechselaktivität bestimmter Regionen im Gehirn darstellen kann) sollten bestimmte Aufgaben lösen, während die Forscher ihre Hirnaktivität observierten. Als die Probanden gebeten wurden, für eine kurze Pause geistig »nichts zu tun«, entdeckten die Wissenschaftler verschiedene Bereiche, die nun besonders aktiv waren. Bislang hatte man vermutet, dass das menschliche Gehirn bei wenig anstrengenden geistigen Aufgaben auch weniger stoffwechselintensiv sei. In manchen Hirnregionen schien es aber genau umgekehrt zu sein. In diesen Arealen nahm die Intensität beim geistigen Leerlauf zu. Die Hintergrundaktivität verschwand, sobald die Probanden sich wieder der ursprünglichen Aufgabe widmeten. Raichle und seine Kollegen bezeichneten diese Areale im Gehirn zusammen als »Ruhezustandsnetzwerk« (default mode network). Zu ihnen gehören Teile des präfrontalen Kortex, der Precuneus, die hinteren Abschnitte des Gyrus cinguli und kleinere Teile im Scheitel- und Temporallappen[199].

Der Begriff ist etwas irreführend, denn das Ruhezustandsnetzwerk wird zwar durch das Nichtstun aktiviert, aber bei seiner Arbeit selbst handelt es sich um einen hochaktiven Zustand. Wahrscheinlich ist der Energieverbrauch sogar höher als bei konzentrierter Arbeit. Die Aufgaben dieses Hirnbereichs sind vielschichtig; beispielsweise ist er ganz wesentlich an klassischen kreativen Denkprozessen beteiligt.

Kreativitätstest

Was können Sie mit einem Backstein machen?

Überlegen Sie sich verschiedene Einsatzmöglichkeiten für einen Backstein. Was fällt Ihnen ein? Den »Grundstein für ein Haus legen« wäre eine naheliegende Antwort – sehr pragmatisch, aber nicht sonderlich kreativ. Ein »Brot darauf backen« ist schon kreativer. Die »Toilette des Nachbarn damit verstopfen« ist noch einfallsreicher (allerdings gibt es für diese Antwort 0 Sympathiepunkte). Und ihn bei eBay zu versteigern – unterlegt mit der Geschichte, es handele sich um einen »Originalstein des versunkenen Atlantis« – katapultiert Sie auf der Kreativitätsliste ganz nach oben.

Menschen, denen mehr ausgefallene Antworten hinsichtlich der Verwendung eines Backsteins einfallen, zeigen im Ruhezustandsnetzwerk ein höheres Maß an »Konnektivität«; die einzelnen Hirnregionen sind also besser untereinander verbunden und kommunizieren effektiver miteinander[200]. In manchen Untersuchungen konnte sogar nachgewiesen werden, dass die Hirnregion bei Menschen mit einem höheren Einfallsreichtum eine höhere Zelldichte aufwies[201]. Bislang ist dabei noch nicht ganz klar, ob die funktionellen und anatomischen Befunde die Folge häufigen kreativen Denkens sind, oder ob ein möglicherweise bereits vorbestehendes reichhaltiges Netzwerk an Faserverbindungen im Ruhezustandsnetzwerk das kreative Denken beflügelt. Aber wir sehen: Unser kreatives Denken und die Arbeit des Ruhezustandsnetzwerks, dem Ort für das Tagträumen und für die gedankliche Zerstreuung, hängen zusammen.

Aber das Ruhezustandsnetzwerk leistet noch mehr: Es ist auch an Erinnerungsvorgängen und an Planungen beteiligt. Es produziert am laufenden Band spontane Gedanken, die zu Bildern oder Filmen werden. Auf diese Weise erinnern wir uns plastisch an Vergangenes und malen uns Zukünftiges aus. Die

Welt, in die wir uns gedanklich hineinversetzen, wird zu einer Als-ob-Realität. So entstehen neben Ideen auch neue Perspektiven und brauchbare Lösungswege für konkrete Probleme des Alltags und für eine Zukunft, die wir bestmöglich gestalten möchten[202].

In das erweiterte Aufgabenspektrum des Ruhezustandsnetzwerks fällt auch die Selbstreflexion. Wir bewerten Handlungen, reflektieren Haltungen und Standpunkte und beantworten uns wichtige Fragen: Was ist mir wichtig? Wo will ich hin? Wie entscheide ich mich? Manche Hirnforscher gehen sogar davon aus, dass die Aktivität des Ruhezustandsnetzwerks auf diese Weise maßgeblich zur eigenen Identitätsbildung beitragen kann.

Wir können dank des Ruhezustandsnetzwerks eine Verbindung zwischen der Umwelt und unserer Innenwelt herstellen, oder anders ausgedrückt: zwischen der Wahrnehmung äußerer Reize und subjektiven Anliegen, Bedürfnissen und Emotionen. Dadurch wird es uns auch möglich, unsere Mitmenschen zu verstehen[203]. Kernspintomografische Studien konnten anatomisch ausgeprägte Überlappungen zwischen dem Ruhezustandsnetzwerk und Gehirnzentren der sozialen Kognition feststellen[204]. Man vermutet, dass das Gedankenwandern und die Aktivität des Ruhezustandsnetzwerks dazu beitragen, uns selbst sowie unsere Mitmenschen besser zu verstehen.

Die unterschiedlichen Aufgaben des Ruhezustandsnetzwerks machen deutlich, dass es hier nicht vordergründig um Entspannung oder Erholung geht, sondern um Selbsterkenntnis, um Lebensfragen und die Beziehung zu unseren Mitmenschen. Auch die gelegentliche Wendung nach innen gehört zu einer guten kognitiven und emotionalen Selbststeuerung. Kreative Lebenskunst ohne ein gut funktionierendes Ruhezustandsnetzwerk wäre nicht denkbar. Beim Tagträumen und Gedankenwandern gehen Sie auf eine innere Entdeckungsreise. Ein befreundeter Wissenschaftler formulierte es mir gegenüber einmal recht poetisch: »In Ruhe geht das Gehirn in sich selbst spazieren.« Schöner kann man es, glaube ich, nicht beschreiben. Entscheidend ist hierbei: Nur in Ruhephasen, wenn unsere Aufmerksamkeit nicht durch Ablenkungen der Außenwelt gebunden wird, sondern sich nach innen wenden darf, springt das Ruhezustandsnetzwerk an; nur dann kann es uns zu Erkenntnissen verhelfen.

»Nur in einem ruhigen Teich spiegelt sich das Licht der Sterne.«

Chinesisches Sprichwort

? *Einspruch*

Gedankenwandern kann depressiv machen

In der Tat kann bei bestimmten psychiatrischen Erkrankungen die Funktionsweise des Ruhezustandsnetzwerks beeinträchtigt sein. So zeigen Patienten mit schweren depressiven Störungen eine starke Überaktivität des Netzwerkes, wodurch es möglicherweise zu den starken Grübelzwängen kommt, die man klinisch häufig beobachtet[205]. Betroffene können ihr Gedankenkreisen kaum mehr abstellen. Sie haben keine Schwierigkeiten, in Innenwelten abzutauchen, vielmehr leiden sie darunter, dass sie nicht mehr aus ihnen herauskommen. Es ist jedoch nicht so, dass Gedankenwandern an sich depressiv macht. Es verhält sich eher umgekehrt: Die unbehandelte Depression kann das Gedankenwandern leidvoll gestalten. Hier müssen psychotherapeutische Techniken und gegebenenfalls auch kurz- und mittelfristig medikamentöse Maßnahmen dazu beitragen, das Grübeln zu durchbrechen und die Stimmung auszugleichen.

Lassen Sie locker

»Ich lag im Bett und schaltete hin und her. Auf dem einen Kanal sah man eine Gruppe junger Leute, die um einen Wettbewerb kämpfen, den ich nicht einmal kannte, und auf dem nächsten eine Gruppe junger Leute, die in einem echten Krieg kämpften … Dann kam plötzlich der Moment, in dem mir die Geschichte von Katniss einfiel.«

Suzanne Collins, in einem Interview zur Entstehung von *Die Tribute von Panem*[206]

Um Ideen zu entwickeln, ist es nicht so wichtig, was Sie gerade machen. Entscheidend ist, dass Sie sich nicht dauernd angestrengt mit dem Problem beschäftigen, weil es dabei oft zu Blockaden kommen kann. Wenn Sie in einer solchen Situation Ihre Lösungsversuche für kurze Zeit unterbrechen und sich mit etwas anderem beschäftigen, kann Ihr Gehirn an einer Lösung tüfteln und belohnt Sie mit etwas Glück mit frischen Ideen[207]. Locker zu lassen begünstigt die Arbeit des Ruhezustandsnetzwerks im Hintergrund.

Eine interessante Studie veröffentlichten die beiden Psychologen Benjamin Baird und Jonathan Schooler von der University of California: Sie baten Probanden, sich ungewöhnliche Verwendungsmöglichkeiten für Alltagsgegenstände wie Zahnstocher, Kleiderbügel oder Ziegelsteine einfallen zu lassen. Interessanterweise verzeichneten die Probanden eine Steigerung ihres Einfallsreichtums um 41 %, wenn sie in Pausen geistig locker ließen und sich mit einfachen Dingen beschäftigten[208].

Dass Ihnen gerade in solchen Momenten wieder Dinge einfallen, kennen Sie aus banalen Alltagssituationen. Zwar handelt es sich beim nachfolgenden Beispiel um eine Erinnerungsleistung und nicht um eine Ideenfindung im engeren Sinn, aber die assoziativen Prozesse sind die gleichen. Sie unterhalten sich mit jemandem über ein Ereignis in der Vergangenheit. Plötzlich kommen Sie ins Stocken, denn eine konkrete Information hierzu, vielleicht ein Datum oder ein Name, will Ihnen einfach nicht mehr einfallen. Eigentlich müssten Sie die Daten wissen, und Sie haben das Gefühl, die Information läge Ihnen auf der Zunge. Aber alle Bemühungen, sich zu erinnern, sind vergebens. Als Sie sich nach dem Gespräch einen Kaffee holen, kommt Ihnen die gesuchte Information plötzlich ins Bewusstsein. Dieses sogenannte Zungenspitzenphänomen erklärt sich folgendermaßen: Die konzentrierte Anstrengung, sich die bestimmte Information in Erinnerung zu rufen, verursacht Druck. Die Kontrolle durch vordere Hirnabschnitte nimmt hierbei zu und behindert das freie Assoziieren. Sobald Sie aber locker lassen und sich gedanklich mit etwas anderem beschäftigen, interagieren die assoziativen Netzwerke wieder besser miteinander und schenken Ihnen plötzlich den richtigen Einfall[209].

Wissenschaftler und Künstler machen sich das gedankliche Lockerlassen bei ihrer täglichen Arbeit immer wieder zunutze: Der französische Mathematiker Jacques Hadamard erforschte in den 1940er-Jahren, wie andere Mathematiker und große Denker seiner Generation zu ihren Inspirationen gelangten[210]. Zu seiner Überraschung geschah dies selten, wenn sie angestrengt über einer Formel brüteten oder im Labor experimentierten – nicht einmal dann, wenn sie sich mit Kollegen über ihre Projekte austauschten. Stattdessen kamen sie auf gute Ideen, wenn sie sich mit etwas ganz anderem als ihrer Arbeit beschäftigten. Albert Einstein hatte bekanntermaßen seine größten Eingebungen, wenn er Geige spielte oder segelte. Bei anderen namhaften Persönlichkeiten waren es Träumereien auf einer Parkbank.

Das Spannende am kreativen Prozess ist, dass Ihr Gehirn diese Dinge zum großen Teil von selbst erledigt. Sie müssen dabei nicht viel Anstrengung aufbringen. Wichtiger ist es vielmehr, Ihrem Ruhezustandsnetzwerk die Möglichkeit zu geben, seine Arbeit zu erledigen. Genau dies ermöglichen wir ihm, wenn wir Momente der Zerstreuung suchen und uns diese Ruhemomente trotz verlockender digitaler Konsumgegenangebote bewahren. Vermeiden Sie also am Schreibtisch den Blick auf Ihr Handy. Entfachen Sie lieber ein Lagerfeuer im Büro und schauen in die Flammen.

Quicktipp

Die kreative Pause

Wenn Sie das nächste Mal an einem Vormittag im Büro oder Homeoffice in einem Problem feststecken, weil Ihnen keine Lösung einfällt, gehen Sie ein paar Minuten raus, und lassen Sie Ihren Gedanken freien Lauf. Denken Sie dabei nicht angestrengt über das Problem nach, sondern lassen Sie locker, damit Ihr Ruhezustandsnetzwerk im Hintergrund seine Arbeit machen kann. Wenn Ihnen das Problem als solches bewusst ist und alle erforderlichen Informationen vorhanden sind, hat es alles, um erfolgreich assoziieren zu können. Einen genialen Einfall kann ich Ihnen zwar nicht versprechen, aber ich kann Ihnen versichern, dass die Zerstreuungspause Ihr kreatives Denken begünstigen und die Chancen auf eine Idee steigern wird. Vielleicht kommt Ihnen die zündende Idee. Dann merken Sie sich den Einfall oder schreiben Sie ihn auf. Möglicherweise produziert Ihr Gehirn aber auch ganz unbewusst einen brauchbaren Lösungsansatz. Kehren Sie nach Ihrer Pause an Ihren Schreibtisch zurück und gehen Sie das Problem erneut an. Hat diese gezielte Abschweifung nun etwas ins Rollen gebracht?

Konsum ist keine Zerstreuung

In der multimedialen Welt noch echte Zerstreuung zu finden ist schwierig. Im hypernervösen Alltag füllen wir die selten gewordenen Leerlaufphasen nämlich häufig ganz reflexhaft mit Medienkonsum auf. Der ständige Blick auf unser Handy in der Straßenbahn oder im Café richtet die Aufmerksamkeit aber auf die äußere Bühne und nicht nach innen. Beim fixierten Lichtkegel auf die mediale Welt kann unser Geist kaum wandern (oder »mäandern«, wie es der französische Philosoph Michel de Montaigne einmal poetisch umschrieb). Der Blick auf einen Bildschirm setzt uns einem Trommelfeuer von Daten aus und unterbricht das Träumen. Wir sind Getriebene, nicht Abschweifende. Wir konsumieren, statt zu assoziieren. Und wir sind gedanklich auch nicht frei, sondern werden gelenkt durch Vorgaben unserer äußeren Wahrnehmung. Wir sind umringt von Steinen, aber wir finden weder Zeit noch Ruhe, mit ihnen zu bauen.

Es ist ein großer Unterschied, ob Sie Ihre Aufmerksamkeit ganz bewusst und selbstbestimmt nach innen wenden, beispielsweise um zu träumen oder Dinge zu durchdenken, oder ob Sie sie von äußeren Dingen wie dem Medienkonsum absorbieren lassen, wodurch der Bezug zu Ihnen selbst und zu Ihrer Denk- und Handlungssteuerung verloren geht. Schon Immanuel Kant unterschied zwischen diesen Formen der Zerstreuung[211]: In seiner *Anthropologie in pragmatischer Hinsicht* aus dem Jahr 1798 beschrieb er die Form des willentlichen Zerstreutseins, die er der unwillentlich von außen gelenkten Aufmerksamkeit gegenüberstellte. Er selbst urteilte hart über die unwillentliche Form der Zerstreuung: Menschen, die von Reizen auseinandergerissen würden, hätten ihren Verstand nicht mehr unter Kontrolle (für einen Vertreter der Aufklärung das Schlimmste, was passieren kann).

Ganz so einseitig sehen wir das heute nicht mehr. Das Surfen im Internet während der Mittagspause oder Videospiele am Abend können eine sehr willkommene Abwechslung von der Anstrengung des Arbeitsalltags sein. Unterhaltung kann uns ablenken und erfreuen. Werfen Sie also nicht gleich Ihre Spielkonsole aus dem Fenster. Ihnen sollte jedoch klar sein, dass wir unserem Gehirn beim Medienkonsum keine wirkliche Zerstreuung mit Wendung nach innen ermöglichen. Das Scheinwerferlicht unserer Aufmerksamkeit fällt auf andere statt auf uns selbst.

? *Einspruch*

Beim Fernsehschauen kommen mitunter Ideen

Wie wir bereits besprachen, assoziiert das Gehirn immer. Daher können natürlich auch während des Medienkonsums plötzliche Aha-Momente auftreten. Suzanne Collins hatte die Idee für ihre berühmte Romanreihe *Die Tribute von Panem* schließlich auch beim Fernsehschauen. Aber eine Inspiration zu haben ist etwas völlig anderes, als eine Idee zu entwickeln und umzusetzen – erst recht, wenn es um Problemfelder im Alltag geht, bei denen weniger ein Aha-Moment die Lösung ist als das Abwägen, die Differenzierung und das Ergänzen von Perspektiven. Dafür bedarf es voller Aufmerksamkeit, die sich nach innen richtet. Sie können sicher sein, dass Suzanne Collins nach ihrer Inspiration den Fernseher ausschaltete und ihren plötzlichen Einfall, der zu einer komplexen und detailreichen Geschichte wurde, an einem Ort kreativer Ruhe entwickelte.

Stecken wir in einer Kreativitätskrise?

Die Kreativität ist eine anthropologische Konstante des Menschen, und unsere Spezies wird auch in Zukunft bedeutende Ideen und Lösungen hervorbringen. Sie wird es angesichts großer gesellschaftlicher und ökologischer Probleme auch müssen. Allerdings gehört auch zur Wahrheit, dass Wissenschaftler eine seit Jahren sinkende Originalität frischer Ideen nachweisen können. Machen Sie zunächst doch vielleicht selbst einen Test.

Kreativitätstest

Lassen Sie Ihrer Fantasie freien Lauf

Die beiden folgenden Tests sind geringfügig abgewandelte Fragen aus dem *Torrance Test of Creative Thinking* (TTCT)[212]. Er ist ein weltweit häufig eingesetztes Instrument zur Messung unterschiedlicher Facetten menschlicher Kreativität, beispielsweise von verbalem oder figurativem Einfallsreichtum. Bitte beantworten Sie die nachfolgenden Fragen. Es gibt übrigens kein »richtig« oder »falsch«, alles ist erlaubt.

Verbal: Was können Sie mit einer zusammengerollten Zeitung machen? Was würde sich verändern, wenn jeder Mensch vier Daumen hätte?

Figurativ: Malen Sie einen kleinen Kreis auf ein Blatt Papier. Wie können Sie nun aus vielen weiteren dieser kleinen Kreise ein möglichst komplexes Bild zeichnen, wenn Sie nur die Kreise unterschiedlicher Größe als geometrische Figuren verwenden dürfen?

Die Psychologin Kyung Hee Kim von der University of Williamsburg, Virginia, untersuchte 2011 die Ergebnisse von mehr als 250 000 Kreativitätstests von amerikanischen Probanden, die im Verlauf von 20 Jahren durchgeführt worden waren. Ihre Analyse zeigte, dass die Werte für kreatives Denken seit Jahren rückläufig sind. Betroffen waren Gedankenflüssigkeit, die Originalität von Ideen, die Abstraktionsfähigkeit und die Fähigkeit, in Details zu denken, sowohl verbal als auch figurativ[213]. Das Ergebnis stimmt nachdenklich. Woran liegt das?

Ein Zusammenhang mit der Intelligenz besteht eher nicht. Intelligenz und Kreativität korrelieren in entsprechenden Untersuchungen statistisch nur mäßig miteinander. Zudem zeigen weltweite Untersuchungen (einschließlich Europa), dass die IQ-Werte in den meisten Ländern im gleichen Beobachtungszeitraum sogar leicht anstiegen. Der Zuwachs liegt bei etwa 3–5

IQ-Punkten pro Jahrzehnt[214], auch wenn sich dieser Trend seit Jahren abschwächt[215].

Die Gründe für die Kreativitätsabnahme sind noch nicht ganz klar, zurzeit werden verschiedene Faktoren diskutiert. Eine Ursache könnte die allgemeine Zunahme von Stress sein. Kreatives Denken fällt unter Belastungen nämlich deutlich schwerer. Zwar kann eine leichte Anspannung das lösungsorientierte Denken durchaus ankurbeln, aber bei subjektiv starker Belastung oder Gefühlen von Traurigkeit und Angst nimmt das kreative Denkvermögen deutlich ab[216]. Eine weitere Ursache könnte der hohe Medienkonsum sein, der heute mehr denn je Arbeitspausen und Freizeitaktivitäten bestimmt. Die ständige Verfügbarkeit digitaler Unterhaltungselektronik füllt jeden Raum und verhindert echte Zerstreuung. Damit gehen Momente verloren, in denen unser Gehirn weitgehend ungestört assoziieren und Dinge kreativ entwickeln kann.

»Nixen« macht kreativer

Dieser Erklärungsansatz bekommt indirekt Unterstützung durch die interessante Beobachtung, dass der Verzicht auf digitalen Konsum zu einer Steigerung der Kreativität führt: Die Psychologin Ruth Ann Atchley von der Kansas University begleitete 56 Probanden während eines vier- bis sechstägigen Naturabenteuers. Die Probanden durften auf ihren Ausflug kein Handy oder andere digitale Unterhaltungsgeräte mitnehmen. Vorher und nachher wurde ihre Kreativität mit dem sogenannten Remote-Assoziationstest geprüft. Das Ergebnis zeigte, dass die Probanden nach der digitalfreien Erholung in der Natur ihre kreative Wortfindung um 50 % verbessert hatten[217]. Möglicherweise ergänzten sich hierbei die wohltuenden Effekte der Natur und die Möglichkeit, den eigenen Gedanken ohne ständigen Medienkonsum freien Lauf lassen zu können[218].

Meine Studenten nutzen für konsumfreies Nichtstun gerne den Begriff »Nixen«. Es ist die eingedeutschte Version des niederländischen Worts »Niksen«, das etwas ganz Ähnliches beschreibt[219]. In Abgrenzung zum klassischen »Chillen«, bei dem man für gewöhnlich mit seinem Handy herumspielt oder auf der Couch sitzend fernsieht, tut man beim Nixen tatsächlich nix.

Nichtstun ist jedoch beileibe nicht die Stärke unseres Gehirns. Die Aufmerksamkeit bleibt nämlich nicht gerne lange ohne attraktives Ziel. Deswegen fällt uns das Nixen nicht immer leicht. Nach fünf Minuten Zerstreuung keimt bei vielen Menschen die Saat der Ungeduld. Man beginnt, sich mit mittelmäßigen Videos einzulullen oder zum wiederholten Mal den Newsfeed durchzuschauen – wobei das Gehirn seinen internen Spaziergang beendet. In diese Situation kamen die Teilnehmer der Studie von Ruth Ann Atchley nicht, denn sie waren sechs Tage offline – mit nachweislich kreativen Folgen.

»Was wir heute schreiben, ist uns an einem anderen Tag in die Seele geschlichen, als wir allein waren und nichts taten.«

Lew Tolstoi (1828–1910)

Seit Längerem nutze auch ich gerne den »Untouchable Day« (da sich jeder Versuch einer Übersetzung ziemlich bescheuert liest, lassen wir es hier bei dem Anglizismus). Der Untouchable Day bedeutet, einen Tag offline zu verbringen – ohne Smartphone, Laptop oder andere digitale Geräte. Nehmen Sie sicherheitshalber einen harmlosen Sonntag, denn werktags werden Sie dies vermutlich nicht umsetzen

können; an einem Sonntag sollte es Ihnen jedoch erlaubt und prinzipiell möglich sein, sich digital abzukoppeln. Sie bieten damit nicht nur Ihrem gekrümmten Rücken und den bildschirmmüden Augen Entlastung, sondern nutzen auch die Möglichkeit, sich geistig von der Bildschirmwelt zu lösen. Dadurch entstehen längere Kopffreiräume am Stück, in denen Sie sich mit anderen Dingen beschäftigen können.

Unerträgliche Langeweile

Auf die gewohnte Unterhaltung zu verzichten fällt natürlich erst mal schwer. Schnell werden wir ungeduldig und empfinden das Nichtstun bereits nach kurzer Zeit als Langweile. Sie entsteht in der Kombination aus einer nicht-stimulierenden Umwelt und der eigenen Unfähigkeit, der Situation etwas abzugewinnen oder aus dem Leerlauf etwas zu machen. In der Forschung definieren wir Langeweile heute als Aufmerksamkeitsproblem, denn es gelingt uns im Zustand der Langeweile nicht, die Aufmerksamkeit auf externe Reize (Umwelt) oder innere Reize (Gedanken und Gefühle) zu richten, die als angenehm erlebt werden. Unsere Aufmerksamkeit findet kein lohnenswertes Ziel, obwohl der Wunsch danach eigentlich groß wäre[220].

Langeweile hat daher gemeinhin auch eher einen schlechten Ruf. Viele Künstler, Schriftsteller und Gelehrte beschrieben die Langeweile als Zustand der Leere und der Bedeutungslosigkeit. Es sei nicht ratsam, in Langeweile zu verfallen, denn so entstünde depressives Grübeln, was die Menschen unzulänglich mache.

»Alles Unglück kommt daher, dass man es nicht versteht, allein in einem Raum zu sein.«

Blaise Pascal (1623–1662)

Heute vermutet man, dass ein Großteil dieser Erfahrungsberichte von Menschen stammte, die eine manifeste Neigung zur Schwermut oder gar zu einer manisch-depressiven Störung hatten. Ihre Beschreibungen bezogen sich also eher auf affektive Grunderkrankungen mit kontinuierlichem Übergang zum »Taedium vitae«, dem Lebensüberdruss.

Sie selbst müssen sich nicht vor einer Depression fürchten, wenn Ihnen in einem Zustand der Langeweile einmal ein negativer Gedanke in den Sinn kommt. Langeweile ist keine Depression und leistet dieser auch keinen Vorschub. Zum einen ist Langeweile ein vorübergehender Moment und kein affektiver Dauerzustand, wie es bei einer Depression der Fall ist. Zum anderen beinhaltet Langeweile nicht den Aspekt von Hoffnungslosigkeit, der typisch ist für eine depressive Störung. Und zu guter Letzt ist Langeweile auch kein innerer Antriebsmangel, wie wir ihn bei der Depression sehen. Vielmehr besteht bei Langeweile der starke Wunsch, etwas zu tun und sich aus dem Zustand zu befreien.

Trotz allem können wir das Alleinsein heute nur noch schwer aushalten. Unsere Bereitschaft, die Aufmerksamkeit nur auf uns selbst zu richten, statt uns von einer medialen Außenwelt fortwährend berieseln und unterhalten zu lassen, schwindet. Die plötzliche Wahrnehmung von Langeweile erleben wir als irritierend oder gar bedrohlich. Und der Impuls, ihr sofort entkommen zu müssen, setzt nicht immer kluge Handlungen in Gang, sondern oftmals reinen Aktionismus. Salopp gesagt: Bevor wir gar nichts machen, machen wir lieber Quatsch – selbst wenn die Situationen, in die wir uns dabei begeben, hanebüchen oder schmerzvoll sind. Lesen Sie selbst.

Senf und Elektroschocks

Verzeihen Sie mir, wenn ich hier noch einmal Loriot bemühe, aber mir fällt just an dieser Stelle einer seiner großartigen Filme ein, in dem wir (amüsierte) Zeugen von zu viel Langeweile werden. In *Pappa ante portas* spielt Loriot die Figur des Heinrich Lohse, seines Zeichens Direktor der Deutschen Röhren AG. Nach der überraschenden Entlassung durch seine Vorgesetzten mit gerade einmal 59 Lebensjahren stellt der unfreiwillige Frührentner fortan sein Eheleben auf den Kopf und treibt seine Frau Renate fast in den Wahnsinn. Die Flucht aus der Langeweile endet unter anderem im Kauf mehrerer Paletten Senfgläser.

Mitunter führt die Befreiung aus der Langeweile auch zur Selbstschädigung. In diesem Zusammenhang machte der amerikanische Psychologe Timothy Wilson von der University of Virginia mit seinem Team eine aufsehenerregende Entdeckung. 18 Probanden sollten sich eine längere Zeit in einem leeren Raum aufhalten, wobei sie auf Zeitschriften, Handys und andere Ablenkungen verzichten mussten. Die meisten von ihnen gestanden nach Ablauf der Studie, dass sie sich in dem Raum furchtbar gelangweilt hatten. In dem Raum stand jedoch in einer Ecke ein Elektroschocker, mit dem man sich harmlose, aber dennoch unangenehme Elektroschocks verpassen konnte. Nach 15 Minuten gaben sich 67 % der Männer und 25 % der Frauen bis zu vier Elektroschocks, weil ihnen die Langeweile unerträglicher erschien als ein spürbarer Stromstoß. Ein einzelner Teilnehmer benutzte den Elektroschocker sogar 190-mal[221].

In einer eigenen Studie habe ich mit meiner Arbeitsgruppe dieses Ergebnis in einem etwas veränderten Setting bestätigen können. Uns ging es in der Studie um eine modifizierte Fragestellung, nämlich um die Veränderung der Schmerzwahrnehmung nach einer halben Stunde Nixen. Der Versuchsaufbau hatte allerdings große Ähnlichkeiten. Wir setzten die Studenten, ähnlich wie in den Versuchen von Wilson, in einen leeren Raum, ohne dass sie die Möglichkeit hatten, sich abzulenken (anders als man es in der geschlossenen Psychiatrie vermuten mag, hatten wir die Türen zu dem Raum übrigens nicht abgesperrt).

Das Ausmaß der Langeweile unserer 88 Probanden hielt sich insgesamt auf mittelmäßigem Niveau. Aber immerhin nutzten 22 Probanden den Elektroschocker, wobei dies interessanterweise nach dem Experiment nur 20 von ihnen zugaben. Die selbst gewählte Stromstärke bei vorgegebener Spannung lag bei 5–10 Milliampere. Das ist in den meisten Fällen schon recht unangenehm. Für die Nutzung des Elektroschockers wurden als häufigste Gründe Langeweile und Neugier angegeben. Die Motivation zur Nutzung des Elektroschockers beruhte also auf folgender Haltung: weg von einem aversiv erlebten Zustand und hin zu einem als lohnenswert erachteten Ziel[222].

Finden Sie das Ergebnis nicht auch erstaunlich? Überlegen Sie sich doch selbst einmal: Würden Sie sich lieber Schmerzen zufügen, als für eine begrenzte Zeit zu nixen? Ich unterstelle Ihnen mal eine ablehnende Antwort auf mein freundlich gemeintes Angebot. Aber das hatte die überwiegende Anzahl der Probanden in dem Experiment von Wilson auch ausgesagt. Die Realität sah dann bei aufkommender Langeweile anders aus. Alles erschien plötzlich recht, um sich möglichst rasch aus der misslichen Lage zu befreien.

Nun haben die meisten Menschen keinen Elektroschocker im Handschuhfach ihres Autos oder im Wohnzimmerschrank, sodass man Leerlaufphasen während eines Staus oder beim Fernsehschauen vermutlich nicht sofort mit Stromanwendungen begegnen wird. Aber etwas anderes verspricht ein rasches Ende dieses unangenehmen Gefühls: der Griff zum Handy.

Die digitale Liebe füllt jeden Raum

Lieben Sie Ihr Smartphone? Keine Sorge, ich werde es Ihnen nicht madig machen oder gar ausreden. Ich brauche und genieße es ja selbst. Die kleinen Maschinen in unseren Hosentaschen bieten eine immense organisatorische Vereinfachung von Lebens- und Arbeitsprozessen, ermöglichen uns bequeme Kommunikationsmöglichkeiten, und sie schenken uns ein vielseitiges Unterhaltungsangebot. Das macht die »emotionale Nähe«, die wir im Laufe der Jahre zu den Geräten entwickelt haben, plausibel; allerdings nimmt sie erstaunliche Ausmaße an. In einer Online-Befragung von 1156 Probanden im vorletzten Jahr zeigte sich, dass die empfundene Verbundenheit höher rangierte als zu den eigenen Haustieren, den Nachbarn oder den Arbeitskollegen. Viele gaben die erstaunliche Antwort, dem eigenen Gerät in hohem Maß zu vertrauen, und sie waren davon überzeugt, nicht von ihm enttäuscht zu werden[223].

Ungefähr 75 % der Menschen entfernen sich innerhalb von 24 Stunden niemals weiter von ihrem Smartphone weg als 1,5 Meter. Das verweist auf eine körperlich enge Beziehung. Tatsächlich berühren wir heute nichts so oft wie unsere Bildschirme. Eigentlich müssten unsere Sexualpartner heute fast eifersüchtiger auf unsere Smartphones als auf menschliche Nebenbuhler sein.

In der berühmten »Kaffeehaus-Studie«, bei der Pärchen aus verschiedenen Ländern während eines Nachmittags in Cafés beobachtet wurden, zeigte sich, dass sich Franzosen durchschnittlich 110-mal und Puerto Ricaner sogar 180-mal in einer Stunde berührten. Die Briten rissen den Schnitt nach unten, bei ihnen kam es praktisch zu gar keiner Berührung während des nachmittäglichen Treffens[224]. Zur englischen Ehrenrettung: Die zitierte Studie ist schon über 50 Jahre alt, es mag sich in der Zwischenzeit geändert haben.

Wie oft wir heute in Deutschland unsere eigenen Partner pro

Tag berühren, kann ich übrigens nicht genau sagen. Aktuelle Daten existieren meines Wissens nach nicht (falls Sie über die täglichen Berührungen Ihres Partners akribisch Tagebuch führen, schicken Sie mir gerne Ihre Aufzeichnungen). In jedem Fall werden es im Vergleich zu den Bildschirmberührungen verschwindend wenige sein. In einer Untersuchung wurden knapp 100 User gebeten, eine App zu installieren, die jede Form einer Berührung, also das Wischen oder das Tippen, über die Dauer von fünf Tagen zählte. Das Ergebnis belief sich durchschnittlich auf 145 Minuten tägliche Nutzung und 2617 Berührungen pro Tag[225].

Die Bildschirmberührungen sind Indikatoren für die Häufigkeit der Nutzung. Die Wirtschaftspsychologin Sarah Diefenbach und der medienforscher Daniel Ullrich von der LMU München führen in ihrem Buch *Digitale Depression* aus, dass etwa ein Drittel aller Handynutzer ihre Geräte nicht mehr abschalten und in sämtlichen Lebenslagen nutzen, selbst im Restaurant, in der U-Bahn oder an der Bushaltestelle[86]. Im Herbst 2020 führte ich mit Sarah Diefenbach zum Thema Digital Detox ein Streitgespräch für den Deutschlandfunk – auch wenn es zum Leidwesen der Redakteurin gar nicht zum Streit kam, weil wir inhaltlich zu sehr übereinstimmten. Sie gab dabei an, dass erwachsene Menschen heute über 80-mal pro Tag zum Handy greifen[226]. Die häufige Nutzung macht plausibel, warum wir kaum noch geistige Leerlaufphasen haben.

Die Angst vor dem Alleinsein, etwas verpassen oder den Anschluss verlieren zu können (populärwissenschaftlich auch »fear of missing out« genannt), verführt viele Menschen zum impulsiven Griff nach dem Smartphone und verhindert damit Momente der Zerstreuung. Letztendlich wird das Einsamkeitsgefühl aber genau dadurch viel mehr gefördert, dass wir eben nicht gelernt haben, gelegentlich alleine mit uns zu sein. Denn mit jeder Maßnahme, die wir ergreifen, um den Leerlauf um jeden Preis zu verhindern, indem wir unentwegt konsumieren oder kommunizieren, gewöhnen wir uns an das Grundrauschen um uns herum. Versiegt der unterhaltende Informationsfluss plötzlich, ist die emotionale Wucht der Kollision mit uns selbst groß. Die Entfernung vom eigenen Ich macht weniger autonom.

Alleine mit sich sein zu können bedeutet nicht, einsam zu sein, sondern eine Beziehung zu sich selbst aufzubauen. Zeit mit sich verbringen zu können, selbst wenn es zwischenzeitlich einmal langweilig wird, eröffnet die Möglichkeit, innere Stabilität zu entwickeln und Spannungszustände psychisch zu bewältigen, statt permanent von einer äußeren Reizwelt abgelenkt und dadurch letztlich von ihr abhängig zu werden.

»Langeweile ist ein böses Kraut. Aber eine Würze, die viel verdaut.«

Johann Wolfgang von Goethe (1749–1832)

Quicktipp

Analoge Zerstreuungshilfen

Um Ihnen die digitalen Fluchtmöglichkeiten abzuschneiden, will ich Ihnen einen analogen Steigbügel reichen, um sich zerstreuen zu können: Beim Ausmalen von Mandalas können Ihre Gedanken leicht auf Wanderschaft gehen. In den Bahnhofskiosken finden Sie hierfür zahlreiche Vorlagen.

Ich will eingefleischten Überzeugungstätern hier keinesfalls ihre filigrane Kunstfertigkeit absprechen. Lassen Sie es mich daher vielleicht so formulieren: In der Regel belässt einem das Ausmalen von Mandalas ausreichend geistige Kapazitäten, um sich nach innen zu wenden. Mandalas kommen ohne viel Scheinwerferlicht aus. Daher empfehle ich sie gerne. Vielen meiner Klienten haben diese Einstiegshilfen wertvolle Dienste geliefert. Über die ästhetische Schönheit dieser hinduistischen Kunstform kann man natürlich streiten,

aber Sie müssen ja auch nicht Ihr Wohnzimmer damit vollhängen. Ihr Sinn ist weniger die spätere Verwertung, sondern der Nutzen des gegenwärtigen Moments: Sie zerstreuen sich leichter.

Ihre innere Stimme entscheidet

Leerlaufphasen verhelfen uns nicht nur zu Ideen und Lösungswegen. Wenn wir uns zerstreuen (und dabei offline bleiben), kommen wir auch eher in einen inneren Dialog mit uns. Unsere »innere Stimme« zu hören kann uns dann helfen, uns über etwas klar zu werden oder eine Entscheidung zu treffen.

Im normalen Alltag nutzen wir häufig solche Informationsquellen, die meist ganz unbewusst aus unserem Inneren heraus unsere Gedanken und Gefühle lenken und zur Grundlage unseres Verhaltens werden: Wenn Sie beispielsweise in der Vergangenheit einmal im Internet eine Wohnung oder ein Reiseziel suchten, versetzte Sie sicher schon mal das eine oder andere Angebot, auf das Sie bei Ihrer Recherche stießen, in Hochstimmung. Auf einen Schlag waren Sie sich sicher: Das ist es, was Sie wollen. Ihre Stimmung hellte sich auf, und Sie entschieden sich spontan. Wenn Ihr Lebenspartner Sie anschließend fragte, warum Sie so gewählt hätten, zuckten Sie die Achseln und sagten, es sei »so ein Gefühl« gewesen.

Die innere Stimme ist als Begriff in der Psychologie bis heute schlecht definiert. An der Stelle kann ich Sie allerdings beruhigen: Selbst bei sehr lauten Varianten handelt es sich nur in den seltensten Fällen um akustische Halluzinationen. Wir sprechen vielmehr von der »Intuition«, also von einer Form der inneren Betrachtung einer Sache (lat. intueri = anschauen), die nicht durch rationales Nachdenken zu verstehen oder erklärbar ist. Durch unsere Intuition gewinnen wir Erkenntnis und Einsichten, ohne über die Dinge angestrengt zu grübeln oder logisch zu schlussfolgern. Je mehr Erfahrungen wir haben, desto besser gelingt das: Versierte Fußballspieler »ahnen« auf diese Weise den richtigen Spielzug, langjährig tätige Zollbeamte »riechen« Schmuggler bei der Passkontrolle an der Grenze, und chirurgische Experten »fühlen« bei einer Operation das richtige Handling.

Falls Sie jetzt denken, Wissenschaftler betrachteten die Welt allein rational und gelangten ausschließlich durch logisches Denken zu ihren Erkenntnissen, täuschen Sie sich. Gerade sie vertrauen sogar sehr häufig auf ihre Intuition. Schauen wir hierfür kurz in Stockholm vorbei. Dort werden die Nobelpreisträger aus den Bereichen der Medizin, der Chemie und der Physik für gewöhnlich einige Tage nach der Preisverleihung vor Ort zu ihrer Forschungsarbeit und den Hintergründen ihrer Arbeitsweise befragt. Eine Arbeitsgruppe der Universität Göteborg wertete die Transkripte dieser Diskussionen und Interviews 14 Jahre lang aus. Das Ergebnis: Alle erfolgreichen Wissenschaftler schätzten ihre Intuition als besonders wertvoll ein. Meist waren sie überhaupt nur durch intuitives Gespür zu ihren Ideen gelangt. Das logische Denken trug allenfalls dazu bei, Details zu prüfen und zu belegen, aber die intuitive Erwartung gab den Weg vor, der zum Ziel führte[227].

> *»Der intuitive Geist ist ein heiliges Geschenk,*
> *der rationale Geist ein treuer Diener.*
> *Wir haben eine Gesellschaft geschaffen,*
> *die den Diener ehrt und das Geschenk vergessen hat.«*
>
> Albert Einstein (1879–1955)

Der Wegweiser der Intuition führt jedoch auch mal in die Irre. Denn Intuition basiert unserem derzeitigen Wissensstand zufolge vor allem auf Vorerfahrungen. Unsere innere Stimme sagt uns also, was in einer ähnlichen Situation in der Vergangenheit »ge-stimmt« hat. Aber die Welt ändert sich, und nicht immer sind die Erfahrungswerte von gestern gute Ratgeber für die Probleme von heute oder morgen. Fehleinschätzungen und -entscheidungen sind die Folge. Intuition braucht daher Reflexion. Ein Bauchgefühl oder eine innere Stimme sollten Sie immer kritisch prüfen, zumindest in relevanten Situationen.

Dennoch zeigt die therapeutische Erfahrung mit Menschen in Entscheidungssituationen: Die Intuition ist eine wichtige Orientierungshilfe, denn es geht in den meisten Fällen nicht darum, immer die richtigen Entscheidungen zu treffen, sondern solche, mit denen man leben kann. Und das geht immer Seite an Seite mit der inneren Stimme. Der Intuition zu folgen macht Entscheidungen »stimmig«; sie sollte daher eine gewisse Mitsprache am Entscheidungsprozess haben. Wer sein Bauchgefühl nicht als unfehlbare Gewissheit, sondern als Möglichkeit versteht, Stimmigkeit in einer unüberschaubaren Welt herzustellen, profitiert bei seinen Entscheidungen von seiner Intuition.

Zu viele Argumente verwirren

Als Psychiater machen wir etwas Ähnliches wie Kardiologen: Wir kümmern uns um die »Herzensangelegenheiten« unserer Klienten. Dabei stelle ich immer wieder fest, dass sich die meisten Menschen in romantischen Lebenssituationen gerne auf ihr Bauchgefühl verlassen. Für Probleme beruflicher und finanzieller Art nutzen sie dagegen fast immer rationale Strategien und lehnen intuitive Herangehensweisen ab[228]. Dabei fasse ich mich allerdings an die eigene Nase, denn es geht uns allen so: Statt sich auf das zu verlassen, was gefühlsmäßig einleuchtet, entscheiden wir uns lieber für das, was sich besser erklären und berechnen lässt.

Bei der Problemlösung vertrauen wir dem analytischen Verstand generell meist mehr als der Intuition. Wir halten an dem Versuch fest, unübersichtliche Situationen möglichst logisch und bilanzierend zu erfassen und uns anhand von rationalen Argumenten zu orientieren. Bei manchen Problemen kommen wir damit aber der Lösung keinen Schritt näher. In der Welt von Big Data mit ihren beeindruckenden technologischen Möglichkeiten sauber ermittelter Datensätze und analytischer Algorithmen nimmt das Vertrauen in intuitive Entscheidungsprozesse ab[229]. Dabei zeigen mehrere Untersuchungen, dass die Berücksichtigung der inneren Stimme die meisten Entscheidungen verbessert – auch die, bei denen es sich eben nicht um Liebe und Partnerwahl dreht[230, 231].

Der Wunsch, allen Pro und Kontras rational gerecht zu werden, führt schnell zur Überforderung. Denn je mehr Informationen wir für unsere Entscheidungsfindung hinzuziehen, desto schwerer fällt es unserem Vorderhirn, die relevanten Informationen herauszufiltern. Im schlimmsten Fall endet die Qual der Wahl in einem Zustand der Starre.

Dem französischen Philosophen Jean Buridan (1300–1358) wird folgendes Gleichnis in den Mund gelegt: »Ein Esel stand zwischen zwei Heuhaufen. Er überlegte angestrengt, von welchem er zuerst fressen sollte, und wägte das Für und Wider sorgfältig ab. Da aber beide Heuhaufen exakt gleich waren, konnte sein Verstand keinen Vorteil des einen oder Nachteil des anderen erkennen. Da er sich trotz aller geistiger Bemühungen nicht entscheiden konnte, verhungerte er schließlich.«[232] Die Zerrissenheit des armen Tiers endet tödlich.

Die Belastung durch ambivalente Konflikte besteht oft darin, dass der Verstand die Wahl durch logische Operationen oder rein rationale Argumente nicht lösen kann. Halten wir dennoch daran fest, benehmen wir uns selbst wie Esel. Mit etwas Abstand und Ruhe wird die Situation klar, denn es meldet sich unsere innere Stimme, die uns gerade in den unübersichtlichen und hochkomplexen Angelegenheiten unseres Lebens eine wertvolle Orientierung geben kann.

Ruhe sedimentiert die Gedanken

Die größte Herausforderung ist jedoch zunächst einmal, die innere Stimme überhaupt zu hören, denn meistens ist sie leise und im Alltagslärm leicht überhörbar. Das Grundrauschen um uns herum deckt alles zu. Und die ständige Orientierung auf die äußere Welt erschwert die subtile Wahrnehmung für innere Prozesse. Der Aufmerksamkeitsscheinwerfer, der sein Licht auf die äußere Bühne richtet, kann nicht gleichzeitig Dinge beleuchten, die sich im Inneren abspielen. Die Wahrnehmung für uns selbst geht verloren. Der amerikanische Ökonom Herbert Simon (1916–2001) formulierte dies sehr treffend: »Ein Reichtum an Informationen schafft eine Armut an Aufmerksamkeit.«

Auch Stress lässt die innere Stimme verstummen. Denn in der hektischen Betriebsamkeit des Alltags richtet sich die Aufmerksamkeit ebenfalls überwiegend nach außen. Der Kanal, der das Bewusstsein mit dem Unterbewusstsein verbindet, ist immer sehr schmal, daher verläuft die Kommunikation auch oftmals nur mäßig. Bei Stress wird sie schlechter.

Erst in Phasen der Zerstreuung meldet sich die innere Stimme wieder, und wir können in einen Dialog mit ihr treten: Was fühlt sich richtig an? Womit käme ich gut zurecht? Am besten spüren wir unsere innere Stimme, wenn es still ist um uns herum, wenn wir entspannt sind und wenn wir beim In-uns-hinein-Spüren nicht permanent abgelenkt oder gestört werden.

In einer Vorlesung nutze ich zur Veranschaulichung manchmal ein volles Glas Wasser, in das ich Sand und etwas Erde geschüttet habe. Ich rühre es kraftvoll mit einem Löffel um und präsentiere es meinen Studenten. Die Klarheit im Wasser geht verloren, der Schmutz trübt die Sicht. Aber wie bei jeder Dispersion lösen sich die Bestandteile nicht. Wir können die Verunreinigungen sedimentieren lassen, wenn wir das Glas einen Moment in Ruhe stehen lassen. Der Sand und die Erde setzen sich allmählich auf dem Boden ab, und das Wasser darüber wird wieder klar. Jetzt erkennen wir wieder feine Strukturen und Details im Wasser.

Ähnlich verhält es sich mit den Informationen, die unser Geist aufschnappt und die ihn bei einem Übermaß verwirren. Wir sehen nicht mehr »klar«. Mit etwas Ruhe ordnet sich alles. Unser Gehirn räumt auf. Informationen werden verarbeitet, und Emotionen beruhigen sich. Dann meldet sich auch unsere innere Stimme wieder, die uns einen Hinweis gibt. Mitunter äußert sie sich nur als schwach wahrnehmbare, schwer zu beschreibende und vage Ahnung. Andere Eindrücke drängen sich uns in Form eines deutlichen Bauchgefühls so stark auf, dass wir uns ganz sicher fühlen und unser Gefühl sofort in Worte fassen könnten.

Wenn man diesen feinen Kommunikationskanal nun durch eine Flut von Ablenkungen und Unterbrechungen belastet, bricht der Dialog ab. Häufige Unterbrechungen wirken auf uns so, als würde jemand ständig den Löffel in dem besagten Glas mit Sand und Erde herumdrehen. Das Wasser ist dann wieder eingetrübt und erschwert die Durchsicht. Das verschlechterte in experimentellen Studien nachweislich die Entscheidungsfindung[233].

Im Verlauf der Geschichte finden sich zahlreiche Beispiele für gute innere Dialoge, die Menschen in Phasen der Ruhe und Abgeschiedenheit mit sich führten. In der Antike war in Vorderasien die sogenannte Hieroskopie gebräuchlich, also die Zeichendeutung und Zukunftsvorhersagen anhand der Leber und anderer Eingeweide von Opfertieren. Weise und Gelehrte beugten sich in einer feierlichen Zeremonie über die toten Tiere und entnahmen den Gedärmen wegweisende Zeichen[234]. Wahrscheinlich war es schlichtweg ein starkes Bauchgefühl, zu dem die Gelehrten bei diesem Orakel gelangten; die Gedanken sedimentierten, der Geist wurde klarer. Mitunter nutzte man bei den Zeremonien auch Kräuter und Drogen, um die Assoziationsfähigkeit des Gehirns zu steigern. Das alles trug dazu bei, dass die innere Stimme hörbar wurde. In Verbindung mit der langjährigen Lebenserfahrung der alten Weisen gelangen ihnen auf diese Weise häufig treffsichere Entscheidungen. Bei den Orakeln anderer Völker verhielt es sich vermutlich ähnlich. In jenen Zeiten glaubten die Menschen an eine göttliche Eingebung. Heute geht man davon aus, dass es sich bei diesen kulturell unterschiedlichen Befragungen schlichtweg um die eigene Intuition handelte, die sich zu Wort meldete, wenn alles andere im Gehirn schwieg.

Nach Delphi zu reisen oder aus Schafgarbenstängeln Muster zu legen, können Sie sich also sparen, wenn Sie zu einer inneren Gewissheit gelangen möchten. Gehen Sie lieber in den Wald, und lassen Sie Ihrem Geist freien Lauf, wenn Sie vor einer wichtigen Entscheidung stehen. Ihr Bauchgefühl wird Sie nicht im Stich lassen.

Der Weg der Kontemplation

> *»In der Stille werden die wahrhaft großen Dinge geboren.«*
>
> Thomas Carlyle (1795–1881)

Das Aufräumen, also die innere Auseinandersetzung mit den Dingen, die einen gedanklich beschäftigen und emotional bewegen, entspricht im Grunde genommen der dem antiken Begriff der »Kontemplation«. Die Philosophen unterschieden die Vita activa von der Vita contemplativa[235]. Das aktive Leben umfasste die praktische Arbeit, soziale Aktivitäten und die Erziehung. Es war überwiegend durch konkretes Handeln und Tun gekennzeichnet. Das kontemplative Leben diente hingegen dem Beobachten, dem Hinterfragen und dem Erkennen. Es war ein überwiegend mentales Geschehen, das durch Nachdenken und gemeinsames Diskutieren Ausdruck fand. Insgesamt verhielt sich die Kontemplation zum anstrengenden Arbeiten wie ein Gegenstück und wie ein Ausgleich. Philosophisch gebildete Menschen reservierten sich täglich etwas Zeit zum Reflektieren, allein oder in kleinen Gruppen. Man besprach sich, solidarisierte sich, hinterfragte sich, ergänzte sich und rang (verbal) miteinander. Spaziergänge in Wandelhallen, Saunagänge und Lagerfeuer waren beliebte Hilfsmittel, die die Zerstreuung des Geistes unterstützten.

Sinn und Ziel dieser kulturellen Praxis sind dem Wort zu entnehmen: Kontemplation bedeutet so viel wie »geistige Betrachtung«. Das genaue Anschauen (statt Wegschauen durch Ablenkung) schaffte überhaupt erst die Voraussetzung dafür, Probleme zu lösen. Die vertiefte Auseinandersetzung mit einer Sache diente dem Verständnis. Ideen wurden geprüft, mit Fakten verdichtet und weiterentwickelt. Übrigens spielte auch die Intuition eine nicht unerhebliche Rolle, um zu Überzeugungen oder Entscheidungen zu gelangen. Die Kontemplation kennt viele Ausdrucksformen und wurde von Menschen in aller Welt und in allen Epochen geschätzt und gepflegt. Ihre Essenz ist dabei immer die gleiche: regelmäßiges Innehalten und Insichkehren, um die Gedanken und Gefühle »in Ordnung« zu bringen.

Im Prinzip beschreibt das Motto »ora et labora« (»bete und arbeite«) der christlichen (Benediktiner-)Mönche etwas sehr Ähnliches. Phasenweise arbeiteten die Mönche sehr hart, aber es war genauso wichtig, während anderer Phasen des Tages die innere Ruhe im Gebet zu suchen. Die typischen Gedanken eines Gebets ordneten ihre Gedanken: Die Bewusstwerdung dessen, was sich ereignet hatte, die Dankbarkeit für die schönen Erlebnisse des Tages, die Verpflichtung anstehender Aufgaben usw. Angehörige aller Glaubensrichtungen nutzen bis heute Gebete, um Trost und Ordnung zu finden. Sie helfen, das Geschehene und Erlebte zu erinnern, emotionalen Frieden zu finden oder Klarheit für den nächsten Tag zu gewinnen. Unabhängig von der theologischen Frage einer Gottesexistenz hat das Beten eine strukturgebende und Sicherheit spendende Funktion.

Der Preis, den wir heute für multimedialen Konsum und Dauerunterhaltung zahlen müssen, ist der Mangel an Zeit, in der wir mit uns alleine sind. Kontemplative Momente sind selten geworden im digitalen Grundrauschen und im Lärm der Informationen um uns herum. Die Folge ist eine gering entwickelte mentale Autonomie, die sich auf verschiedene Arten zeigen kann: ein fehlendes Gespür für die eigenen Bedürfnisse, ein Mangel an Konfliktbewältigung, eine Unsicherheit, Entscheidungen selbstständig zu treffen, oder die Unfähigkeit, Probleme selbstverantwortlich zu lösen. Wer viel Zeit für die Kontemplation aufwendet, lernt sich besser kennen und reift. Antworten auf Fragen zu finden und Probleme zu lösen stärkt einen und nährt die Überzeugung, das eigene Leben kontrollieren zu können. Wer dagegen kaum Zeit mit sich verbringt, weil er sich ständig ablenken und einlullen lässt, fühlt sich weniger selbstwirksam.

Möglicherweise erklärt genau dieser Verlust an mentaler Autonomie, warum insbesondere junge Menschen seit Jahren das Gefühl haben, ihr Leben nicht mehr so gut kontrollieren zu können. In der Psychometrie nutzen Forscher die von Julian Rotter entwickelte *Internal-External-Locus of Control Scale,* um zu beurteilen, wie Menschen die Kontrollierbarkeit ihres Lebens einschätzen. Überzeugungen, das eigene Leben selbst lenken zu können und seine Probleme in den Griff bekommen zu können, steht an einem Skalenende, die Auffassung, fremdbestimmt zu sein, am anderen Skalenende. Wissenschaftler der San Diego University fanden vor mehreren Jahren heraus, dass sich das

Kontrollgefühl in den letzten Jahrzehnten immer weiter in Richtung external verschob. Zunehmend mehr Menschen haben also das Gefühl, ihre Probleme nicht mehr selbst lösen zu können[236].

Kontemplative Momente, in denen wir dem Denken und Fühlen nicht aus dem Weg gehen, sondern es bewusst fördern, erhöhen die Kompetenzen in diesen Bereichen und lassen uns reifen. Die zwischenzeitliche digitale Entkopplung halte ich hier nicht nur für hilfreich, sondern sogar für notwendig, um diese Prozesse in Gang zu setzen.

Nicht zu achtsam

Die Tiefe Stunde, die ich Ihnen in der Folge empfehlen möchte, mag Sie möglicherweise zunächst an Prinzipien der »Achtsamkeit« erinnern, die seit vielen Jahren Bestandteil der Empfehlungen bei Stress und Überlastung sind. Hierunter versteht man einen rezeptiven Aufmerksamkeitszustand, bei dem man seine Gedanken und Gefühle nicht festhält und verfolgt, sondern vorüberziehen lässt. Von jeglichen Bewertungen nimmt man Abstand. Das Konzept der Achtsamkeit basiert ursprünglich auf der buddhistischen Meditationslehre. Es ist aber insgesamt bis heute schlecht definiert und gerät zunehmend in die Kritik.

Ich sehe das Konzept ebenfalls kritisch, zumindest in der Weise, wie es aktuell propagiert wird. Zwar können einzelne Übungen durchaus sehr hilfreich sein (denken Sie beispielsweise an die Übung zur Intensivierung Ihrer Wahrnehmung im ersten Kapitel); insgesamt halte ich die Entkopplung von Wahrnehmung und Bewertung aber für unrealistisch. Wir tendieren zwar ohne jede Frage oftmals vorschnell zu Bewertungen und halten mitunter zu stark an ihnen fest. Dann kann eine Lockerung der eigenen Bewertungen durchaus sinnvoll sein. Aber prinzipiell sind sie unverzichtbar, denn sie sind wichtige Motivatoren. Gerade, weil wir Dinge positiv bewerten, erleben wir Begeisterung und Aufbruchsstimmung. Und gerade, weil wir Umstände negativ bewerten, verspüren wir Unzufriedenheit und den Wunsch, etwas zu verändern. Ein Verzicht darauf kann zu einer Indifferenz führen, die genau das Gegenteil ist von dem, für das ich an dieser Stelle werbe. Achtsame Akzeptanz kann sedierend auf den Menschen wirken. Ihr unkritischer Einsatz hat schon einige meiner Klienten und Patienten eher von der Problemlösung entfernt, statt sie ihr näher zu bringen. Studien zeigen übereinstimmend mit dieser Beobachtung, dass ein klassisches Achtsamkeitstraining die Motivation und die Willenskraft, Probleme zu lösen, reduziert[237].

Ihre Tiefe Stunde ist als konstruktive Hilfe gedacht, die eine Ressourcenaktivierung beinhaltet. Die bewusste Wendung nach innen soll dabei helfen, Antworten und Ideen zu finden, die Sie weiterbringen. Sie sollen auch keinen Abstand zu Ihren Gefühlen einnehmen, sondern ihre Signalwirkung nutzen. Und Ihrer inneren Stimme sollen Sie nicht wie einer vorüberziehenden Wolke mit einem buddhistischen Lächeln hinterherschauen. Sie sollten sie vielmehr als Freundin und Ratgeberin begreifen, die Ihnen in vielen Situationen zur Seite steht und hilft, stimmige Entscheidungen zu treffen – und sich selbst besser zu steuern.

Meine Empfehlung: Ihre Tiefe Stunde des Abschweifens

> *»Wahre Intelligenz arbeitet im Stillen. Es ist die Stille, in der Kreativität und Problemlösungen zu finden sind.«*
>
> Eckart Tolle

In diesem Kapitel lag es mir am Herzen, mit Ihnen einen Aspekt unserer Aufmerksamkeit zu beleuchten, der mit unserer Innenwelt zu tun hat. Ich habe Ihnen zeigen wollen, dass die faszinierende Fähigkeit des assoziativen Denkens der Schlüssel zum kreativen Denken ist. Durch die Beschäftigung mit unseren Gedanken können wir uns Fragen beantworten, Lösungen finden und uns selbst und andere verstehen. Dafür bedarf es der Wendung nach innen, einer Form der Zerstreuung, die nicht durch eine auf die Außenwelt gerichtete Aufmerksamkeit gebunden wird. Neurobiologisch stark an diesen Prozessen beteiligt ist neben Anteilen des Aufmerksamkeitssystems vor allem das Ruhezustandsnetzwerk.

Ich möchte Ihnen auch in diesem Rahmen eine Tiefe Stunde nahelegen, um in Kontakt mit sich zu treten. Hier können Sie Ihre Gedanken wandern lassen. Nicht jeder Einfall kann dabei so erhellend sein, dass sich alle Probleme in Luft auflösen. Und nicht jedes Gefühl stimmt positiv oder wird stolz machen. Aber wenn Sie sich eine kleine konsumfreie Zeitspanne erlauben und sich auf eine echte Zerstreuung einlassen, werden Sie viele Ihrer Gedanken ordnen können. Sie werden zu neuen Erkenntnissen gelangen und Ihr Verhalten bewusster steuern können. Machen Sie einen Spaziergang zu sich selbst. In einer digitalen Welt, der Sie so viel von Ihrer kostbaren Aufmerksamkeit widmen, sollten Sie etwas Zeit finden, den Scheinwerfer hin und wieder umzuschwenken.

Clear your mind

Machen Sie es sich in einem Sessel oder auf einer Parkbank gemütlich und lassen Sie Ihren Gedanken freien Lauf. Richten Sie Ihre Aufmerksamkeit nicht zu angestrengt auf äußere Prozesse. Sie brauchen das Licht nicht komplett ausknipsen, aber dimmen Sie den Lichtstrahl, der auf die äußere Bühne fällt. Lassen Sie Ihr Handy einmal während dieser Stunde ausgeschaltet, denn Konsum zerstört echte Zerstreuung.

Wenn Sie bereit sind, dann öffnen Sie Ihre inneren Kommunikationskanäle: Alle Gedanken, Gefühle und anderen Strömungen, die sonst kein Gehör oder Beachtung finden, sind jetzt erlaubt. Nichts wird vom kreativen Prozess ausgeschlossen, alles wird miteinander in einen Dialog gebracht. Versuchen Sie, Ihre Gedanken und Gefühle nicht allzu sehr zu lenken oder zu kontrollieren. Das Ruhezustandsnetzwerk hilft Ihnen beim Assoziieren. Drei Beispiele sollen den Gewinn dieser Auszeit verdeutlichen:

Nehmen wir an, Sie überlegen sich seit Tagen, wie Sie den 80. Geburtstag Ihres Vaters ausrichten könnten. In der hektischen Betriebsamkeit zwischen Beruf und Familie haben Sie nicht den Hauch einer Idee, wie Sie das Fest gestalten könnten. Beim ruhigen Blick aus dem Fenster während Ihrer Tiefen Stunde haben Sie plötzlich einen Einfall. Je länger Ihre Gedanken ungestört auf Wanderschaft gehen, desto konkreter und plastischer werden Ihre Vorstellungen. Diesen kreativen Prozess sollten Sie laufen lassen und auf keinen Fall durch ein Katzenvideo unterbrechen.

Stellen Sie sich alternativ vor, Sie hatten einen Konflikt mit einem Kollegen am Vortag, und Sie erinnern sich während der Tiefen Stunde an diese Auseinandersetzung. Das kann Sie zunächst natürlich aufwühlen und Betroffenheit auslösen, aber plötzlich kommt Ihnen ein Gedanke, warum sich Ihr Kollege in dieser angespannten Situation so verhielt oder warum Sie selbst so reagierten. Dieser Einfall flexibilisiert Ihr Denken und führt zu einem Perspektivenwechsel. Es ist der erste Schritt zur Lösungsfindung Ihres Problems – und vielleicht zu einer Versöhnung.

Möglicherweise stehen Sie auch gerade vor einer wichtigen Entscheidung, die Sie in ein paar Tagen treffen müssen. Während Ihre Gedanken an die bevorstehende Situation im Verlauf der Tiefen Stunde kurz in Ihrem Kopf vorüberziehen, spüren Sie in dem Zustand der inneren Gelassenheit und der Ruhe um sich herum ganz unvermittelt eine leise Stimme aus dem Bauch. Und auf einmal fällt es Ihnen wie Schuppen von den Augen: Jetzt ist es ganz klar, wie Sie es machen werden.

Ihre Tiefe Stunde ist also kein simples Faulenzen. Sie ist eine hilfreiche Maßnahme zur besseren Strukturierung Ihres Geistes. Erinnern Sie sich an das Glas Wasser? Bei zu viel aufgewirbeltem Schmutz im Glas verliert sich die Klarheit, und Sie übersehen vielleicht wichtige Bedürfnisse, Lösungen und Perspektiven. Die Tiefe Stunde hilft Ihnen, Ihre Gedanken zu sedimentieren und wieder durchzublicken.

Steigern Sie Ihre Zerstreuungszeit schrittweise, beginnen Sie anfangs vielleicht mit nur 30 Minuten. Deswegen ist Ihre Tiefe Stunde noch keine »halbe Sache«. So lange sollte die Auszeit jedoch mindestens andauern, da das Ruhezustandsnetzwerk eine gewisse Anlaufphase benötigt.

Ansonsten gilt der gleiche Ratschlag wie bei den vorherigen Tiefen Stunden: Anfangs nicht übertreiben. Steigern können Sie, sobald Sie merken, wie gut Ihnen diese intensive Hinwendung zu sich selbst tut. Eine kurze, aber regelmäßige Auszeit im Alltag zu etablieren ist wertvoller, als einen neuen Rekord in gedanklicher Versunkenheit aufzustellen, die anschließenden Wochen dafür dann aber keine Zeit mehr zu finden. Die Tiefe Stunde ist keine Leistung, sondern eine Haltung.

»Das Beste ist die tiefe Stille, in der ich
gegen die Welt lebe und wachse und gewinne,
was sie mir mit Feuer und Schwert nicht nehmen können.«

Johann Wolfgang von Goethe (1749–1832)

Sie müssen nicht nixen

Sie brauchen gar nicht »nichts« tun, um Zerstreuung zu finden. Eine Metaanalyse zahlreicher Studien zu dem Thema legt nahe, dass Puzzeln oder Stricken die Zahl der Einfälle mitunter sogar stärker erhöhen kann, als vor sich hin zu dösen[238]. Entscheidend ist lediglich, sich in einer Tiefen Stunde genügend Kopffreiräume zu lassen, um abschweifen zu können. Wenn Sie also ungern auf einer Parkbank sitzen, können Sie auch kleinere Tätigkeiten während Ihrer Tiefen Stunde ins Auge fassen, solange Sie dabei zerstreut bleiben. Das fällt deutlich leichter, wenn Sie Übung in dieser Tätigkeit haben. Je leichter Ihnen die Sache von der Hand geht, desto eher gelingt es Ihnen, Ihre Aufmerksamkeit nach innen zu richten[239]. Selbst das geübte Bügeln kann zum Gedankenwandern führen (außer bei verknitterten Hemdkragen, die regelmäßig meine volle Konzentration erfordern und mein emotionales Gleichgewicht gefährden).

Wenn Sie nicht nixen wollen, sondern eine motorische Aktivierung bevorzugen, um sich zerstreuen zu können, sollte die Tätigkeit außerdem keinem »Nützlichkeitsimperativ« unterworfen werden. Natürlich haben auch das Bügeln oder Kehren ein Ziel und ihren Nutzen. Aber im Normalfall stehen Sie nicht unter Zeit- und Effizienzdruck. Genau das ist eine wichtige Voraussetzung für das Abschweifen. Je unwichtiger und bedeutungsloser es ist, was Sie gerade tun, desto leichter wird es Ihnen fallen, sich zu zerstreuen. Der deutsche Kabarettist und Schauspieler Gerhard Polt prägte einmal den schönen Begriff des »Herumschildkrötelns«. In einem Interview für die *Süddeutsche*

Zeitung beschrieb er sich selbst in solchen Momenten wie folgt: »Ich sinnlose mit Begeisterung vor mich hin.«[240]

Dankbare Momente, bei denen sich unsere Aufmerksamkeit nach innen richtet und unsere Gedanken abschweifen, finden wir typischerweise auch beim Wandern in den Bergen, beim Rudern auf einem See, während einer handwerklichen Tätigkeit oder möglicherweise beim Gottesdienst in der Kirche. Probieren Sie die Tiefe Stunde unbedingt auch in der Natur. Oft sind es gerade die reizarmen, monotonen Umgebungen, in denen uns bei fehlenden äußeren Ablenkungen das Abschweifen relativ einfach gelingt.

Der Philosoph Lukrez (98–55 v. Chr.) empfahl übrigens Bordellbesuche[241]. Falls Sie an dieser Stelle jetzt von mir eine wissenschaftliche Einschätzung erwarten: Ich kann hier weder Studien noch Erfahrungen beisteuern. Lukrez meinte mit seinem wohlwollenden Ratschlag auch mehr die Bewältigung schwermütiger Gedanken wie Liebeskummer durch neue Liebschaften. Letztlich handelt es sich hier also auch eher um Ablenkung und weniger um eine echte Zerstreuung. Dennoch sei Lukrez an dieser Stelle sein Bewältigungsmanagement natürlich von ganzem Herzen gegönnt.

Verlassen Sie die gewohnte Umgebung

Um auf frische Ideen zu kommen und hilfreiche neue Perspektiven zu gewinnen, kann es sinnvoll sein, den Ort zu wechseln, an dem man sich eine Tiefe Stunde gönnt. Durch einen Tapetenwechsel (hier im übertragenen Sinne gemeint) entfernen wir uns nämlich zeitlich und räumlich von den Problemen und Sorgen des Alltags, um sie dann aus einer anderen Perspektive zu betrachten. Zudem gewinnen wir an anderen Orten neue Reizeindrücke. Daher kommen uns woanders häufig gute Ideen oder Lösungen für Probleme, die wir schon seit Langem vor uns herschieben. In Studien ist dieser Umstand schon des Öfteren beobachtet worden: Probanden fanden leichter Lösungen für ein kniffliges Rätsel, wenn sie ins Ausland fuhren und sich dort mit dem Problem befassten[242].

Der amerikanische Schauspieler und Filmemacher Woody Allen berichtete einmal in einem Gespräch mit der *Berliner Zeitung,* dass er häufig das Zimmer wechselte, wenn er gedanklich feststecke. Oder er ginge duschen. Manchmal würde er spazieren gehen, um sich inspirieren zu lassen. Das funktioniere so lange, bis er auf der Straße von jemandem erkannt würde. Dann beginne für ihn der Stress, weil er vor Autogrammjägern oder Journalisten fliehen müsse. Eine nach innen gerichtete Aufmerksamkeit wäre dann nicht mehr möglich.

Bereichern Sie daher Ihre Tiefe Stunde, indem Sie sie an einem fremden Ort aufsuchen. Dabei brauchen Sie nicht eine Woche in Urlaub zu fahren oder mit dem Auto weit zu reisen. Oft reicht ein neues Café in der Stadt oder das Flussufer ein paar Kilometer außerhalb der Stadt. Lassen Sie sich inspirieren von der Umgebung oder den Eindrücken, die Sie um sich herum wahrnehmen. Sie werden erleben, dass Ihre Gedanken ganz andere Wendungen nehmen und spontane Einsichten oder Erkenntnisse ermöglichen.

Lassen Sie Gefühle zu

Selbstverständlich können dabei auch unschöne Gefühle aufsteigen. Erinnerungen verursachen möglicherweise Tränen. Entscheidungen lassen Zweifel aufkommen. Und kreative Einfälle werden von Hindernissen begleitet, die die schöne Idee zu zerstören drohen. Genau diese Gedanken und Gefühle sind jedoch unverzichtbare Bestandteile eines inneren Verarbeitungsprozesses, sei es bei einer emotionalen Bewältigung oder einer Problemlösung. Wenn wir lernen möchten, uns selbst besser zu verstehen und zu steuern, ist das Aussparen negativer Gefühle selten hilfreich.

Gelegentlich wird der Rat erteilt, das Gedankenwandern möglichst zu unterbinden, um derartige negativen Gefühle zu vermeiden. Das sei im Hinblick auf die Balance zu riskant. Man solle sich lieber ablenken, um sich wohlzufühlen. Ich halte das für einen großen Fehler, und es widerspricht fundamental meiner therapeutischen Erfahrung. Wir können unsere emotionalen Probleme und Konflikte nicht lösen, ohne ab und an unsere Wohlfühlmatrix zu verlassen.

Sollten Sie allerdings während einer Tiefen Stunde immer wieder von stark belastenden Gefühlen überrollt werden, die Sie als extrem bedrohlich empfinden und unter Umständen nicht kontrollieren können, dann ist Vorsicht geboten. Es kann ein Zeichen für eine Überdrehtheit Ihres Ruhezustandsnetzwerks sein, und in dem Fall sollten Sie professionelle Hilfe suchen. Eine Tiefe Stunde erscheint dann so lange nicht sinnvoll, bis Ihr affektives System durch eine Stützung oder Behandlung wieder stabilisiert ist und Sie die Zeit mit sich allein wieder genießen können.

Ansonsten gilt: Zum Prozess einer Zerstreuung gehört, sowohl positive also auch negative Gefühle wahrzunehmen. Unterdrücken Sie negative Gefühle nicht und lenken Sie sich nicht beim ersten Unwohlsein sofort ab. Nehmen Sie sie wahr und ordnen Sie sie ein. Wenn Sie insbesondere negativen Gefühlen eine Bedeutung geben können, schwächt es diese meist deutlich ab. Schieben Sie sie dann behutsam beiseite und wandern Sie in Ihren Gedanken weiter. Bleiben Sie bei allem immer in Kontakt mit sich selbst.

Räumen Sie auf

Vielleicht sind Sie auch schon einen Schritt weiter und haben erste Ideen für eine Problemlösung oder Argumente für eine Entscheidung. Aber die Gedankenfetzen sind noch ungeordnet, und alles wirkt durcheinander. Vielleicht sind Sie auch gerade von Ihren Gefühlen überfordert. Dann können Sie die Tiefe Stunde auch nutzen, um Ihr Gehirn aufzuräumen.

Der Begriff »Aufräumen« verursacht erst einmal keine Glücksgefühle, zumindest nicht im Vorfeld. Fragen Sie meinen Sohn. Man ahnt, es wird anstrengend und staubig. Und effizient wirkt es irgendwie auch nicht. Was könnte man stattdessen alles Schönes tun? Dennoch kennen wir (ab einem bestimmten Alter) aus Erfahrung die Vorteile gelegentlichen Aufräumens: Sortieren und Ordnen schaffen Struktur. Wir wissen wieder, wo sich alles befindet. Und nicht selten entdeckt man etwas, was verloren gegangen schien. Säuberungsaktionen geraten auf diese Weise zur Entdeckungsreise. Am Schluss fühlen wir uns wohl, denn wir haben wieder die Übersicht und das Gefühl von Kontrolle.

Bei der riesigen Menge an Informationen, die wir täglich aufnehmen, muss auch unser Gehirn tagtäglich aufräumen. Einen Teil dieser Arbeit übernimmt es ganz eigenständig. Wie wir gesehen haben, filtern wir das meiste; wir speichern relevante Dinge und vergessen vieles irgendwann. Ein Teil dieser Abläufe vollzieht sich auch, während wir nachts schlafen. Wie wir im ersten Kapitel gesehen haben, nehmen wir jedoch mittlerweile so viele Informationen auf, dass – trotz all dieser Maßnahmen – ein riesiger Berg von Informationen übrig bleibt, der sich tagsüber und am Feierabend in unserem Kopf auftürmt. Dabei ist, wie ebenfalls bereits angesprochen, hier nicht die Menge reizphysiologisch transportierter »Daten« das eigentliche Problem, sondern es sind die Botschaften und Inhalte dieser Informationen. Sie können uns anhaltend beschäftigen, weil sie uns nicht mehr aus dem Kopf gehen. Sie können uns innerlich antreiben und uns unter Umständen nicht mehr zur Ruhe kommen lassen. Sie können uns aufwühlen und negative Gefühle verursachen. Gerade die ungeordneten Gedanken und Gefühle haben die Fähigkeit, uns in Unruhe zu versetzen. Dabei verstellen sie nicht selten die Sicht und verhindern den Blick für das Wesentliche. Bei viel Wald sieht man eben oft die einzelnen Bäume nicht mehr. In einer solchen Situation sollten Sie aufräumen, Ordnung ins Chaos bringen. Sehen Sie das große Ganze, ohne sich zu sehr in einzelnen Details zu verlieren. Der Blick von oben verschafft die besten Perspektiven.

Bei widerstreitenden oder konkurrierenden Gefühlen können beispielsweise ein paar besonnene Gedanken weiterhelfen. Das rationale Aufräumen mit etwas Abstand mindert fast immer die emotionale Belastung. Durch genaues Hinschauen verlieren nämlich viele Ängste und Sorgen ihren Schrecken. Weichen Sie ihnen also nicht aus, sondern stellen Sie sich ihnen: Was belastet mich eigentlich gerade so? Und warum überhaupt? Wovor genau habe ich Angst? Ist die Intensität meines Gefühls angemessen? Was wäre das Schlimmste, was passieren könnte? Wie könnte es sich andernfalls auch positiv entwickeln? Was bräuchte ich, um Zuversicht zu finden?

Auch nach mehr oder weniger schweren Konflikten kann das besonnene Aufräumen helfen: Was hat mich innerlich so aufgebracht bei dem Streit? War meine Reaktion angemessen? Hat die Sichtweise meines Partners etwas für sich? Übersehe ich hier eventuell etwas? Was könnten wir beide das nächste Mal besser machen? Welchen Vorschlag könnte ich ihm machen?

Umgekehrt hilft es, bei festgefahrenen rationalen Argumenten sein Herz mitsprechen zu lassen und die innere Stimme am Entscheidungsprozess zu beteiligen. Fragen Sie sich: Was sind für mich die wirklich relevanten Argumente? Was ist mir ganz besonders wichtig? Womit muss ich rechnen, und womit könnte ich gefühlt leben? Worauf will ich auf gar keinen Fall verzichten?

Was sagen mir meine Erfahrungen aus der Vergangenheit? Berücksichtigen Sie auch das Körperempfinden: Was sagt mir mein Bauchgefühl? Gerade, wenn Sie ein ungutes Gefühl bei bestimmten Situationen spüren, sollten Sie genauer hinhören.

Wie Sie unschwer erkennen, unterscheidet sich dieser Prozess etwas von dem reinen zerstreuten Tagträumen. Das bewusste Aufräumen ist ein aktiver Prozess des Denkens und Fühlens, der über das Abschweifen auf der Suche nach Ideen und kreativen Lösungen hinausgeht. Im Gehirn ist hierbei deshalb auch nicht nur das Ruhezustandsnetzwerk beteiligt, sondern auch der Vorderlappen, der die ungeordneten Gedanken und Gefühle prüft, Übertreibungen erkennt und gegebenenfalls normalisiert und verschiedene Perspektiven integriert. Wenn Sie so wollen, ist es die »Transpiration« zur Inspiration, falls Sie sich noch an das Zitat von Thomas Alva Edison am Anfang des Kapitels erinnern. Aber die Anstrengung ist die Mühe wert, denn sie hilft Ihnen, Kontrolle über Ihr Leben zu behalten.

Viele geistig erfolgreiche Menschen verbringen einen nicht unwesentlichen Teil des Tages mit aufräumenden Gedanken. Der Microsoft-Gründer Bill Gates beispielsweise nimmt sich zweimal jährlich Klausurwochen – er nennt sie »think weeks«, in denen er an einem geheim gehaltenen Ort in der Natur Bücher liest, denkt und schreibt. Das ordnet seine Gedanken und verhilft ihm zu guten Ideen[243]. Der amerikanische Großinvestor Warren Buffett gab einmal in einem Interview zu Protokoll: »Ich beharre darauf, jeden Tag einen großen Teil meiner Zeit damit zu verbringen, einfach nur zu sitzen und zu denken. Das ist im amerikanischen Business sehr unüblich. Ich lese und denke und treffe daher weniger impulsive Entscheidungen als die meisten anderen Leute im Business.«[244]

Machen Sie Ihren Gedanken Beine

Das Aufräumen der Gedanken funktioniert besonders gut beim Gehen. Schon seit ein paar Jahren lade ich meine Patienten immer mal wieder zum Spaziergang ein, wenn wir miteinander über bestimmte Dinge sprechen. Psychotherapie im Gehen sozusagen, oder auf Neudeutsch: »Walk and Talk«. Das funktioniert beim Gehen oft deutlich besser als sitzend – aus verschiedenen Gründen: Zum einen schaut man sich beim gemeinsamen Gehen nicht ständig in die Augen. Das kann insbesondere dann von Vorteil sein, wenn es um intime Dinge geht. Erfahrungsgemäß redet man sich mehr von der Seele, wenn man sich nicht ständig dabei anschaut. In der klassischen Psychoanalyse sitzt der Therapeut daher auch in der Regel am Kopfende der Couch, auf der der Patient liegt. Die Assoziationen sprudeln dann freier. Zum anderen gibt der Aufenthalt im Freien oft Sicherheit. Unter freiem Himmel fühlen sich die meisten Menschen nicht so unter Druck gesetzt wie in der sterilen Atmosphäre eines Arztzimmers (auch wenn ich mir Mühe gebe, den Raum einigermaßen gemütlich zu gestalten).

Vermutlich nutzten sogar schon die Anhänger bestimmter philosophischer Schulen in der Antike den Spaziergang ganz bewusst, um ihre Gedanken zu ordnen und aufzuräumen. Das Gehen war wichtiger Bestandteil kontemplativer Momente. Die von Aristoteles um ca. 335 v. Chr. gegründete philosophische Schule hieß Peripatos (die Wandelhalle), da der Unterricht in einer Wandelhalle in der Nähe von Athen stattfand. Die Peripatetiker, also die Mitglieder dieser Schule, liefen stundenlang nebeneinanderher und unterhielten sich dabei[245]. Die Wissenschaft gibt ihnen posthum recht, denn die Lockerung der Gedanken beim Gehen fördert den Einfallsreichtum: Eine Arbeitsgruppe an der Stanford University konnte im Jahr 2014 anhand von vier Experimenten zeigen, dass das Assoziieren am besten gelang, wenn man in der freien Natur umherging[246].

Viele erfolgreiche Menschen nutzen ihre Tiefe Stunde deshalb beim Spazierengehen in der Natur: Der dänische Philosoph Søren Kierkegaard schlenderte Mitte des 19. Jahrhunderts regelmäßig nachmittags durch das nasskalte Kopenhagen und soll dabei so einfallsreich gewesen sein, dass er vor Aufregung abends am Schreibtisch nicht mal seinen Hut und seinen Mantel ablegte, weil er fürchtete, seine Ideen nicht rechtzeitig niederschreiben zu können. Ähnlich hielt es 20 Jahre später sein deutscher Kollege Friedrich Nietzsche, der jeden Tag im Schweizer Kurort Sils Maria für zwei Stunden in den dortigen Parkanlagen herumspazierte. Dabei unterbrach er immer wieder sein Gehen, um plötzliche Einfälle schriftlich festzuhalten[247].

Schnappen Sie sich also einen lieben Menschen und verbringen Sie eine Tiefe Stunde beim Walk and Talk. Die Tatsache, dass Sie dann in die Fußstapfen berühmter griechischer Philosophen treten, mag zusätzlich motivieren. Schenken Sie sich kontemplative Momente.

Falls Sie gerade niemanden haben, der Sie in Ihrem Privatpark oder Ihrer eigenen Wandelhalle beim gedanklichen Aufräumen begleitet, können Sie die Gespräche auch mit sich selbst führen. In verschiedenen wissenschaftlichen Studien zeigten Probanden eine Minderung Ihrer Stressbeschwerden und Ängste, wenn sie ihre Gedanken und Gefühle in Form gesprochener Worte ausdrückten[248]. Der Grund: Durch die Sprache schaffen Sie einen Abstand. Er ist klein, aber immerhin groß genug, um die Dinge objektiver betrachten zu können, ohne gleich den Bezug zu ihnen zu verlieren. Selbstgespräche verhelfen Ihnen zu einer guten Übersicht. Auf diese Weise können Sie bedrohliche Gedanken abschwächen, die beim zerstreuten Abschweifen oder Aufräumen hin und wieder einmal aufkommen können. Durch den kleinen Abstand, der bei der Versprachlichung der Gedanken entsteht, finden Sie leichter zu neuen Perspektiven oder erkennen, dass Ihre Gefühle möglicherweise übertrieben sind. Nutzen Sie also Selbstgespräche beim Aufräumen, wenn

Sie spazieren gehen. Falls sich jemand empört nach Ihnen umdrehen sollte, denken Sie daran: Er hat das Problem. Sie werden Ihres gerade los.

Bleiben Sie (un-)verbunden

»Und dann sollte man ja auch noch Zeit haben, einfach dazusitzen und vor sich hin zu schauen.«

Astrid Lindgren (1907–2002)

Ob Sie die Tiefe Stunden nutzen, um zu träumen und abzuschweifen oder um zu ordnen und aufzuräumen (meist ist es ohnehin eine Mischung aus beidem): Richten Sie den Lichtkegel nicht auf die äußere Bühne. Lassen Sie also in jedem Fall Ihr Handy abgeschaltet in der Tasche, denn das könnte sich andernfalls auf zerstreuende Prozesse störend auswirken. So schön und wohltuend digitale Unterhaltung sein mag, in einer virtuellen Umgebung ist niemand im Kontakt mit sich selbst. Aufmerksamkeit, die sich auf Tweets richtet, schwenkt nicht nach innen. Was wir beim Fernschauen oder anderen Bildschirmaktivitäten immer so gerne »abschalten« nennen, bezieht sich in Wahrheit auf das Ruhezustandsnetzwerk. Das Ruhezustandswerk fährt nämlich beim Medienkonsum herunter, und die internen Ordnungsprozesse setzen aus.

Verbringen Sie am besten jeden Tag eine ununterbrochene Stunde mit sich selbst. Lassen Sie Eigenzeit zu und beobachten Sie, was aus ihr erwächst. Verbringen Sie eine Tiefe Stunde im Wald, ohne zu telefonieren, oder blicken Sie im Zug aus dem Fenster, ohne in einem ersten Anflug von Langeweile sofort Schlagzeilen auf der Nachrichten-App Ihres Handys anzuklicken. Widerstehen Sie dem Impuls, auch wenn es anfangs schwerfällt.

Mitunter muss ich meine Klienten daher regelrecht zu einer Tiefen Stunde anleiten. Ihre Erfahrungen sind immer wieder die gleichen: Zuerst baut sich ein enormer Druck auf, dann stellen sich Glücksgefühle ein. Denn Gedanken ordnen sich. Es zeigen sich Lösungen für Probleme. Manche Sorgen sind plötzlich gar nicht mehr wichtig. Die Intuition erwacht wieder, und die innere Stimme gibt eine plausible Richtung vor. Und je öfter wir die Erfahrung machen, dass Zerstreuung uns Erkenntnisse und Lösungen schenkt, desto stärker wird die innere Überzeugung, dass wir in den meisten Fällen eben nicht ohnmächtig und hilflos sind. Kontemplation ist eine stille Form der Selbststeuerung, dafür aber eine besonders machtvolle.

Keine Angst vor Langeweile

> *Der britischer Schriftsteller und Philologe J. R. R. Tolkien schaute an einem unerträglich heißen Sommernachmittag gelangweilt die Aufsätze seiner Schüler durch. Während er am Schreibtisch saß, starrte er für Minuten auf eine leere Seite in einem Heft, als seine Gedanken verschwammen und ihm plötzlich ein Satz einfiel, der zum Ausgangspunkt einer der berühmtesten Geschichten der Fantasyliteratur werden sollte: »In einem Loch im Boden, da lebte ein Hobbit …«*[249]

Selbst wenn Sie nicht planen, Autor von Fantasyromanen zu werden, konnten Sie den letzten Seiten vielleicht dennoch etwas Positives abgewinnen. Nicht nur Autoren und Kreativschaffende brauchen Ruhephasen. Wir alle profitieren von Kopffreiräumen, wenn wir die Informationen, die uns durchströmen, sinnvoll verarbeiten wollen. Möglicherweise wird Ihnen das Nixen anfangs schwerfallen, erst recht, wenn Ihnen nicht sofort ein

Hobbit oder eine andere geniale Idee einfällt. Vielleicht macht sich das Gefühl der Langeweile breit.

Deshalb möchte ich abschließend noch ein Plädoyer für die Langeweile anfügen, falls sie sich während Ihrer Tiefen Stunde einstellen sollte: Sobald Sie dem Leerlauf angesichts der Vorzüge, die ich Ihnen auf den letzten Seiten geschildert habe, etwas abgewinnen können, wird aus Langeweile ein selbstbestimmtes Verhalten, ein Annäherungsziel. Es entsteht etwas, das wir sehr treffend mit dem etwas antiquierten Begriff der »Muße« umschreiben. Im Grunde genommen ist der einzige Unterschied zwischen Langeweile und Muße die subjektiv empfundene Autonomie. Langeweile wirkt auf uns wie von außen aufgedrückt, wir fühlen uns fremdbestimmt. Muße ist dagegen freiwillig und wird in aller Regel selbst gesucht. Aus diesem Grund kann durch die Wahl Ihrer Einstellung aus Langeweile auch Muße werden, obschon sich die Umstände des geistigen Leerlaufs im gleichen Moment gar nicht ändern.

Falls Sie also künftig zwischen den Terminen Ihres übervollen Kalenders in geistige Leerlaufphasen geraten, lassen Sie sich darauf ein. Versuchen Sie nicht, diesen Momenten sofort zu entfliehen. Falls Ihnen ein Lagerfeuer dabei hilft, zu träumen, statt aufs Handy zu schauen, entzünden Sie eines. Denken Sie daran, dass Sie Ihrem Gehirn in solchen Phasen die einmalige Chance bieten, aufzuräumen und Neues zu erschaffen. Gehen Sie auf Entdeckungsreise. Der Weg wird Sie nicht immer ins Auenland führen, aber immer zu Ihnen selbst.

Eine besonders schöne und rührende Geschichte erzählt der antike römische Dichter Ovid in seinen *Metamorphosen*[250]: Einst begehrte der römische Göttervater Jupiter das hübsche Menschenmädchen Io. Seine zu Recht eifersüchtige Gemahlin Juno beauftragte daraufhin Argus, den hundertäugigen Wächter, Io in der Gestalt eines weißen Stieres zu bewachen. Jupiter jedoch schickte seinen Sohn Merkur zu Argus, der ihm eine so langweilige Geschichte erzählte, dass Argus bald alle Augen zufielen, woraufhin Merkur ihm den Kopf abschlug (daher kommt vermutlich der Begriff »sterbenslangweilig«). Io wurde befreit und gab sich Jupiter hin. Daraufhin vergoss Juno bittere Tränen und verwandelte den toten Argus als Zeichen ihres Danks für die vergeblichen Bemühungen in einen Pfau. Seine Nachkommen tragen bis heute die 100 Augen von Argus in ihrem bunt schillernden Federkleid.

Genau das ist das Sinnbild Ovids für die Metamorphose des Geistes: Aus »todlangweiligen« Dingen entsteht oftmals ganz unerwartet etwas Neues, das unser Leben mit beeindruckenden Farben bunt färbt.

Zum Schluss: eine ehrliche Frage an uns selbst

In diesem Kapitel über die Grundzüge kreativer Problemlösung war es mein Ziel, Ihnen vor allem den – nach meinem Dafürhalten unterschätzten – Aspekt der Zerstreuung und die Rolle der Aufmerksamkeit darzulegen. Ich würde mich freuen, wenn die Kernbotschaft deutlich wurde: Sie brauchen keinen hohen IQ zu haben, um kreativ zu sein. Vielfach lässt sich beobachten, dass analytisch denkende, hochintelligente Menschen wenig kreativ lösen. Fragen Sie sie mal, was sie mit einer zusammengerollten Zeitung oder einem Backstein machen würden. Umgekehrt können akademisch weniger begabte Menschen mit schlechter Schulbildung wahre kreative Genies sein.

Sie brauchen auch keine morgendlichen Kopfstandtechniken anwenden oder Ihr Büro im Feng-Shui-Interieur einrichten. Menschen haben schon die absurdesten Dinge versucht, um ihrem schöpferischen und lösungsorientierten Denken auf die Sprünge zu helfen: Der deutsche Dichter Friedrich Schiller soll beispielsweise verfaulte Äpfel auf seinen Schreibtisch gelegt haben. Angeblich fühlte er sich durch den modrigen Geruch inspiriert. Dies zumindest schrieb seine Frau Charlotte in einem Brief an dessen Freund Goethe. Ohne faulen Apfelgeruch könne ihr Mann nicht denken[251].

Die beste Unterstützung für Ihren kreativen Denkprozess sichert Ihnen die Bereitschaft, sich immer wieder Kopffreiräume zu nehmen. Sie selbst können die besten Bedingungen schaffen, um das Assoziieren zu begünstigen. Es hängt von Ihrer Bereitschaft ab, sich ab und an von der Welt abzukoppeln und in Kontakt mit sich zu treten. Kreatives Denken und Problemlösen ist keine Gabe, sondern eine Komponente kluger Selbststeuerung. Oder wie es der Komiker John Cleese von der berühmten britischen Gruppe Monty Python einmal auf den Punkt brachte: »Creativity is not a talent, it's a way of operating« (dt.: Kreativität ist kein Talent, sondern eine Arbeitsweise).

Einen faulig-modrigen Apfel können Sie sich ja sicherheitshalber dennoch zurechtlegen.

Exkurs
Ein paar Worte zu unseren Kindern

Gestatten Sie mir ein paar Gedanken zu unseren Kindern, die wir zu konzentrierten und kreativen Menschen erziehen möchten. Wie können wir ihnen beibringen, ihre Aufmerksamkeit in einer digitalen Welt steuern zu lernen?

Eine ausufernde Darstellung (möglicher) Auswirkungen der digitalen Welt auf die kindliche Entwicklung, einschließlich ihrer Chancen und Risiken, möchte ich Ihnen an dieser Stelle ersparen. Hierüber ist schon viel geschrieben worden; außerdem beansprucht eine neurowissenschaftlich ausgerichtete Perspektive bei dieser Diskussion nicht das Hoheitsrecht. Sie ist nur eine Sichtweise unter vielen anderen. Aspekte, die den Umgang unserer Kinder mit digitalen Medien in Schule und Freizeit betreffen, müssen neben der Gehirnforschung immer auch die Entwicklungspsychologie und die Lernpädagogik mitberücksichtigen. Und sämtliche politischen Entscheidungen, die aus diesen Quellen heraus getroffen werden, sollten mit viel Herz und klugem Sachverstand (und ohne Hysterie) erfolgen.

Dennoch lässt sich nicht leugnen, dass Kinder die meisten Aspekte einer kognitiven und emotionalen Selbststeuerung in einem sehr frühen Entwicklungsstadium lernen. Bereits in der Vorschul- und Grundschulzeit gewöhnen sie sich die meisten Verhaltensmuster an, die sie in der Adoleszenz und im fortgeschrittenen Erwachsenenalter kennzeichnen werden. Natürlich lernen Gehirne nie aus. Auch im fortgeschrittenen Alter können wir eigene Denk- und Arbeitsweisen oder Konsumgewohnheiten verändern, aber je früher Kinder ein gutes Selbstmanagement erwerben, desto früher zahlt es sich auch aus.

Kinder kommen zwar mit einem unfertigen Gehirn auf die Welt, aber es reift sehr schnell. Schon sehr bald lernen sie die ersten Orientierungsreaktionen, sie verbessern ihre Sinneswahrnehmung und entwickeln bereits im ersten Jahr die vollständige motorische Kontrolle über ihre Extremitäten. Das Topdown-System bleibt jedoch in den ersten Jahren des Lebens noch stark unterentwickelt. Zielsetzung, Handlungsplanung oder Konzentration sind schließlich auch keine Leistungen, die ein Säugling braucht. Die kognitive Steuerung reift vergleichsweise spät heran. Einen besonders starken Schub macht die Steuerung zwischen dem fünften und siebten Lebensjahr. In diesem Alter sind Erziehung und Umweltfaktoren die wichtigsten Einflussfaktoren, um diese Reifung zu unterstützen.

Seien wir gute Vorbilder

Das meiste lernen Kinder im Baby-, Kleinkind- und Vorschulalter durch Imitation. Eltern oder andere nahe Bezugspersonen leben etwas vor, die Kinder ahmen es nach. Dieser Einfluss ist uns im Alltag oft nicht bewusst. Auch wenn wir gerne mit dem Finger auf Politik und Pädagogik zeigen, üben wir als Eltern stets den größten Einfluss auf unsere Kinder aus –wenn auch ganz unbewusst.

Der Psychologe und Hirnforscher Chen Yu von der Indiana University beobachtete mit seinem Team 36 Eltern-Baby-Paare mittels des schon beschriebenem Eye-Tracking-Verfahrens. Die Wissenschaftler wollten herausfinden, wie sich die Konzentriertheit beziehungsweise Abgelenktheit der Eltern jeweils auf ihre Kinder auswirkt. Die Untersuchung zeigte: Je intensiver die Augen der Eltern auf einer Sache ruhten, desto konzentrierter gelang dies auch den Kindern. Und je abgelenkter die Eltern waren, desto fahriger verhielten sich auch die Kinder[252]. Wenn

Eltern im Beisein ihrer Kinder bei ihren Verrichtungen also ständig durch den Konsum digitaler Medien abgelenkt werden, imitieren die Kinder dieses Verhalten und brechen ebenfalls rasch ihr Spielen ab, was sich negativ auf die Entwicklung ihrer Ausdauer auswirken kann. Das Spielen mit Kindern profitiert davon, wenn es im Moment des Geschehens »ausschließlich« stattfindet – also nicht gleichzeitig mit etwas anderem.

Wir können als Eltern darüber hinaus auch in anderen Situationen ein gutes Vorbild im Umgang mit Ablenkung und Unterbrechung sein. Wenn wir ehrlich sind, neigen wir bei unserem Informationskonsum doch selbst zu unreflektiertem Verhalten. Wir nutzen das Handy oder lesen die Zeitung, während wir mit unserer Familie am Tisch sitzen. Vor den Augen unserer Kinder surfen wir im Internet, während wir vor dem Fernseher sitzen. Ich will an dieser Stelle kein schlechtes Gewissen aufkommen lassen, und ich habe mich selbst ebenfalls schon öfter in dieser schlechten Vorbildfunktion ertappt. Aber machen wir uns klar: Kinder beurteilen bis zu einem bestimmten Alter als »normal«, was wir Eltern ihnen vorleben. Ihre Realität ist das, was sich in der Familie abspielt. Bis zum Grundschulalter gibt es praktisch keine Gegenmodelle. Erst deutlich später erkennen sie, dass da draußen auch andere Welten und Wahrheiten existieren und dass nicht alles richtig sein muss, was die Eltern sagen und machen. Bis dahin haben sich jedoch die meisten Entwicklungsschritte längst vollzogen.

Leben wir ihnen also in dieser frühen Phase des Lebens einen guten Umgang mit Konsum vor. Zeigen wir ihnen, was es heißt, sich angeregt am Tisch miteinander zu unterhalten und sich gegenseitig Interesse zu schenken. Leben wir ihnen vor, wie man für eine Stunde am Schreibtisch konzentriert arbeitet und sich dann eine Pause gönnt. Zeigen wir ihnen, wie man einen spannenden Film genießen kann, ohne dabei parallel mit etwas anderem beschäftigt zu sein.

»Das Leben der Eltern ist das Buch, in dem die Kinder lesen.«
Augustinus von Hippo (354–430 n. Chr.)

Vergessen wir das Spielen nicht

Eine schöne Möglichkeit, um Konzentration und Denken zu üben, sind Gesellschaftsspiele oder Puzzles jeder Art. Auch das Vorlesen von Geschichten oder Hörbüchern sind Aktivitäten, die die Konzentration nachweislich fördern. Denn bei allen diesen Dingen bedarf es einer mentalen Eigenleistung, die vergleichsweise höher ist als beim Fernsehen, wo die Inhalte »fertig« zubereitet sind und nur konsumiert werden müssen.

Leider nehmen wir uns hierfür immer weniger Zeit: In dem vor der Coronapandemie erschienenen *Freizeit Monitor* der Stiftung für Zukunftsfragen wurde deutlich, dass die Spielbereitschaft der Eltern mit ihren Kindern seit Jahren kontinuierlich abnimmt, während die Zeit für Social Media und Internetnutzung bei den Eltern fortlaufend steigt[253].

Kinder stört das bereits im Alter vor dem Erwerb der Sprache, und sie drücken es unbewusst durch ihre Motorik und ihr Verhalten aus. Eine Studie mit 183 Eltern-Kind-Paaren hat diese Entwicklung über sechs Monate nachzeichnen können[254]: Je mehr sich Eltern hinter ihrem Bildschirm verstecken, desto aggressiver und unruhiger werden die Kinder, und umso stärker buhlen sie um Aufmerksamkeit. Das führt umgekehrt oftmals zu mehr Rückzug der Eltern statt zu mehr kindlicher Zuwendung, und zu einer abermaligen Hyperaktivitätszunahme seitens der Kinder.

Erst im fortgeschrittenen Alter können Kinder ihr Bedürfnis nach Zuwendung artikulieren und ihrem Unmut über deren Fehlen Ausdruck verleihen: An einem Samstag im August 2018 lief der siebenjährige Emil mit ein paar selbst gebastelten Schildern durch den Stadtteil St. Pauli in Hamburg. Sie trugen Aufschriften wie »Spielt mit uns, nicht mit euren Handys« und »Chatte mit mir«. Emil hatte sich darüber beschwert, dass seine Eltern ständig mit ihren Smartphones beschäftigt waren, wenn sie mit ihm spielten. Da kam ihm die Idee für eine Demonstration, der sich bis zu 150 Eltern mit ihren Kindern anschlossen[255]. Ob sich Emils Familienleben seither verbessert hat, kann ich Ihnen an dieser Stelle leider nicht sagen. Aber ich wünsche es ihm, denn er hat recht. Liebe und Zuwendung spenden wir unseren Kindern unter anderem dadurch, dass wir ihnen Zeiten der Ausschließlichkeit schenken – Zeiten, zu denen sie nicht mit virtuellen Nebensächlichkeiten konkurrieren müssen, um unsere Aufmerksamkeit zu bekommen. Und ihre Konzentration schulen wir dabei ganz nebenbei auch, weil sie sich bei uns abschauen, wie wir sie bündeln und ausrichten.

Mehr Scheinwerferlicht im Unterricht

Je mehr wir im Vorschulalter auf diese Dinge Wert legen, desto leichter tun sich Kinder mit der Fähigkeit der Aufmerksamkeitssteuerung in der Schule. Gerade im sehr jungen Alter sind die Transfereffekte von konzentriertem Malen und Spielen auf die allgemeine kognitive Entwicklung besonders hoch[256]. In einer Untersuchung an 147 Vorschulkindern konnten Forscher der British Columbia University zeigen, dass verschiedene spielerische Übungen zur Steigerung von Konzentration und Arbeitsgedächtnis die Fähigkeiten der Kinder zur Selbstregulation deutlich verbesserten (verwendet wurde »Tools of the mind«, ein Curriculum aus Mal- und Bastelübungen, Rätselaufgaben und Kombinatorik). Die Übungen halfen den Kindern, die Herausforderungen der im Folgejahr beginnenden Schulzeit signifikant besser zu bewältigen[257].

Konzentrationsübungen sind also eine lohnenswerte Investition. Die Fähigkeit der Aufmerksamkeitsbündelung hängt statistisch sogar stärker mit den späteren akademischen Leistungen zusammen als der Intelligenzquotient[258, 259]. Das ließe sich auch in der Grundschule und in den ersten Klassen der weiterführenden Schulen vermitteln.

Leider gleicht der Schulunterricht von heute vielerorts den Standards der Bildmedien: schnell, bunt und ein ständiges Wechseln und Umschalten. Nur wenig bleibt hängen. In einer Untersuchung der Psychologin Jasmin Chacon an der Gallaudet University in Washington zeigte sich in simulierten Klassenraumexperimenten eine Reduktion der kognitiven Leistung um etwa 30 %, wenn die Schüler während des Unterrichts immer wieder auf ihre Bildschirmdisplays schauten und bei jedem längeren Gedankengang abgelenkt und unterbrochen wurden[260].

Eine Untersuchung an der London School of Economics zeigte eine globale Verbesserung der Schulleistungen von etwa 6,4 % beim Verzicht auf Handynutzung, bei den schwächeren Schülern gar von 14 %[261]. Die Studie soll keine Grundlage für die Argumentation sein, Handys in Schulen zu verbieten, aber sie macht einmal mehr deutlich, wie wichtig die Bündelung der Aufmerksamkeit für die (schulischen) Leistungen von Kindern ist.

Wie wäre es daher, wenn wir unseren Kindern etwas über Aufmerksamkeit erzählten? Dabei sollen natürlich nicht neurobiologische Hintergründe oder wissenschaftliche Erkenntnisse vermittelt werden. Es geht mehr darum, den Kindern zu verdeutlichen, dass sie Einfluss darauf haben, wie gut sie lernen, und wie wohl sie sich dabei fühlen. Spätestens ab der fünften Klasse, wenn das selbstständige Lernen und Arbeiten eine zunehmend größere Rolle spielt, könnten wir damit beginnen. Mithilfe von Geschichten und Bildern könnten wir ihnen vermitteln, was in ihrem Kopf vorgeht, und was sie sich selbst Gutes tun könnten: Warum haben wir einen Scheinwerfer im Kopf? Was leistet er für uns, und wie können wir ihn schützen? Warum ist Konzentration überhaupt wichtig? Wodurch geht sie verloren, und wie kann man sie sich zurückerobern? Anhand dieser vermittelten Grundmechanismen könnten die Kinder miteinander Konzentration und Stillzeiten üben. Sie könnten auf diese Weise leichter verstehen, warum Pausen wichtig sind und wie man sie gestaltet. Und sie bekämen ein Gefühl dafür, wie wichtig die Rhythmisierung von Arbeits- und Lernphasen ist, und wie man sich das in einer 24/7-Welt bewahrt.

Auch das könnten digitale Kompetenzen sein, bei denen es sich lohnen würde, sie unseren Kindern bereits in ihrer frühen Kindheit zu vermitteln. Bislang erschöpft sich der Begriff im bildungspolitischen Diskurs noch in dem reduktionistischen Verständnis, Kindern die Bedienung von Tablets, PCs und Smartphones beizubringen. Aber er geht weit darüber hinaus: Digital kompetent zu werden bedeutet, die Möglichkeiten der Technologien kennenzulernen und zu nutzen, aber dabei gleichzeitig die Grundzüge menschlichen Denkens, Verhaltens und Zusammenlebens zu bewahren und sich vor Risiken und Gefahren bestmöglich zu schützen.

Schaffen Sie genügend Kopffreiräume

Unsere Kinder brauchen regelmäßige Phasen des Mit-sich-selbst-Seins, ähnlich wie wir Erwachsene auch – gerade, wenn sie noch sehr jung sind. Die Welt hält so viele neue und herausfordernde Informationen für sie bereit, dass ihre vergleichsweise kleinen Gehirne mehr Zeit brauchen, um den ganzen Input zu verarbeiten. Das ist übrigens auch der Grund, warum Kinder länger schlafen. Je jünger sie sind, desto mehr Schlaf benötigen sie. Das Gehirn nutzt diese Zeit, um die Informationen zu sortieren, zu ordnen und aufzuräumen. Das Produkt der Assoziationen während der Nacht sind die Träume, das Produkt der Assoziationen tagsüber sind die Ideen.

Genau die nehmen bei Kindern aber seit Jahren ab, wie die bereits erwähnte Psychologin Kyung Hee Kim im Rahmen ihrer Untersuchungen belegen konnte. Besonders betroffen hiervon waren die Kleinsten. Die Gedankenflüssigkeit, die Originalität von Ideen, die Abstraktionsfähigkeit und die Fähigkeit, in Details zu denken, sowohl verbal als auch künstlerisch, sanken bei den Kindergartenkindern und Grundschülern bis etwa zur dritten Klasse am stärksten[213]. Woran liegt das?

Man darf die Diskussion hierüber nicht vereinfachen. Es tragen immer verschiedene Faktoren zu einer Entwicklung bei. Aber es ist anzunehmen, dass ein durchschnittlicher Medienkonsum von derzeit drei Stunden pro Tag in dieser Altersklasse (ca. 60–90 Minuten TV-Konsum plus ebenfalls weitere 60–90 Minuten Internet) nicht ganz ohne Einfluss ist[262]. Den vermuteten Zusammenhang zwischen Medienkonsum und Kreativitätsmangel legt auch eine Studie aus Deutschland nahe, in der die kreativen Zeichenfähigkeiten von 1894 Vorschulkindern im Zusammenhang mit dem jeweiligen Fernsehkonsum untersucht wurden: Je länger die Kinder im Alter von etwa fünf Jahren regelmäßig TV schauten, desto einfacher und weniger originell gelangen ihnen ihre Zeichnungen (obwohl alle Kinder der Stichprobe morgens im Kindergarten waren)[263].

Kinder dürfen und sollen Medien genießen. Und ich möchte Entwarnung geben: Eine halbe Stunde Fernsehen pro Tag raubt Ihrem Kind im Vorschul- oder Grundschulalter nicht den Einfallsreichtum. Wie immer im Leben gilt auch hier ein Dosiseffekt. Schon seit sehr vielen Jahren wissen wir: Erst ein sehr hoher Medienkonsum schränkt die Kreativität ein[264]. Den vertretbaren Medienkonsum in Stunden zu beziffern und eine allgemeingültige Empfehlung auszusprechen gestaltet sich schwierig. Denn die persönliche Veranlagung des Kindes, das Alter und natürlich auch der Fernsehinhalt selbst spielen eine Rolle. Aber der Punkt einer kreativitätshinderlichen Dosis ist in dem Moment erreicht, wenn Ihrem Kind nach Abzug von Schule,

Sport und Medienkonsum am Tag keine Zeit mehr bleibt, um zu spielen, zu zeichnen oder zu bauen. Man spricht von einem zeitlichen Verdrängungseffekt[265].

Die Psychologin Katy Hirsh-Pasek von der Temple University vermutet als Grund für das nachlassende kreative Potenzial von Kindern, dass bei ihnen allgemein die Zeit für »freies Spielen« zunehmend verloren geht[266]. Die Bemühungen der Eltern, ihnen recht früh einen akademischen Vorsprung zu verschaffen, berauben sie ihrer Spielzeit auf der Straße oder im Garten. Die Tagesabläufe von Kindern sind so voll und werden in enger Zeittaktung »abgearbeitet«, dass kaum noch Raum bleibt für verrückte Ideen oder kreatives Ausprobieren. Das, was noch an Restzeit übrig ist, entfällt heute nahezu vollständig auf den Medienkonsum. So gehen Kopffreiräume auch bereits bei unseren Kindern verloren.

Dabei könnten visuelle Medien an sich den Vorrat von Ideen bereichern, aus dem Kinder schöpfen können[267]. Stellen Sie sich vor, dass Ihr Sohn oder Ihre Tochter durch eine Figur in einem Zeichentrickfilm animiert wird, sich bunte Klamotten aus dem Schrank zu suchen und auf der Straße in die Rolle dieser Figur aus der Serie zu schlüpfen. Dann war Ihr Kind in jeder Hinsicht kreativ: Es hat etwas gesehen, hat es assimiliert und weiterentwickelt. Die Kreativität entwickelte sich aber streng genommen in der Phase nach dem Fernsehen, als nach der Reizflut eine Phase des Ausprobierens folgte. Erst in diesem Moment wurde aus der Inspiration eine schöpferische Ausgestaltung. Die Fernsehsendung selbst macht also nicht kreativ, sie »wirft« die Informationen nur ins Wohnzimmer. Die kreative Geschichte schreiben die Kinder erst, wenn sie ihre Einfälle in der Zeit mit sich und anderen ausspielen.

Kindsköpfe haben bekanntlich die besten Ideen. Als Eltern sollten wir deshalb sehr darauf achten, ihnen alle Freiräume zu schenken, die Kreativität braucht, um sich entfalten zu können.

Etwas Langeweile aushalten

Ein gelegentlicher Leerlauf ist in diesem Zusammenhang etwas Gutes, denn er stößt den kreativen Prozess überhaupt erst an. Aber er muss anfangs erfolgreich verteidigt werden, denn dem möglicherweise unangenehmen Gefühl von Langeweile steht stets die Versuchung des Konsums gegenüber. Ablenkung durch Unterhaltung kann dann die Kreativität im Keim ersticken.

Ganz unbeteiligt sind wir daran nicht. Meist können wir als Eltern selbst die Langeweile unserer Kinder nicht aushalten. Sie werden quengelig und nörgelig; mitunter mutieren sie sogar zu regelrechten Keimzellen des psychischen Terrors und fordern eine sofortige Befreiung aus diesem Zustand ein. Dann fällt es uns leicht, Kinder durch Konsum zu beruhigen. Wir parken das Kind vor dem Fernseher oder dem Tablet. Die Reise des Hobbits anzuschauen (im bequemsten Fall auch alle drei Teile hintereinander) bedeutet eine emotionale Entspannung an beiden Frontlinien. Die Kinder verfallen in eine Fernsehstarre, und die Eltern atmen durch. Aber diese kurzfristige Betäubung kindlicher Langeweile löst die Herausforderung dahinter nicht: Wie lernt ein Kind, mit Leerläufen umzugehen und sie für sich zu nutzen?

Die amerikanische Familientherapeutin und Psychologin Wendy Mogel schreibt in ihrem Buch *The Blessing of a Skinned Knee (Vom Segen eines aufgeschürften Knies),* dass die subjektive Empfindlichkeit von Kindern gegenüber Langeweile größer wird, je weniger sie üben, mit ihrer Eigenzeit umzugehen, zum Beispiel weil die Eltern jeden Leerlauf mit Konsum und geistiger Ablenkung unterstützen und das Nixen nicht fördern oder vorleben[268]. Mit sich selbst und seinen Gedanken alleine sein zu können ist ein wichtiges Fundament der psychosozialen Entwicklung. Und der Preis einer vorübergehenden Langeweile ist in diesem Zusammenhang vergleichsweise niedrig. Lassen Sie gelegentliche Leerläufe Ihrer Kinder also zu, und beobachten Sie aufmerksam, was aus diesen Phasen erwächst.

Andernfalls bringen wir unseren Kindern mit dem Reflex des Konsums einen fatalen Mechanismus bei: Wenn dir langweilig ist, bietet passive Berieselung einen verlässlichen Ausweg. Kinder internalisieren diese Erfahrung und werden mit einer höheren Wahrscheinlichkeit auch als Erwachsene bei jedem Anflug von Langeweile impulsiv mit Konsum reagieren, statt kreativ mit der Zeit etwas anzufangen. Umgekehrt beobachten wir, dass Kinder nach einer gewissen Anlaufzeit fast immer einfallsreich und umsetzungsstark werden – wenn wir es zulassen und sie als Eltern zum Entdecken ermuntern.

Wir können Kreativität anschubsen

Ab und an müssen wir die Kreativität unserer Kinder zu Beginn vielleicht etwas anschubsen, aber mit einigen ganz einfachen Maßnahmen können wir den Weg bahnen. Nach einer Fernsehsendung wäre beispielsweise Ausschalten statt Umschalten sinnvoll. In der konsumfreien Zeit entsteht dann ein schöpferischer Raum für die Ausgestaltung der gewonnenen Eindrücke. Wir können den Prozess auch behutsam in Gang setzen, indem wir mit unseren Kindern über die Geschichte sprechen oder ihnen vorschlagen, Teile der Handlung oder der Personen zu malen oder mit Puppen und Steinen nachzuspielen. Nur wenn sie dies mögen, natürlich – das sollte kein Zwang sein. Aber wenn Sie merken, dass sich Ihr Kind gedanklich noch mit dem Inhalt beschäftigt, sollten Sie ihm ein Ventil geben, damit es seine Assoziationen ausdrücken und ausspielen kann. Dadurch erreicht Ihr Kind zwei Dinge: Es räumt im Kopf auf, was noch unordentlich herumliegt oder in Fragmenten umherkreist, und es gestaltet kreativ etwas Neues.

Aus dem gleichen Grund sollten Sie Ihre Kinder auch nicht unterbrechen, wenn es in Gedanken versunken ist. Man erlebt immer wieder Eltern, denen es Sorgen bereitet, wenn es verträumt in der Ecke sitzt und spielt. Es könnte ja verhungern, und die Eltern ermahnen es, etwas zu essen – und beenden damit den schöpferischen Prozess. Oder was noch schlimmer ist: Sie erinnern an die gleich beginnende Fernsehsendung oder mahnen an, doch am besten jetzt das Zimmer aufzuräumen. In allen diesen Fällen wird die Phase der geistigen Zerstreuung unterbrochen – die Phase, in der Ihr Kind in einer Fantasiewelt abtaucht, sich Fragen stellt, nach Lösungen sucht und Ideen entwickelt. Schenken Sie Ihrem Kind diese Zeit, und unterbrechen Sie es nicht dabei, denn in diesen Momenten ist das Ruhezustandsnetzwerk hochaktiv. Es sind die kostbarsten Phasen der Gehirnentwicklung Ihres Kindes.

Lösungskompetenzen fördern

Phasen des kreativen Denkens können wir übrigens auch nach leidigen Diskussionen mit unseren Kindern schaffen und nutzen (das geht natürlich erst ab einem bestimmten Alter). Nach einem Streit mit unserem Kind sollten wir ihm etwas Zeit geben, über die Dinge nachzudenken, und anschließend noch mal mit ihm darüber sprechen. Während der Phase des Nixens beschäftigt sich das kindliche Gehirn nämlich mit der Angelegenheit. So kommt beispielsweise mein eigener Sohn nach einer kurzen Phase des Alleinseins immer mit frischen und cleveren Gedanken aus seinem Zimmer – das kann ein Einsehen, eine Nachfrage oder ein cleveres Gegenargument sein. Es sind allesamt begrüßenswerte Assoziationen – auch ein »Einspruch«, denn als Vater muss ich nach einem Streit oder einem Klärungsgespräch weiß Gott nicht immer recht haben (oft schon waren die Perspektiven meines Sohnes sogar so schlüssig, dass ich gerne eingelenkt habe). Im Gegensatz dazu würde aber eine Fernsehsendung unmittelbar im Anschluss, quasi als »Wiedergutmachung« nach dem Streit, diese gedankliche Verarbeitung unterbinden. Die geistige Ablenkung würde sich aus Sicht des Kindes zweifellos angenehm anfühlen, aber der Medienkonsum würde das Aufräumen der Gedanken und Gefühle nach dem Zwist verhindern. Nur durch eine kurze Wendung nach innen entstehen die Einsichten, die Kinder reifen und kompetent werden lassen.

Der zunehmende Medienkonsum im Kindesalter und die reduzierten Angebote für kreatives Spielen liefern möglicherweise die Erklärung, weshalb in wissenschaftlichen Studien bei jungen Menschen im Durchschnitt eine sinkende Selbstkompetenz registriert wird[269]. Etwas kreativ-spielerisch zu erschaffen ist das beste Training für die Entwicklung von Lösungskompetenzen. Dafür bleibt heute kaum noch Zeit. Die amerikanische Soziologin Sherry Turkle vom Massachusetts Institute of Technology führte über 15 Jahre lang Hunderte von Interviews mit jungen Menschen und lieferte den Nachweis, dass sie heute in hohem Maß abhängig sind von der Resonanz anderer in den sozialen Netzwerken. Die Selbstbeschäftigung und eigenständige Auseinandersetzung mit den Herausforderungen des Lebens ist demgegenüber rückläufig[270].

Wir brauchen die Kreativität der Kinder in der Regel gar nicht explizit zu fördern, denn sie besitzen sie von sich aus. »Vorschulkinder sind Virtuosen der Fantasie«, sagte einmal der amerikanische Psychiater Benjamin Spock. Kinder platzen förmlich vor neuen Ideen, wenn man sie lässt. Daher ist es wichtig, dass wir ihren Drang, die Welt zu erobern, nicht unterdrücken, verbieten oder ihr assoziatives Denken nicht mit zu viel Medienkonsum überschütten, denn ihre verrückten und spielerischen Ideen von heute sind ihre kreativen Problemlösungen von morgen.

Zusammenfassung
Ein nachdenklicher, aber optimistischer Blick nach vorn

»Aufmerksamkeit ist alles, was um uns her vorgeht, sie leitet zum Nachdenken, liefert uns Stoff zur Menschenkenntnis, erweitert unsere Gefühle, beschäftigt die Einbildungskraft, dient zur Unterhaltung und macht uns zu wahren Menschen.«

Marianne Ehrmann (1755–1795)

Bleiben Sie aufmerksam

Wie könnte das Thema dieses Buches am Schluss schöner zusammengefasst werden, als es eine der größten Journalistinnen der Aufklärung bereits vor 250 Jahren so wunderbar gelang. In Marianne Ehrmanns Liebeserklärung an die Aufmerksamkeit wird eine Sichtweise deutlich, die ich zum Schluss noch einmal hervorheben möchte, da sie mir in der gesellschaftlichen Diskussion um dieses wichtige Thema zu kurz kommt. Aufmerksamkeit ist mehr als nur ein Rohstoff und eine Währung der Ökonomie. Sie ist *Ihr* ganz besonders persönliches und intimes Besitztum. Sie dürfen (und sollten) selbst bestimmen, wem Sie Aufmerksamkeit schenken und wofür Sie sie einsetzen.

Ganz bewusst habe ich Sie, liebe Leserin und lieber Leser, in meinem Buch in den Mittelpunkt meiner Ausführungen gerückt. Ich habe kaum Patientenfälle geschildert und – zumindest soweit ich mich erinnere – auch nicht über Medikamente oder Laborwerte geschrieben. Das wäre mir als Arzt leichtgefallen, aber es wäre ein anderes Buch geworden. Mir ging es nicht um die Medizinalisierung des Themas. Ein »Defizit« von Aufmerksamkeit in unserer Gesellschaft ist nämlich mehr als lediglich ein Krankheitsnarrativ. Betrachten wir es allein als solches, überantworten wir dem Gesundheitssystem ihre Wiederherstellung und nicht uns selbst.

Bei den meisten Menschen liegt das Problem einer schlechten Aufmerksamkeitssteuerung, angefangen von Gedächtnisschwierigkeiten über Konzentrationsmangel bis hin zu einem Kreativitätsverlust, nicht an einem pathophysiologisch erkrankten Gehirn, sondern an einer unachtsamen kognitiven Steuerung im Berufs- und Privatleben. Die Anfälligkeit für Störungen und das Unvermögen, einen klaren Kopf zu bewahren, ist in den allermeisten Fällen selbst verursacht. Selbstverständlich gibt es eine Vielzahl von Menschen, die an einer biologischen Form der Aufmerksamkeitsstörung leiden und die unsere ärztliche und psychologisch-therapeutische Zuwendung brauchen. Aber für die Mehrheit der Menschen, die ich im Kontext typischer Überforderungssituationen sehe und berate, gilt dies nicht.

Die beruhigende Nachrichtet lautet, dass die allermeisten von uns völlig hirngesund sind. Zur Wahrheit gehört aber auch, dass uns dennoch die kognitive Steuerung im Leben misslingen kann, mit all den Folgen, mit denen wir uns auf den letzten Seiten beschäftigt haben. Daher hilft bei Informationsüberladung und Stress im Alltag in erster Linie ein kritischer und ehrlicher Blick auf das eigene Verhalten und die Lebensumstände oft am besten (im Bedarfsfall auch in Begleitung eines Menschen, der einem hier zur Seite steht). Ursachen bei sich selbst zu suchen bedeutet dabei natürlich auch, möglicherweise auf »dunkle« Stellen zu stoßen. Aber sie dort zu suchen, wo sie »offen-sichtlich« angesiedelt zu sein scheinen – nicht zuletzt, weil es zeitgemäß ist –, bringt Betroffene meist keinen Schritt weiter. Es mag modern sein, medizinische Lösungen für Probleme der Lebensgestaltung zu finden, aber die meisten Schlüssel liegen woanders.

Das erinnert an eine Anekdote des österreichischen Philosophen und Kommunikationswissenschaftlers Paul Watzlawick[271]: Ein Betrunkener sucht im Licht einer Straßenlaterne seinen Schlüssel, den er verloren hat. Ein Polizist kommt des Weges, hilft ihm anfangs dabei und fragt ihn irgendwann, ob er denn sicher sei, den Schlüssel hier verloren zu haben. Da antwortet der Mann: »Nein, nicht hier, sondern dort hinten – aber dort ist es viel zu finster.«

Es erscheint mir daher nicht klug, Medien und Gesellschaft in die Pflicht zu nehmen. Dort liegen meist keine Schlüssel zur Lösung. Kurzfristig mag ein Fingerzeig entlasten, weil es von uns selbst ablenkt, aber längerfristig hält uns Schuldzuweisung davon ab, für uns selbst Verantwortung zu übernehmen. Wir mögen durchaus öfter Opfer gesellschaftlicher Prozesse sein, aber genauso oft sind wir auch ihre Verursacher.

Die Frage richtet sich wieder an uns. Anstatt der digitalen Entwicklung ausschließlich auf der Makroebene zu begegnen, indem wir der Gesellschaft Beschränkungen und Limitierungen diktieren, halte ich es für sinnvoller, einen eigenverantwortlichen und gesunden Medienumgang auf der Mikroebene zu entwickeln. Vielleicht verfügen wir in Zukunft über technologische Helferlein, die uns bei der Selektion und der Filterung unterstützen, so wie es die einen oder anderen Apps heute schon tun. Vertrauen können wir darauf jedoch nicht. Und als alleinige Lösung erscheint es mir auch wenig nachhaltig, denn dann geben wir unsere Verhaltenssteuerung einmal mehr in die Hände der Technik, statt mental autonom zu agieren.

Frei im Kopf werden wir erst, wenn wir mündig werden im Umgang mit Technologien und Informationen. Die Fragen des Miteinanders von Mensch und Informationen erfordern Antworten, die wir uns selbst geben müssen: Was lasse ich in meinen Kopf? Wie viel Konsum tut mir gut? Welche Informationen brauche ich überhaupt, und was stelle ich mit ihnen an? Wo übe ich ganz bewusst Verzicht? Und wann komme ich in Kontakt mit mir selbst? Die Möglichkeiten, der Überladung und der Überlastung entgegenzuwirken, sind somit sehr persönlich. Die Medien- und Informationskompetenz, von der in Talkshows so viel geredet wird, ist, wie wir gesehen haben, im Grunde genommen eine kluge und fürsorgliche Selbstkompetenz.

Werden wir erwachsen

Rückblickend auf das vergleichsweise noch junge Informationszeitalter befindet sich unsere Gesellschaft aktuell noch in einer Art »digitalen Pubertät«, also einem Zustand zwischen kindlich-naiver Unbeschwertheit und erwachsener Souveränität. Einerseits ist da unsere verspielte und technikfreudige Begeisterung für die digitalen Möglichkeiten, andererseits fehlt es noch an einem reflektierten Umgang mit ihnen, an einer Berücksichtigung ihrer Risiken, ihrer Nebenwirkungen und ihrer Grenzen. Bis zu einem verantwortungsvollen Umgang scheint es noch ein weiter Weg. Erwachsen werden wir, indem wir Prozesse hinterfragen und behutsam in Gang setzen, ohne dass wir sie dadurch gleich aufhalten. Zwei Beispiele aus dem Bildungsbereich und der Wirtschaft sollen dies verdeutlichen:

Der Bund stellt den Ländern seit dem Jahr 2020 insgesamt 6,5 Milliarden Euro für die Digitalisierung zur Verfügung. Die Initiative kommt spät, und die Summe erscheint insgesamt recht niedrig, um Lehrer, Schüler und die Schulen selbst zu modernisieren. Noch schlimmer aber wiegt ein Denkfehler, der im Rahmen der Bildungsoffensive zu einem impulsiven Schnellschuss führt: Ein Großteil der Summe soll in Tablets fließen. Fast auf jedem Pressefoto über dieses Thema sehen Sie zufrieden lächelnde Kinder, die mit ihrem Finger über die glatte Oberfläche wischen. Zugegeben, ein solches Motiv eignet sich gut für einen Zeitungsartikel, aber wo ist die durchdachte digitale Infrastruktur dahinter? Die Geräte sind zunächst einmal nur Produkte, die keine der dringend nötigen digitalen Kompetenzen vermitteln, über die wir sprachen. Ein wirkliches Konzept für eine digitale Lernstrategie fehlt nach wie vor. Politik und Pädagogik sollten daher aufmerksam bleiben und sich fragen: Nutzen Tablets Kindern im Unterricht wirklich, oder gehen sie auf Kosten von Denktiefe, Gedächtnisbildung und Konzentrationsfähigkeit? Dann sollten wir vielleicht den Mut aufbringen, ihren teuren und wartungsintensiven Einsatz kritisch zu überdenken und das Geld anderweitig einsetzen. Zumindest sollte nicht der Hauptanteil der Bundesmittel in die Geräte fließen. Alternativen gäbe es genügend. Es mangelt wahrlich nicht an Ideen, um Schulen und Lehrkonzepte sinnvoll zu modernisieren.

Mehr Mündigkeit im Umgang mit digitalen Möglichkeiten erscheint mir auch im Arbeitskontext angebracht. In Zeiten von Homeoffice und zunehmender Bildschirmarbeit berichten mir viele Klienten von einer drastischen Zunahme virtueller Nebensächlichkeiten, die ihre To-do-Listen genauso verstopfen wie ihren Kopf. Natürlich werden neue Strategien und Werkzeuge stets mit der Intention eingeführt, die Abläufe zu optimieren und mehr Klarheit zu schaffen. Mitunter fragmentieren die Instrumente das Tun der Mitarbeiter aber so sehr, dass sie sich am Abend fragen, was sie eigentlich den ganzen Tag geleistet haben. Ganz sicher sind sie sich oft nur bei einer Sache: Die eigentliche Arbeit blieb liegen. Daher sollten auch Unternehmer aufmerksam bleiben und sich fragen, ob virtuelle Hochfrequenz-Meetings und die stetige Zunahme digitaler Kollaborations-Tools wirklich den gewünschten Vorteil für die Arbeitsleistung und die Motivation der Mitarbeiter bringen. Erleichtern und verbessern sie wirklich die internen Abläufe? Oder fragmentieren und zerfleddern sie den Tag so stark, dass die Produktivität sinkt, weil konzentriertes Arbeiten und Kreativität nachlassen?

Wenn ich uns dazu ermuntere, solche Fragen zu stellen, möchte ich keine opponierende Haltung einnehmen. Die prinzipiellen Vorteile digitaler Arbeits- und Kommunikationsweisen sind unbestritten, und wir alle sind im Alltag dankbare Nutznießer ihrer Möglichkeiten. Und dennoch ist nicht jede digitale Veränderung automatisch auch eine Verbesserung. Wenn wir im politischen und unternehmerischen Kontext Verantwortung für andere übernehmen, erscheint es mir sinnvoll, zwischen Reiz und Reaktion kurz innezuhalten und klug zu entscheiden: Tut das meinen Schülern oder Mitarbeitern gut? Oder lasse ich mir hier etwas einreden? Brauchen sie das wirklich, oder wäre etwas anderes nicht vielleicht viel wichtiger? Welchen Preis zahlen sie und ich für die Sache, und ist es das wert?

Kritische Distanz fällt immer schwer – erst recht, wenn die eigentlichen Beweggründe emotionale sind: Einerseits versprechen so ziemlich alle digitalen Tools und Gimmicks eine Steigerung der Lebensqualität, mehr Lernerfolg und eine höhere Arbeitseffizienz. Andererseits wird der Kauf- und Nutzungsappell gerne mit der drohenden Gefahr verknüpft, den Anschluss zu verlieren, wenn man jetzt nicht schnell auf den Zug aufspringt. Das sei schließlich »alternativlos«. Der Gefühlsmix zwischen Rausch und Panik ist gefährlich, denn er erlaubt kein Innehalten und kein gesundes Zögern. Besonnenes Reflektieren ist anstrengend und benötigt Zeit, ermöglicht es aber, bewusst zu entscheiden und zu handeln, statt Opfer von Impulsen zu werden.

Niemand will (und sollte) echten Fortschritt aufhalten. Aber sprechen wir noch von Fortschritt, wenn bei einer Entwicklung die Vorteile die Nachteile nicht eindeutig überwiegen? Eine kluge Auswahl und ein behutsamer Einsatz von Technologien und den Informationen, die sie liefern, bedeuten, sich etwas Urmenschliches zu bewahren, das auch im 21. Jahrhundert nicht verloren gehen sollte: Autonomie – statt Automatismus.

Eine Bezeichnung für unser Jahrhundert

Eltern haben für ihre Babys, die sie zur Welt bringen, in aller Regel bereits am ersten Tag den Namen festgelegt. Bei Jahrhunderten verhält es sich umgekehrt. Eine Bezeichnung für sie findet die Gesellschaft meist erst dann, wenn sie schon vorüber sind. Das 19. Jahrhundert gilt rückblickend als Zeitalter der Industrialisierung, das 20. Jahrhundert als das Zeitalter der Automatisierung. Das 21. Jahrhundert ist zwar schon auf der Welt, aber es ist offiziell noch namenlos. Wie wollen wir es nennen? Das Jahrhundert der Digitalisierung, der Algorithmen, der künstlichen Intelligenz oder schlichtweg des Konsums?

Auf welche Bezeichnung sich die nachfolgenden Generationen auch einigen werden, dieses 21. Jahrhundert wird als ein Jahrhundert in die Geschichte eingehen, das von der Beziehung des Menschen zu den Informationstechnologien gekennzeichnet sein wird. Diese Beziehung wird aller Voraussicht nach in den nächsten Jahren noch eine weitere Intensivierung erfahren: Die Informationsmenge wird wahrscheinlich zunächst steigen, die Bildschirmarbeit wird zunehmen, das Smartphone wird noch mehr Aufgaben des Lebens übernehmen, und das Angebot an medialen Unterhaltungsmöglichkeiten wird vermutlich ebenfalls anwachsen. Das alles macht es wahrscheinlicher, dass noch größere Datenmengen unsere Köpfe zumüllen und uns vorgeben werden, was wir denken, fühlen, erledigen, besorgen, kaufen und unbedingt jetzt und ganz unmittelbar konsumieren sollen. Es fällt auch nicht schwer, sich auszumalen, dass wir eine noch intensivere geistige Fragmentierung erleben könnten als bisher, weil die Dichte an Ablenkungen, Störungen und Unterbrechungen zunehmen wird. Tiefe Stunden verkommen vielleicht zu antiquierten Restposten in einer geistig flachen Welt, die von Schnelligkeit und Gleichzeitigkeit gekennzeichnet ist. Und es ist zumindest theoretisch vorstellbar, dass wir in der Dichte von auffordernden und verführenden Reizen um uns herum noch impulsiver reagieren und immer mehr mentale Autonomie einbüßen werden.

Geschehen muss das alles nicht. In meinen Hoffnungen und Wünschen wird der Mensch des 21. Jahrhunderts lernen, besser mit Informationen umzugehen, indem er sorgsamer als bislang unter ihnen auswählt und in anderen Bereichen vielleicht sogar ganz bewusst auf sie verzichtet, selbst wenn sie technisch verfügbar sind. Wahre Informationskompetenz bedeutet nämlich nicht, noch mehr zu konsumieren, schneller zu lesen oder oberflächlicher zu surfen. Es meint vielmehr, das Verhältnis zwischen dem durchdringenden medialen Grundrauschen und dem wirklich Substanziellen zu erhöhen.

> *»Früher bedeutete es, Macht zu haben,*
> *wenn man Zugang zu Daten hatte. Heute bedeutet es,*
> *zu wissen, was man ignorieren kann.«*
>
> Yuval Noah Harari

Wie wollen wir leben?

Jede Pubertät geht irgendwann vorbei (auch wenn manche Eltern bei ihren Kindern leidende Zeugen einer hartnäckigen Permanenz über viele Jahre werden). Ich bin überzeugt, dass wir im Umgang mit Informationen und digitalen Technologien ebenfalls erwachsen werden können. Aber ohne ein aufmerksames Gespür für uns selbst und die Menschen, für die wir Verantwortung übernehmen, wird es nicht gehen. Wir sind die eigenen Architekten unserer Erfahrungswelt und unserer Lebenszeit. Mit einem wesentlichen Unterschied zur Baubranche: Wir entwerfen die Welt nicht für andere, sondern für uns selbst.

Ich finde es deswegen befremdlich, wenn ich in Interviews

gefragt werde: »Was glauben Sie Herr Busch, in was für einer Welt werden wir in zehn Jahren leben?« Die Frage sollte doch vielmehr lauten: »In welcher Welt wollen wir in zehn Jahren leben, und was können wir tun, um dieses Ziel zu verwirklichen?« Unsere Zukunft kommt nicht von irgendwo, und wir laden sie uns auch nicht aus dem Netz herunter. Die Welt, in der wir leben, die Form, in der wir arbeiten, und die Art und Weise, wie wir unsere zwischenmenschlichen Beziehungen gestalten, sind auch im 21. Jahrhundert weder vorgegeben, noch sind sie statisch und unveränderlich. Es sind Prozesse, die wir selbst beeinflussen und steuern können. Keine Technik nimmt uns die Frage ab, sondern nur eine Kultur des Bewusstwerdens und Steuerns. Sind wir auf dem richtigen Weg, oder sollten wir uns neu orientieren?

In dem Animationsfilm *Wall·E – Der Letzte räumt die Erde auf* haben unsere Nachfahren in der Zukunft den Planeten nicht in den Griff bekommen. Die Erde erstickt im Müll, den Jahrzehnte unentwegten Konsums hinterlassen haben. Die wenigen Überlebenden haben ihre Heimat nach einer Apokalypse 700 Jahre zuvor verlassen müssen. Seitdem kreuzen sie auf einem luxuriösen Weltraumkreuzfahrtschiff im Orbit und blicken auf Liegestühlen auf ihre Bildschirme: übergewichtig, konsumabhängig und völlig sinnentleert. Unsere Nachfahren sind geistig und körperlich nicht mehr eigenständig überlebensfähig und brauchen in allen Bereichen des Lebens maximale Betreuung.

Der Film mag in Gestalt einer witzigen und rührenden Geschichte daherkommen, entpuppt sich jedoch beim aufmerksamen Hinsehen als bitterböse Dystopie auf unsere Gesellschaft und stimmt nachdenklich. Konsum entbindet uns nicht von der Verantwortung für uns selbst (oder für unseren Planeten). Er darf uns nicht abstumpfen. Wer alles hat, strengt sich nicht mehr an. Wer alles im Internet findet, denkt nicht mehr selbst und merkt sich auch nichts mehr. Und wer ständig mit mundgerechten Antworten versorgt wird, hört irgendwann auf, Fragen zu stellen. Die Neugier geht verloren und damit auch das Bewusstsein dafür, was falschläuft in unserer Welt und was sich verbessern ließe. Das ständige Eingelulltwerden bleibt nicht ohne Risiko, denn je faszinierender die Virtualität um uns herum wird, desto langweiliger erscheint uns die Realität und damit die Bereitschaft, das wirkliche Leben zu gestalten.

Durch den Prozess der digitalen Transformation, der aktuell alle Bereiche unseres Lebens durchdringt, bekommen wir zweifellos viel Gutes, geben aber im Gegenzug schon jetzt viele besonders wertvolle Dinge her. Das Tauschgeschäft erscheint mir nicht überall vorteilhaft: Relevanz gegen virtuelle Nebensächlichkeiten, präzises Denken gegen Oberflächlichkeit, mentale Autonomie gegen Abhängigkeit vom Internet und von den sozialen Medien, sowie kreative Ruhemomente gegen permanenten Konsum, der keinen Leerlauf mehr duldet. Sucht und Suche nach Dauerunterhaltung hält uns so sehr in Beschlag, dass sämtliche Kopffreiräume aufgebraucht werden. Jede Minute, die wir dabei mit gesenktem Kopf vor einem Bildschirm verbringen, fehlt an einer anderen Stelle. Das Leben baut nicht mit Steinen, die es nicht von woandersher holt.

Klarheit, Konzentration und Kreativität sind die herausragenden Merkmale menschlicher Intelligenz, deren wichtigste Voraussetzung die Steuerung unserer Aufmerksamkeit ist. Wir können uns diese Kompetenzen nirgends anlesen oder downloaden. Amazon liefert sie auch nicht in 24 Stunden. Aber wir können sie entwickeln und bewahren. Und das sollten wir auch, denn in einer immer »künstlich intelligenter« werdenden Welt, in der Algorithmen uns schon jetzt immer mehr vorgeben, werden diese Fähigkeiten höchstwahrscheinlich immer bedeutungsvoller werden. Sie werden die Grundlage für jene Entscheidungen und Ideen sein, mit denen wir die gesellschaftlichen Herausforderungen der nahen Zukunft gestalten. Wenn wir diese über Hunderttausende von Jahren entwickelten und ausgereiften menschlichen Kompetenzen nicht vollständig an

Maschinen auslagern und nach und nach verlernen wollen, bis wir völlig hilflos und unmündig im Orbit um uns selbst kreisen, sollten wir uns vielleicht stärker als bislang auf sie besinnen, sie täglich üben und sie unseren Kindern beibringen.

Mein Wunsch für Sie – und für uns alle

Die Sonne geht gerade vor meinem Fenster unter, mein Verlangen nach geistiger Zerstreuung wächst nach einem anstrengenden Tag am Schreibtisch. Und wenn ich genau hinhöre, habe ich den Eindruck, dass das kleine Waldstück vor unserem Haus nach mir ruft. Vielleicht ist es auch nur meine innere Stimme (in der Psychiatrie lässt die Herkunft von Stimmen genügend Spielraum für Interpretationen). Jedenfalls ist es nun an der Zeit, den Kopf frei zu bekommen – Zeit für meine Tiefe Stunde. Daher komme ich zum Schluss.

Ich bin glücklich, dass ich Sie auf eine Reise durch die Welt unseres Gehirns und unseres Bewusstseins mitnehmen konnte, und würde mich sehr darüber freuen, wenn ich Sie an der einen oder anderen Stelle zum Nachdenken anregen und zum Ausprobieren einiger Tipps animieren konnte. Vielleicht inspirieren Sie meine Gedanken, künftig bestimmte Lebenssituationen bewusster zu genießen oder Ihren Mitmenschen Ihre ungeteilte Aufmerksamkeit zu schenken. Möglicherweise finden Sie auch zu mehr Ruhe an Ihrem Schreibtisch, oder Sie entdecken die magische Kraft der Zerstreuung, die Ihnen hilft, auf gute Ideen zu kommen. Ich wünsche Ihnen, dass Sie viele Tiefe Stunden erleben werden, in denen Sie etwas Spannendes in Ihrer Welt entdecken, und wenn es nur eine Grille unter dem Efeu ist, mit der wir unsere Reise begannen. Vielleicht hilft Ihnen die Tiefe auch, Ihr Gedächtnis zu verbessern, konzentrierter zu arbeiten, Ihre innere Stimme bei schwierigen Entscheidungen zu hören oder eine clevere und hilfreiche Strategie zu finden, falls Sie gerade mit einem Problem zu kämpfen haben. Ihre Aufmerksamkeit wird Ihnen bei allen diesen Dingen als treue Ermöglicherin zur Seite stehen und kann Sie wirkungsvoll dabei unterstützen, wenn Sie sie hüten und pflegen.

Für uns alle hoffe ich, dass wir uns nicht von der digitalen Welle fortspülen lassen, wovor uns der Zukunftsforscher Toffler in der Einleitung warnte. Lassen Sie uns gemeinsam standhaft bleiben und einen eigenverantwortlichen und anderen gegenüber rücksichtsvollen Umgang mit Informationen, Technologien und dem Konsum lernen. Wir sind mehr als nur Rezipienten von Informationen, und wir taugen auch zu mehr als nur zum Konsum. Wir können Wundervolles und Beeindruckendes bewirken, wenn wir unserer Umwelt, unseren Mitmenschen und uns selbst die Aufmerksamkeit schenken, die wir derzeit und in immer größerem Ausmaß unseren Bildschirmen zuwenden – und an sie verschwenden.

Als Psychiater bin ich hier optimistisch, und das nicht nur von Berufs wegen: Wenn wir aufmerksam bleiben, können wir ein versöhnliches Miteinander zwischen Mensch und Technik gestalten, ohne uns selbst dabei zu verlieren. Mit etwas Glück erkennen wir miteinander auf dem Weg dieses Erwachsenwerdens, dass es vielleicht der größte Fortschritt des 21. Jahrhundert sein wird, trotz fortschreitender Digitalisierung den eigenen Kopf ein Stück »frei« zu halten, um das Leben besser und gesünder zu gestalten. Und was noch viel wichtiger ist – um menschlich zu bleiben.

Literatur

Einzelnachweise

1. Lohmann-Haislah, A., *Stressreport Deutschland*, B.f.A.u. Arbeitsmedizin, Editor. 2012.
2. TK, *Schalt mal ab, Deutschland – TK-Studie zur Digitalkompetenz 2021*, T. Krankenkasse, Editor. 2021.
3. Maier, L. J., J. A. Ferris, and A. R. Winstock, *Pharmacological cognitive enhancement among non-ADHD individuals – A cross-sectional study in 15 countries.* International Journal of Drug Policy, 2018. 58: p. 104–112.
4. Middendorff, E., et al., *Formen der Stresskompensation und Leistungssteigerung bei Studierenden – HISBUS-Befragung zur Verbreitung und zu Mustern von Hirndoping und Medikamentenmissbrauch.* 2012.
5. Urban, K. R. and W.-J. Gao, *Performance enhancement at the cost of potential brain plasticity: neural ramifications of nootropic drugs in the healthy developing brain.* Frontiers in Systems Neuroscience, 2014. 8(38).
6. Luckner, A., *Klugheit*. 2012: De Gruyter.
7. James, W., *The Principles of Psychology*. 2007: Lightning Source Incorporated.
8. Docter, P., *Alles steht Kopf.* 2015, Walt Disney Studios: USA.
9. Haselstein, U., *Ökonomie der Aufmerksamkeit. Gertrude Steins Laborexperimente und ihre literarischen Folgen.* Poetica, 2017. 49(3/4): p. 256–284.
10. Nolte, K., *Der Kampf um die Aufmerksamkeit.* 2005, Frankfurt a. M.: Campus.
11. Franck, G., *Ökonomie der Aufmerksamkeit.* Merkur, 1993. 47: p. 748–761.
12. Aristoteles, *De Sensu et Sensibilibus – On Sense an the Sensible.* 2010: Kessinger Publishing.
13. Lorenz-Spreen, P., et al., *Accelerating dynamics of collective attention.* Nature Communications, 2019. 10.

14. Telzer, E.H., et al., *The effects of poor quality sleep on brain function and risk taking in adolescence.* Neuroimage, 2013. 71: p. 275–83.
15. McDaniel, B. and S. Coyne, *»Technoference«: The Interference of Technology in Couple Relationships and Implications for Women's Personal and Relational Well-Being.* Psychology of Popular Media Culture, 2014. 5.
16. Toffler, A., *Future Shock.* 1970: Random House.
17. Scally, A. and R. Durbin, *Revising the human mutation rate: implications for understanding human evolution.* Nat Rev Genet, 2012. 13(10): p. 745–53.
18. Bohn, R. and J. Short, *How Much Information? 2009 Report on American Consumers.* 2009.
19. Nielsen. AVERAGE *U.S.* INTERNET USAGE. 2013; https://www.nielsen.com/tw/en/insights/article/2013/january-2013-top-u-s-entertainment-sites-and-web-brands/.
20. Burke, K. *How many texts do people send every day.* 2018; https://www.textrequest.com/blog/how-many-texts-people-send-per-day/.
21. Techjury. *The surprising reality of how many emails are sent per day.* 2020; https://techjury.net/blog/how-many-emails-are-sent-per-day/#gref.
22. Askwonder.com. *How many times are people interrupted by push notifications?*; https://askwonder.com/research/times-people-interrupted-push-notifications-163c8n1hc.
23. FAZ.NET, *Haseloff bekommt tausende Likes für ein »A«*, in *Frankfurter Allgemeine Zeitung.* 2021.
24. Wissenschaft, S., *Älteste Bibliothek Deutschlands entdeckt*, in *Spiegel.* 2018.
25. Blair, A., *Too Much to Know: Managing Scholarly Information Before the Modern Age.* 2010: Yale University Press.
26. Hauff, E., *Die ›Einkommenden Zeitungen‹ von 1650. Ein Beitrag Zur Geschichte der Tageszeitung.* Gazette (Leiden, Netherlands), 1963. 9(3): p. 227–235.
27. Statista. 2020; https://de.statista.com/statistik/daten/studie/195096/umfrage/anzahl-neuer-artikel-pro-tag-bei-wikipedia/.
28. Brandwatch. 2020; https://www.brandwatch.com/de/blog/facebook-statistiken/.
29. Benselin, J. C. and G. Ragsdell, *Information overload: The differences*

that age makes. Journal of Librarianship and Information Science, 2016. 48(3): p. 284–297.

30. Sicilia, M. and S. Ruiz de Maya, *The effects of the amount of information on cognitive responses in online purchasing tasks.* Electronic Commerce Research and Applications, 2010. 9: p. 183–191.
31. Phys.Org. *Google Boss worries about teen reading.* Phys.Org 2010; https://phys.org/news/2010-01-google-boss-teen.html.
32. Koroleva, K., H. Krasnova, and O. Günther, ›STOP SPAMMING ME!‹ – *Exploring Information Overload on Facebook,* in AMCIS. 2010.
33. Bromberg-Martin, E. S. and O. Hikosaka, *Midbrain dopamine neurons signal preference for advance information about upcoming rewards.* Neuron, 2009. 63(1): p. 119–26.
34. Sandstrom, P. E., *An Optimal Foraging Approach to Information Seeking and Use.* The Library Quarterly: Information, Community, Policy, 1994. 64(4): p. 414–449.
35. Schultz, W., *Dopamine reward prediction error coding.* Dialogues in clinical neuroscience, 2016. 18(1): p. 23–32.
36. Wittmann, B.C., et al., *Anticipation of novelty recruits reward system and hippocampus while promoting recollection.* Neuroimage, 2007. 38(1): p. 194–202.
37. Sapolsky, R. M., *Monkeyluv: And Other Essays on Our Lives as Animals.* 2006: Scribner.
38. Moreira, P. S., et al., *Impact of Chronic Stress Protocols in Learning and Memory in Rodents: Systematic Review and Meta-Analysis.* PLOS ONE, 2016. 11(9): p. e0163245.
39. Spencer, J. P., *The Development of Working Memory.* Current Directions in Psychological Science, 2020. 29(6): p. 545–553.
40. Miller, G. A., *The magical number seven plus or minus two: some limits on our capacity for processing information.* Psychol Rev, 1956. 63(2): p. 81–97.
41. Cowan, N., *The magical number 4 in short-term memory: a reconsideration of mental storage capacity.* Behav Brain Sci, 2001. 24(1): p. 87–114; discussion 114–85.
42. Völter, C. J., et al., *Chimpanzees flexibly update working memory contents and show susceptibility to distraction in the self-ordered search task.* Proc Biol Sci, 2019. 286(1907): p. 20190715.

43. Brady, T. F., et al., *Visual long-term memory has a massive storage capacity for object details.* Proc Natl Acad Sci U S A, 2008. 105(38): p. 14325–9.
44. Schermer, F. J., *Lernen und Gedächtnis*, ed. M. von Salisch. 70565 Stuttgart: W. Kohlhammer Verlag.
45. Dyson, M. and M. Haselgrove, *The effects of reading speed and reading patterns on the understanding of text read from screen.* Journal of Research in Reading, 2000. 23: p. 210–223.
46. Zickerick, B., et al., *Don't stop me now: Hampered retrieval of action plans following interruptions.* Psychophysiology, 2021. 58(2): p. e13725.
47. Ratz, M., et al., *Second Screen: User Behaviour of Spectators while Watching Football.* Athens Journal of Sports, 2016. 3: p. 119–128.
48. Neate, T., M. Jones, and M. Evans, *Cross-device media: a review of second screening and multi-device television.* Personal and Ubiquitous Computing, 2017. 21.
49. Brasel, S. A. and J. Gips, *Media multitasking behavior: concurrent television and computer usage.* Cyberpsychol Behav Soc Netw, 2011. 14(9): p. 527–34.
50. IQ, F., *Mobilgeräte und Fernsehen: Bildschirmhopping.* 2017.
51. Cheyne, J. A., J. S. A. Carriere, and D. Smilek, *Age differences in attention lapses mask age differences in memory failures: a methodological note on suppression.* Frontiers in psychology, 2013. 4: p. 99–99.
52. Risko, E. and S. Gilbert, *Cognitive Offloading.* Trends in cognitive sciences, 2016. 20.
53. Sparrow, B., J. Liu, and D. M. Wegner, *Google effects on memory: cognitive consequences of having information at our fingertips.* Science, 2011. 333(6043): p. 776–8.
54. Tamir, D., et al., *Media usage diminishes memory for experiences.* Journal of Experimental Social Psychology, 2018. 76: p. 161–168.
55. Liu, X., et al., *Internet Search Alters Intra- and Inter-regional Synchronization in the Temporal Gyrus.* Front Psychol, 2018. 9: p. 260.
56. Brayne, C., et al., *Education, the brain and dementia: neuroprotection or compensation?: EClipSE Collaborative Members.* Brain, 2010. 133(8): p. 2210–2216.
57. Dong, G. and M. N. Potenza, *Behavioural and brain responses related to Internet search and memory.* Eur J Neurosci, 2015. 42(8): p. 2546–54.

58. Delgado, P., et al., *Don't throw away your printed books: A meta-analysis on the effects of reading media on reading comprehension.* Educational Research Review, 2018. 25: p. 23–38.
59. Rayner, K., et al., *So Much to Read, So Little Time: How Do We Read, and Can Speed Reading Help?* Psychol Sci Public Interest, 2016. 17(1): p. 4–34.
60. Fitzsimmons, G., M. Weal, and D. Drieghe, *On Measuring the Impact of Hyperlinks on Reading.* 2013.
61. Simola, J., et al., *The Impact of Salient Advertisements on Reading and Attention on Web Pages.* Journal of experimental psychology. Applied, 2011. 17: p. 174–90.
62. Obar, J., *The Biggest Lie on the Internet: Ignoring the Privacy Policies and Terms of Service Policies of Social Networking Services.* SSRN Electronic Journal, 2016.
63. Team, S., *Study: 70 % of Facebook Users only read the headline of scienc stories before commenting,* in *The Science Post.* 2018.
64. Gabielkov, M., et al., *Social Clicks: What and Who gets read on Twitter.* ACM Sigmetrics / IFIP Performance, 2016.
65. Ackroyd, P., *The Life and Times of Charles Dickens.* 2003: Hydra Pub.
66. Hyman Jr, I. E., et al., *Did you see the unicycling clown? Inattentional blindness while walking and talking on a cell phone.* Applied Cognitive Psychology, 2010. 24(5): p. 597–607.
67. Mack, A. and I. Rock, *Inattentional blindness.* Inattentional blindness. 1998, Cambridge, MA, US: The MIT Press. xiv, 273-xiv, 273.
68. Simons, D. J. and C. F. Chabris, *Gorillas in our midst: sustained inattentional blindness for dynamic events.* Perception, 1999. 28(9): p. 1059–74.
69. *Selective attention test.* 2010.
70. Alkureishi, M. A., et al., *Impact of Electronic Medical Record Use on the Patient-Doctor Relationship and Communication: A Systematic Review.* Journal of general internal medicine, 2016. 31(5): p. 548–560.
71. Schofield, T., J. Creswell, and T. Denson, *Brief mindfulness induction reduces inattentional blindness.* Consciousness and Cognition, 2015. 37: p. 63–70.
72. Kreitz, C., et al., *Some See It, Some Don't: Exploring the Relation between Inattentional Blindness and Personality Factors.* PLOS ONE, 2015. 10(5): p. e0128158.

73. Craik, F. and R. Lockhart, *Levels of Processing: A Framework for Memory Research.* Journal of Verbal Learning and Verbal Behavior, 1972. 11: p. 671.
74. Souza, A.S., et al., *Focused attention improves working memory: implications for flexible-resource and discrete-capacity models.* Atten Percept Psychophys, 2014. 76(7): p. 2080–102.
75. Annie, A., *The Stat of Mobile 2020.* 2020.
76. Johnson, S., *The beauties of Samuel Johnson, consisting of maxims and observations, moral, critical, and miscellaneous.* 1819, Edinburgh: J. Robertson. 304 p.
77. Kipling, R., *Kim.* 1922: Doubleday, Page.
78. McCormick-Huhn, J. M., C. R. Bowman, and N. A. Dennis, *Repeated study of items with and without repeated context: aging effects on memory discriminability.* Memory, 2018. 26(5): p. 603–609.
79. Mawby, J., A. Foster, and D. Ellis, *Everyday life information seeking behaviour in relation to the environment: Disposable information?* Library Review, 2015. 64: p. 468–479.
80. Isikman, E. and L. Cavanaugh, *The Effects of Curiosity-Evoking Events on Activity Enjoyment.* SSRN Electronic Journal, 2016.
81. Röd, W., *Geschichte der Philosophie Bd. 1: Die Philosophie der Antike 1: Von Thales bis Demokrit.* 3 ed. 1976: Verlag C. H. Beck.
82. Lutz, R., *Euthyme Therapie.* 2009. p. 551–567.
83. Przybylski, A. and N. Weinstein, *Can you connect with me now? How the presence of mobile communication technology influences face-to-face conversation quality.* Journal of Social and Personal Relationships, 2013. 30: p. 237–246.
84. Ramsey, R. and R. Sohi, *Listening to your customers: The impact of perceived salesperson listening behavior on relationship outcomes.* Journal of the Academy of Marketing Science, 1997. 25: p. 127–137.
85. Misra, S., et al., *The iPhone Effect:The Quality of In-Person Social Interactions in the Presence of Mobile Devices.* Environment and Behavior, 2016. 48(2): p. 275–298.
86. Diefenbach, S. and D. Ullrich, *Digitale Depression: Wie die neuen Medien unser Glücksempfinden verändern.* 2016: mvg Verlag.
87. Brynjolfsson, E., A. Collis, and F. Eggers, *Using massive online choice experiments to measure changes in well-being.* Proceedings of the National Academy of Sciences, 2019. 116: p. 201815663.

88. Eppler, M. and J. Mengis, *The Concept of Information Overload: A Review of Literature From Organization Science, Accounting, Marketing,* MIS, *and Related Disciplines.* Inf. Soc., 2004. 20: p. 325–344.
89. Schleiermacher, F., *Apologie des Sokrates.* 2018: LIWI Literatur- und Wissenschaftsverlag.
90. Judd, T., *Making sense of multitasking: Key behaviours.* Computers & Education, 2013. 63: p. 358–367.
91. Stone, L. *Continous partial attention.* 2020; https://lindastone.net/about/continuous-partial-attention/.
92. Christakou, A., et al., *Disorder-specific functional abnormalities during sustained attention in youth with Attention Deficit Hyperactivity Disorder (*ADHD*) and with autism.* Mol Psychiatry, 2013. 18(2): p. 236–44.
93. Zanto, T.P., et al., *Causal role of the prefrontal cortex in top-down modulation of visual processing and working memory.* Nature neuroscience, 2011. 14(5): p. 656–661.
94. Rottwilm, C. *So crashte der Mann von PwC die Oscar-Show.* Manager Magazin 2017; https://www.manager-magazin.de/lifestyle/leute/oscars-2017-pwc-mann-twitterte-kurz-vor-der-panne-unerlaubt-a-1136625.html.
95. Adamczyk, P. D. and B. Bailey. *If not now, when?: the effects of interruption at different moments within task execution,* in CHI *'04.* 2004.
96. Grundgeiger, T., et al., *Effects of Interruptions on Prospective Memory Performance in Anesthesiology.* Proceedings of the Human Factors and Ergonomics Society Annual Meeting, 2008. 52.
97. Monk, C. A., D. Boehm-Davis, and J. Trafton, *Recovering From Interruptions: Implications for Driver Distraction Research.* Human Factors: The Journal of Human Factors and Ergonomics Society, 2004. 46: p. 650–663.
98. LeGoullon, M., D. Boehm-Davis, and R. Holt, *Model-Based Predictions of Interrupted Checklists.* Proceedings of the Human Factors and Ergonomics Society Annual Meeting, 2002. 46.
99. Baethge, A. and T. Rigotti, *Interruptions to workflow: Their relationship with irritation and satisfaction with performance, and the mediating roles of time pressure and mental demands.* Work & Stress, 2013. 27(1): p. 43–63.
100. Leroy, S., *Why is it so hard to do my work? The challenge of attention*

residue when switching between work tasks. Organizational Behavior and Human Decision Processes, 2009. 109(2): p. 168–181.

101. Altmann, E. and J. Trafton, *Task Interruption: Resumption Lag and the Role of Cues.* 2004.
102. Bailey, B. P. and J. A. Konstan, *On the need for attention-aware systems: Measuring effects of interruption on task performance, error rate, and affective state.* Computers in Human Behavior, 2006. 22(4): p. 685–708.
103. Mark, G., D. Gudith, and U. Klocke. *The cost of interrupted work: more speed and stress.* in CHI. 2008.
104. Kerr, J. I., et al., *The effects of acute work stress and appraisal on psychobiological stress responses in a group office environment.* Psychoneuroendocrinology, 2020. 121: p. 104837.
105. Eyrolle, H. and J.-M. Cellier, *The effects of interruptions in work activity: field and laboratory results.* Applied Ergonomics, 2000. 31(5): p. 537–543.
106. End, C., et al., *Costly Cell Phones: The Impact of Cell Phone Rings on Academic Performance.* Teaching of Psychology – TEACH PSYCHOL, 2010. 37.
107. Altmann, E. M., J. G. Trafton, and D. Z. Hambrick, *Momentary interruptions can derail the train of thought.* J Exp Psychol Gen, 2014. 143(1): p. 215–26.
108. Pashler, H. E., *Task switching and multitask performance.* Attention and Performance, 2000. 18.
109. Vollrath, M., et al., *Do German drivers use their smartphones safely?—Not really!* Accident Analysis & Prevention, 2016. 96: p. 29–38.
110. Weishuber, C., *Neue Allianz Sicherheitsstudie – Ältere Fußgänger leben gefährlich.* 2019.
111. Verkehrsicherheit, K.f. *Mehr Unfälle wegen Smartphone-Zombies.* 2019; https://wien.orf.at/stories/3006616/.
112. Wajcman, J. and E. Rose, *Constant Connectivity: Rethinking Interruptions at Work.* Organization Studies, 2011. 32(7): p. 941–961.
113. Bailey, B., J. Konstan, and J. Carlis, *The Effects of Interruptions on Task Performance, Annoyance, and Anxiety in the User Interface.* INTERACT, 2004.
114. Udemy, *Workplace Distraction Report.* 2018.
115. Lin, B. C., J. M. Kain, and C. Fritz, *Don't interrupt me! An examina-*

tion of the relationship between intrusions at work and employee strain. International Journal of Stress Management, 2013. 20(2): p. 77–94.

116. Chen, A. and E. Karahanna, *Personal Life Interrupted: Understanding the Effects of Technology-Mediated Interruptions from Work to Personal Life.* Vol. 2. 2011.
117. Depth, U. i., *2018 Workplace Distraction Report.* 2018.
118. Juneja, P., *The Economic Effects of Digital Distractions,* M.S.G.C. Team, Editor. 2015.
119. Solow, R. *We'd Better Watch Out.* 1987.
120. Center, M. N., *Microsoft releases findings and considerations from one year of remote work in Work Trend Index.* 2021, Microsoft News Center.
121. McLaren, C., J. Null, and J. Quinn, *Heat stress from enclosed vehicles: moderate ambient temperatures cause significant temperature rise in enclosed vehicles.* Pediatrics, 2005. 116(1): p. e109–12.
122. Charron, S. and E. Koechlin, *Divided representation of concurrent goals in the human frontal lobes.* Science, 2010. 328(5976): p. 360–3.
123. Burgess, P., et al., *The cognitive and neuroanatomical correlates of multitasking.* Neuropsychologia, 2000. 38: p. 848–863.
124. Dreher, J.-C., et al., *Damage to the Fronto-Polar Cortex Is Associated with Impaired Multitasking.* PloS one, 2008. 3: p. e3227.
125. Moisala, M., et al., *Media multitasking is associated with distractibility and increased prefrontal activity in adolescents and young adults.* NeuroImage, 2016. 134.
126. AUSTAR, N.G.o. *Test your Brain – Multitasking.* 2011; https://www.youtube.com/watch?v=4r5-jrzNjI4.
127. Strayer, D. and J. M Watson, *Supertaskers and the Multitasking Brain.* Scientific American Mind, 2012. 23: p. 22–29.
128. Szameitat, A., et al., *»Women Are Better Than Men«-Public Beliefs on Gender Differences and Other Aspects in Multitasking.* PloS one, 2015. 10: p. e0140371.
129. Hirsch, P., I. Koch, and J. Karbach, *Putting a stereotype to the test: The case of gender differences in multitasking costs in task-switching and dual-task situations.* PloS one, 2019. 14(8): p. e0220150-e0220150.
130. Wilson, G., *Infomania Experiment.* 2005.
131. FAZ.NET, *Mailen schadet dem* IQ *mehr als Kiffen,* in *Frankfurter Allgemeine Zeitung.* 2005.

132. Jeong, S.-H. and Y. Hwang, *Media Multitasking Effects on Cognitive vs. Attitudinal Outcomes: A Meta-Analysis: Media Multitasking Effects.* Human Communication Research, 2016. 42.
133. Wikipedia. *Eisenbahnunfall von Bad Aibling.* 2020; https://de.wikipedia.org/wiki/Eisenbahnunfall_von_Bad_Aibling.
134. Wilm, S., et al., *Wann unterbricht der Hausarzt seine Patienten zu Beginn der Konsultation?* Z Allg Med, 2004.
135. Anderer, J. *Hurry Up! Modern Patience Thresholds Lower Than Ever Before, Technology To Blame.* 2019; https://www.studyfinds.org/hurry-up-modern-patience-thresholds-lower-than-ever-before-survey-finds/.
136. Krishnan, S. S. and R. K. Sitaraman, *Video stream quality impacts viewer behavior: inferring causality using quasi-experimental designs,* in *Proceedings of the 2012 Internet Measurement Conference.* 2012, Association for Computing Machinery: Boston, Massachusetts, USA. p. 211–224.
137. Lutz, A., et al., *Mental Training Enhances Attentional Stability: Neural and Behavioral Evidence.* The Journal of Neuroscience, 2009. 29(42): p. 13418–13427.
138. Sarter, M., W. J. Gehring, and R. Kozak, *More attention must be paid: the neurobiology of attentional effort.* Brain Res Rev, 2006. 51(2): p. 145–60.
139. Zhou, Y., *Leonardo da Vinci – Konzentration und Ablenkung eines Genies.* Epoch Times Deutschland 2008. 4.
140. Stanhope, P., *Über die Kunst, ein Gentleman zu sein. Briefe an seinen Sohn.* Aus dem Englischen von Gisbert Haefs. 2019: Manesse Verlag.
141. Beattie, J., *The Works of James Beattie – Dissertations Moral and Critical.* 1783, Philadelphia: Hopkins & Earle.
142. Ribot, T. and M. Dietze, *Die Psychologie der Aufmerksamkeit.* 1908/2010: Kessinger Pub Co.
143. Rebok, G.W., et al., *Ten-year effects of the advanced cognitive training for independent and vital elderly cognitive training trial on cognition and everyday functioning in older adults.* J Am Geriatr Soc, 2014. 62(1): p. 16–24.
144. Ball, K., et al., *Cognitive training decreases motor vehicle collision involvement of older drivers.* J Am Geriatr Soc, 2010. 58(11): p. 2107–13.

145. Brehmer, Y., H. Westerberg, and L. Bäckman, *Working-memory training in younger and older adults: training gains, transfer, and maintenance.* Front Hum Neurosci, 2012. 6: p. 63.
146. Fukuda, K. and E. K. Vogel, *Individual differences in recovery time from attentional capture.* Psychol Sci, 2011. 22(3): p. 361–8.
147. de Fockert, J. W., et al., *The role of working memory in visual selective attention.* Science, 2001. 291(5509): p. 1803–6.
148. Sörqvist, P. and J. E. Marsh, *How Concentration Shields Against Distraction.* Current directions in psychological science, 2015. 24(4): p. 267–272.
149. Verhaeghen, P. and J. Cerella, *Aging, executive control, and attention: a review of meta-analyses.* Neuroscience & Biobehavioral Reviews, 2002. 26(7): p. 849–857.
150. Gazzaley, A., et al., *Top-down suppression deficit underlies working memory impairment in normal aging.* Nature Neuroscience, 2005. 8(10): p. 1298–1300.
151. Glenberg, A. M., J. L. Schroeder, and D. A. Robertson, *Averting the gaze disengages the environment and facilitates remembering.* Mem Cognit, 1998. 26(4): p. 651–8.
152. Zanto, T. P. and A. Gazzaley, *Neural suppression of irrelevant information underlies optimal working memory performance.* J Neurosci, 2009. 29(10): p. 3059–66.
153. Busch, V., *Buschtrommel: Von Bäumen und Briefumschlägen.* 2019.
154. Google. *Find a balance with technology that feels right for you.* 2019; https://wellbeing.google/?utm_source=google&utm_medium=cpc&utm_campaign=well_being&utm_term=google_wellbeing&gclid=CjwKCAiAlNf-BRB_EiwA2osbxWRSxGUDIDE70YWThB-zlarKY0M21AB3x-bMfu2maHnhWO_tHcn8YIBoCXeQQAvD_BwE.
155. Söderlund, G. B. W., et al., *The effects of background white noise on memory performance in inattentive school children.* Behavioral and Brain Functions, 2010. 6(1): p. 55.
156. Musliu, A., et al., *The Impact of Music on Memory.* European Journal of Social Sciences Education and Research, 2017. 10: p. 222.
157. Perham, N. and J. Vizard, *Can preference for background music mediate the irrelevant sound effect?* Applied Cognitive Psychology, 2011. 25(4): p. 625–631.

158. Reaves, S., et al., *Turn Off the Music! Music Impairs Visual Associative Memory Performance in Older Adults.* Gerontologist, 2016. 56(3): p. 569–77.

159. Wang, Z. and J. M. Tchernev, *The »Myth« of Media Multitasking: Reciprocal Dynamics of Media Multitasking, Personal Needs, and Gratifications.* Journal of Communication, 2012. 62(3): p. 493–513.

160. Yeykelis, L., J. J. Cummings, and B. Reeves, *Multitasking on a Single Device: Arousal and the Frequency, Anticipation, and Prediction of Switching Between Media Content on a Computer.* Journal of Communication, 2014. 64(1): p. 167–192.

161. Group, T. R., *Email Statistics Report, 2020–2024 – Executive Summary.* 2020.

162. Billieux, J., *Problematic use of the mobile phone: A literature review and a pathways model.* Current Psychiatry Reviews, 2012. 8(4): p. 299–307.

163. Fried, I., et al., *Electric current stimulates laughter.* Nature, 1998. 391(6668): p. 650–650.

164. Lachmann, O., *Die Bekenntnisse des heiligen Augustinus.* Reclams Universal Bibliothek, ed. Reclam. Vol. 2791/94a. 1888, Leipzig.

165. Valdez, P., *Circadian Rhythms in Attention.* The Yale journal of biology and medicine, 2019. 92(1): p. 81–92.

166. Currey, M. and M. Currey, *Daily rituals: how artists work.* 2013.

167. Backhaus, N., A. Tisch, and A. Wöhrmann, *BAuA-Arbeitszeitbefragung: Vergleich 2015–2017*, in *Bundesanstalt für Arbeitsschutz und Arbeitsmedizin 2018*, BaAuA, Editor. 2018.

168. Wendsche, J. and A. Lohmann-Haislah, *Ein Scoping-Review zur Wirkung von Arbeitspausen auf die Gesundheit.* 2016.

169. Bosch, C. and S. Sonnentag, *Should I Take a Break? A Daily Reconstruction Study on Predicting Micro-Breaks at Work.* International Journal of Stress Management, 2018. 26.

170. Tine, M., *Acute aerobic exercise: an intervention for the selective visual attention and reading comprehension of low-income adolescents.* Front Psychol, 2014. 5: p. 575.

171. Kang, S. and T. R. Kurtzberg, *Reach for your cell phone at your own risk: The cognitive costs of media choice for breaks.* J Behav Addict, 2019. 8(3): p. 395–403.

172. Ariga, A. and A. Lleras, *Brief and rare mental »breaks« keep you*

focused: Deactivation and reactivation of task goals preempt vigilance decrements. Cognition, 2011. 118(3): p. 439–443.

173. Busch, V., et al., *The effect of deep and slow breathing on pain perception, autonomic activity, and mood processing – an experimental study.* Pain Med, 2012. 13(2): p. 215–28.
174. Ma, X., et al., *The Effect of Diaphragmatic Breathing on Attention, Negative Affect and Stress in Healthy Adults.* Frontiers in psychology, 2017. 8: p. 874–874.
175. Ulrich, R. S., *View through a window may influence recovery from surgery.* Science, 1984. 224(4647): p. 420–1.
176. Djernis, D., et al., *A Systematic Review and Meta-Analysis of Nature-Based Mindfulness: Effects of Moving Mindfulness Training into an Outdoor Natural Setting.* International journal of environmental research and public health, 2019. 16(17): p. 3202.
177. Berman, M. G., et al., *Interacting with nature improves cognition and affect for individuals with depression.* J Affect Disord, 2012. 140(3): p. 300–5.
178. Stenfors, C. U. D., et al., *Positive Effects of Nature on Cognitive Performance Across Multiple Experiments: Test Order but Not Affect Modulates the Cognitive Effects.* Frontiers in Psychology, 2019. 10(1413).
179. Kaplan, S., *The restorative benefits of nature: Toward an integrative framework.* Journal of Environmental Psychology, 1995. 15(3): p. 169–182.
180. Ohly, H., et al., *Attention Restoration Theory: A systematic review of the attention restoration potential of exposure to natural environments.* Journal of Toxicology and Environmental Health, Part B, 2016. 19(7): p. 305–343.
181. Lee, K. E., et al., *40-second green roof views sustain attention: The role of micro-breaks in attention restoration.* Journal of Environmental Psychology, 2015. 42: p. 182–189.
182. Song, C., H. Ikei, and Y. Miyazaki, *Physiological Effects of Visual Stimulation with Forest Imagery.* International journal of environmental research and public health, 2018. 15(2): p. 213.
183. AL-Ayash, A., et al., *The influence of color on student emotion, heart rate, and performance in learning environments.* Color Research & Application, 2016. 41(2): p. 196–205.
184. Ueland, B., *If You Want to Write.* 1987: Graywolf Press.

185. Fink, A., et al., *The Creative Brain: Investigation of Brain Activity During Creative Problem Solving by Means of* EEG *and fMRI.* Human brain mapping, 2009. 30: p. 734–48.

186. Kleibeuker, S. W., et al., *Prefrontal cortex involvement in creative problem solving in middle adolescence and adulthood.* Developmental Cognitive Neuroscience, 2013. 5: p. 197–206.

187. GUS, S., *Maßnahmen zur Gesundheitsförderung, Prävention und Rehabilitation mit Effektivitätsnachweisen.* Fachbereich Gesundheitspsychologie in der Sektion GUS im Berufsverband der DPP (BDP), 2005.

188. Thoits, P.A., *Stressors and Problem-Solving: The Individual as Psychological Activist.* Journal of Health and Social Behavior, 1994. 35(2): p. 143–160.

189. Chinaveh, M., *The Effectiveness of Problem-solving on Coping Skills and Psychological Adjustment.* Procedia – Social and Behavioral Sciences, 2013. 84: p. 4–9.

190. Bucay, J. and S. von Harrach, *Komm, ich erzähl dir eine Geschichte.* 2011: FISCHER E-Books.

191. Oviedo-Trespalacios, O., et al., *Problematic Use of Mobile Phones in Australia … Is It Getting Worse?* Frontiers in Psychiatry, 2019. 10(105).

192. Statista. *Anteil der Freizeit in der* OECD *nach Ländern.* 2009; https://de.statista.com/statistik/daten/studie/37072/umfrage/freizeitanteil-an-einem-durchschnittlichen-tag-in-der-oecd-nach-laendern/.

193. Wiessner, P. W., *Embers of society: Firelight talk among the Ju/'hoansi Bushmen.* Proceedings of the National Academy of Sciences, 2014. 111(39): p. 14027–14035.

194. Boyd, B., *The evolution of stories: from mimesis to language, from fact to fiction.* WIREs Cognitive Science, 2018. 9(1): p. e1444.

195. Killingsworth, M. A. and D. T. Gilbert, *A Wandering Mind Is an Unhappy Mind.* Science, 2010. 330(6006): p. 932–932.

196. Nightingale, A., *Augustine on Extending Oneself to God through Intention in advance.* Augustinian Studies, 2015. 46.

197. Teasdale, J. D., et al., *Stimulus-independent thought depends on central executive resources.* Mem Cognit, 1995. 23(5): p. 551–9.

198. Lagerfeld, K., *Tagträumen ist vielleicht die wichtigste Arbeit in meinem Leben.* Bild, 2012.

199. Raichle, M. E., et al., *A default mode of brain function.* Proceedings of the National Academy of Sciences, 2001. 98(2): p. 676–682.

200. Beaty, R. E., et al., *Creativity and the default network: A functional connectivity analysis of the creative brain at rest.* Neuropsychologia, 2014. 64: p. 92–98.
201. Kühn, S., et al., *The Importance of the Default Mode Network in Creativity – A Structural* MRI *Study.* The Journal of Creative Behavior, 2014. 48.
202. Mooneyham, B. and J. Schooler, *The Costs and Benefits of Mind-Wandering: A Review.* Canadian journal of experimental psychology = Revue canadienne de psychologie expérimentale, 2013. 67: p. 11–8.
203. Li, W., X. Mai, and C. Liu, *The default mode network and social understanding of others: what do brain connectivity studies tell us.* Frontiers in Human Neuroscience, 2014. 8(74).
204. Van Hoeck, N., et al., *Counterfactual thinking: an fMRI study on changing the past for a better future.* Social cognitive and affective neuroscience, 2013. 8(5): p. 556–564.
205. Wise, T., et al., *Instability of default mode network connectivity in major depression: a two-sample confirmation study.* Translational Psychiatry, 2017. 7(4): p. e1105-e1105.
206. Collins, S., *A Killer Story: An Interview with Suzanne Collins, the author of »The Hunger Games«*, R. Margolis, Editor. 2008.
207. Pallier, G. and N. Tiliopoulos, *Take a break: A look at the incubation effect on creativity.* Personality and Individual Differences: Theory, Assessment, and Application, 2011: p. 83–92.
208. Baird, B., et al., *Inspired by distraction: mind wandering facilitates creative incubation.* Psychol Sci, 2012. 23(10): p. 1117–22.
209. Abrams, L. and D. Davis, *The tip-of-the-tongue phenomenon: Who, what, and why.* 2016. p. 13–54.
210. Hadamard, J., *The Mathematician's Mind: The Psychology of Invention in the Mathematical Field.* 1945: Princeton University Press.
211. Kant, I., *Anthropologie in Pragmatischer Hinsicht.* 2000: Felix Meiner Verlag.
212. Wallach, M. A., American Educational Research Journal, 1968. 5(2): p. 272–281.
213. Kim, K. H., *The Creativity Crisis: The Decrease in Creative Thinking Scores on the Torrance Tests of Creative Thinking.* Creativity Research Journal, 2011. 23(4): p. 285–295.
214. Flynn, J. R., *Massive* IQ *gains in 14 nations: What* IQ *tests really measure.* Psychological Bulletin, 1987. 101(2): p. 171–191.

215. Teasdale, T. and D. Owen, *A long-term rise and recent decline in intelligence test performance: The Flynn Effect in reverse.* Personality and Individual Differences, 2005. 139: p. 837–843.
216. Byron, K., S. Khazanchi, and D. Nazarian, *The Relationship Between Stressors and Creativity: A Meta-Analysis Examining Competing Theoretical Models.* The Journal of applied psychology, 2010. 95: p. 201–12.
217. Atchley, R., D. Strayer, and P. Atchley, *Creativity in the Wild: Improving Creative Reasoning through Immersion in Natural Settings.* PloS one, 2012. 7: p. e51474.
218. Williams, K. J. H., et al., *Conceptualising creativity benefits of nature experience: Attention restoration and mind wandering as complementary processes.* Journal of Environmental Psychology, 2018. 59: p. 36–45.
219. Gottfried, S., *Niksen is the dutch lifestyle concept of doing nothing* 2019; https://time.com/5622094/what-is-niksen/.
220. Eastwood, J. D., et al., *The Unengaged Mind: Defining Boredom in Terms of Attention.* Perspect Psychol Sci, 2012. 7(5): p. 482–95.
221. Wilson, T., et al., *Just think: The challenges of the disengaged mind.* Science (New York, N.Y.), 2014. 345: p. 75–7.
222. Pollinger, L., *Schmerzwahrnehmung und Verhaltensreaktionen unter verschiedenen Außenreizbedingungen,* in publication process, 2020. Inaugural-Dissertation.
223. Carolus, A., et al., *Smartphones as digital companions: Characterizing the relationship between users and their phones.* New Media & Society, 2019. 21(4): p. 914–938.
224. Jourard, S., *An exploratory study of body-accessibility.* The British journal of social and clinical psychology, 1966. 5 3: p. 221–31.
225. dscout, I., *How much are we really attached to your phones physically, cognitively*. 2016.
226. Busch, V. and S. Diefenbach, *Digital Detox – ist Smartphone-Fasten sinnvoll?*, Deutschlandfunk, Editor. 2019.
227. Marton, F., P. Fensham, and S. Chaiklin, *A Nobel's eye view of scientific intuition: discussions with the Nobel prize-winners in physics, chemistry and medicine (1970-86).* International Journal of Science Education, 1994. 16(4): p. 457–473.
228. Inbar, Y., J. Cone, and T. Gilovich, *People's Intuitions About Intuitive*

Insight and Intuitive Choice. Journal of personality and social psychology, 2010. 99: p. 232–47.

229. Matzler, K., F. Bailom, and T. Mooradian, *Intuitive Decision Making.* MIT Sloan Management Review, 2007. 49: p. 13–15.
230. Dane, E., K. W. Rockmann, and M. G. Pratt, *When should I trust my gut? Linking domain expertise to intuitive decision-making effectiveness.* Organizational Behavior and Human Decision Processes, 2012. 119(2): p. 187–194.
231. Lufityanto, G., C. Donkin, and J. Pearson, *Measuring Intuition: Nonconscious Emotional Information Boosts Decision Accuracy and Confidence.* Psychological Science, 2016. 27(5): p. 622–634.
232. Rescher, N., *Choice Without Preference: A Study of the History and of the Logic of the Problem of »Buridan Ass«.* 1960: Kölner Universitätsverlag.
233. Speier, C., J. Valacich, and I. Vessey, *The Influence of Task Interruption on Individual Decision Making: An Information Overload Perspective.* Decision Sciences, 1999. 30: p. 337–360.
234. Ciraolo, L. J. and J. L. Seidel, *Magic and Divination in the Ancient World.* 2002: Brill.
235. Frede, D., *Der ›Übermensch‹ in der politischen Philosophie des Aristoteles: Zum Verhältnis von bios theoretikos und bios praktikos.* Internationale Zeitschrift für Philosophie, 1998: p. 259–284.
236. Twenge, J., L. Zhang, and C. Im, *It's Beyond My Control: A Cross-Temporal Meta-Analysis of Increasing Externality in Locus of Control, 1960–2002.* Personality and social psychology review : an official journal of the Society for Personality and Social Psychology, Inc, 2004. 8: p. 308–19.
237. Hafenbrack, A. and K. Vohs, *Mindfulness Meditation Impairs Task Motivation but Not Performance.* Organizational Behavior and Human Decision Processes, 2018. 147.
238. Sio, U. N. and T. C. Ormerod, *Does incubation enhance problem solving? A meta-analytic review.* Psychological Bulletin, 2009. 135(1): p. 94–120.
239. Christoff, K., et al., *Mind-wandering as spontaneous thought: a dynamic framework.* Nat Rev Neurosci, 2016. 17(11): p. 718–731.
240. Polt, G., *Ich sinnlose vor mich hin* [2011 47_11]; https://sz-magazin.sueddeutsche.de/bayern/ich-sinnlose-vor-mich-hin-und-das-mit-begeisterung-78621.

241. Carus, T. L., *De rerum natura: Edidit Marcus Deufert (Bibliotheca scriptorum Graecorum et Romanorum Teubneriana)* ed. M. Deufert. 2019: De Gruyter.
242. Maddux, W. W. and A. D. Galinsky, *Cultural borders and mental barriers: The relationship between living abroad and creativity.* Journal of Personality and Social Psychology, 2009. 96(5): p. 1047–1061.
243. Guth, R. A., *In secret hideaway, Bill Gates ponders Microsoft's future,* in *The Wall Street Journal.* 2005.
244. Bloch, R. L., *My Warren Buffett Bible: A Short and Simple Guide to Rational Investing: 284 Quotes from the World's Most Successful Investor.* 2016: Little, Brown Book Group Limited.
245. Seele, K., *Beim Denken gehen, beim Gehen denken: Die Peripatetische Unterrichtsmethode.* 2012: LIT.
246. Oppezzo, M. and D. L. Schwartz, *Give your ideas some legs: The positive effect of walking on creative thinking.* Journal of Experimental Psychology: Learning, Memory, and Cognition, 2014. 40(4): p. 1142–1152.
247. Currey, M., *Daily Rituals: How Great Minds Make Time, Find Inspiration, and Get to Work.* 2014: Pan Macmillan.
248. Kross, E., et al., *Self-talk as a regulatory mechanism: how you do it matters.* J Pers Soc Psychol, 2014. 106(2): p. 304–24.
249. Rateliff, J. D. and J. R. R. Tolkien, *The History of the Hobbit.* 2008: HarperCollins.
250. von Albrecht, M., *Ovids Metamorphosen: Texte, Themen, Illustrationen.* 2014: Isd.
251. Görner, R. and F. Schiller, *Schillers Apfel: Szenen, Gedanken und Bilder zu Schillers 250. Geburtstag.* 2009: Berlin University Press.
252. Yu, C. and L. B. Smith, *What you learn is what you see: using eye movements to study infant cross-situational word learning.* Developmental science, 2011. 14(2): p. 165–180.
253. Reinhard, U., *Freizeit Monitor 2018,* in *Forschung Aktuell,* S.f. Zukunftsfragen, Editor. 2018, Stiftung für Zukunftsfragen.
254. McDaniel, B. T. and J. S. Radesky, *Technoference: longitudinal associations between parent technology use, parenting stress, and child behavior problems.* Pediatric Research, 2018. 84(2): p. 210–218.
255. Klovert, H. and A. Martin, *Emil und die nervigen Smartphones,* in *Spiegel.* 2018.

256. Wass, S., K. Porayska-Pomsta, and M. H. Johnson, *Training attentional control in infancy.* Current biology : CB, 2011. 21(18): p. 1543–1547.
257. Diamond, A., et al., *Preschool program improves cognitive control.* Science, 2007. 318(5855): p. 1387–8.
258. Duckworth, A. L. and M. E. P. Seligman, *Self-Discipline Outdoes* IQ *in Predicting Academic Performance of Adolescents.* Psychological Science, 2005. 16(12): p. 939–944.
259. Blair, C. and R. P. Razza, *Relating effortful control, executive function, and false belief understanding to emerging math and literacy ability in kindergarten.* Child Dev, 2007. 78(2): p. 647–63.
260. Chacon, J., et al., *Effects of classroom cell phone use on expected and actual learning.* College student journal, 2012. 46: p. 323.
261. Beland, L.-P. and R. Murphy, *Ill Communication: Technology, distraction & student performance.* Labour Economics, 2016. 41: p. 61–76.
262. MPFS, KIM *Studie 2018.* Medienpädagogischer Forschungsverbund Südwest, 2019.
263. Egmond-Fröhlich, A. v., et al., *Übermässiger Medienkonsum von Kindern und Jugendlichen: Risiken für Psyche und Körper.* Dtsch Ärztebl Int, 2007. 104(38): p. A-2560.
264. Wade, S. E., *Adoleseents, Creativity, and Media: An Exploratory Study.* American Behavioral Scientist, 1971. 14(3): p. 341–351.
265. Vandewater, E. A., D. S. Bickham, and J. H. Lee, *Time well spent? Relating television use to children's free-time activities.* Pediatrics, 2006. 117(2): p. e181–91.
266. Hirsh-Pasek, K., et al., *A Mandate for Playful Learning in Preschool: Presenting the Evidence.* A Mandate for Playful Learning in Preschool: Presenting the Evidence, 2010: p. 1–138.
267. Singer, D. G. and J. L. Singer, *Handbook of Children and the Media.* 2001: SAGE Publications.
268. Mogel, W., *The Blessing of a Skinned Knee: Using Timeless Teachings to Raise Self-Reliant Children.* 2001: Scribner.
269. Twenge, J. M. and W. K. Campbell, *Increases in Positive Self-Views Among High School Students: Birth-Cohort Changes in Anticipated Performance, Self-Satisfaction, Self-Liking, and Self-Competence.* Psychological Science, 2008. 19(11): p. 1082–1086.

270. Turkle, S., *Alone together: Why we expect more from technology and less from each other*. Alone together: Why we expect more from technology and less from each other. 2011, New York, NY, US: Basic Books. xvii, 360-xvii, 360.
271. Watzlawick, P., *Anleitung zum Unglücklichsein*. 1983: Piper.